HENRIK FEXEUS

DIE KUNST DES GEDANKENLESENS

ANDERE DURCHSCHAUEN, VERSTEHEN UND GEWINNEN

Übersetzt von Wibke Kuhn

Weltbild

Genehmigte Lizenzausgabe für Verlagsgruppe Weltbild GmbH,
Steinerne Furt, 86167 Augsburg

© 2009 der deutschsprachigen Ausgabe Wilhelm Goldmann Verlag,
München, in der Verlagsgruppe Random House GmbH
© 2007 der Originalausgabe Henrik Fexeus
Originalverlag: Bokförlaget Forvum, Schweden
Originaltitel: Konsten att läsa tankar

Fotos: Thron Ullberg (Cover), Anders Karlsson (S. 83),
Olof Forsgren/Montage Anders Karlsson (S. 99 und S. 138–179),
Mette Ramden (S. 169), Pawel Flato (S. 173)
Illustrationen: Hanna Backman
Umschlaggestaltung: bürosüd°, München
Übersetzung: Wibke Kuhn
Redaktion: Susanne Lötscher
Gesamtherstellung: CPI Moravia Books s.r.o., Pohorelice
Printed in the EU
978-3-8289-5427-4

2013   2012   2011
Die letzte Jahreszahl gibt die aktuelle Lizenzausgabe an.

Einkaufen im Internet:
www.weltbild.de

Für Elliott und Nemo, meine Kinder,
die mir jeden Tag aufs Neue zeigen,
wie viel ich noch über Kommunikation lernen muss.

Es war einmal …

Inhalt

Eine Warnung vorweg
Nehmen Sie die Dinge nicht so furchtbar ernst 11

Erstes Kapitel: Gedankenlesen!?
Eine Definition des Begriffs............................ 14

Zweites Kapitel: Rapport
Was es ist und warum Sie es haben wollen 26

Drittes Kapitel: Rapport in der Praxis
Setzen Sie Ihre unbewusste Kommunikation
bewusst ein.. 38

Viertes Kapitel: Der volle Einsatz Ihrer Sinne
Wie unsere Gedanken von verschiedenen
Sinneseindrücken bestimmt werden 90

Fünftes Kapitel: Gefühlvoll
Wir zeigen immer, was wir fühlen...................... 116

Sechstes Kapitel: Es ist nie zu spät!
Eine lehrreiche Geschichte, die die Wichtigkeit des
Gedankenlesens illustriert 190

Siebtes Kapitel: Werden Sie ein menschlicher Lügendetektor
Über widersprüchliche Signale und ihre
Bedeutung... 194

Achtes Kapitel: Der Casanova wider Willen
Wie Sie flirten, ohne es zu merken 228

Neuntes Kapitel: Schau mir in die Augen
Methoden der Suggestion und heimlichen
Beeinflussung... 244

Zehntes Kapitel: Gut verankert
Wie Sie ein Gefühl verankern und beliebig wieder
auslösen können 272

Elftes Kapitel: Show off
Beeindruckende Vorführungen und Partytricks 296

Zwölftes Kapitel: Gedankenlesen!
Abschließende Betrachtungen 321

Quellen 327
Register 330

Eine Warnung vorweg
Nehmen Sie die Dinge nicht so furchtbar ernst

Eines möchte ich vorweg in aller Deutlichkeit klarstellen: Ich behaupte nicht, dass der Inhalt dieses Buches irgendwie »wahr« ist. Er ist nicht »wahrer« als andere subjektive Weltbilder wie beispielsweise das Christentum, der Buddhismus oder die Naturwissenschaft. Die Kenntnisse und Fähigkeiten, die Ihnen dieses Buch vermitteln wird, können Sie einfach als Werkzeug betrachten. Eigentlich ist mein ganzes Gerede über dominierende Sinneseindrücke, Körpersprache usw. nichts anderes als (wahlweise) Halluzinationen, Metaphern oder Erklärungsmodelle, die die Wirklichkeit auf eine bestimmte Art und Weise beschreiben. Manche mögen sie religiös nennen, andere philosophisch und wieder andere vielleicht sogar wissenschaftlich. Es kommt ganz drauf an, wen Sie fragen. Manche würden sagen, dass es sich um Wissenschaft handelt. Andere würden einwenden, dass Psychologie und Psychophysiologie keine exakten Wissenschaften sind. Wieder andere würden die Modelle in diesem Buch kritisieren, weil sie komplexe Phänomene zu sehr verallgemeinern und vereinfachen.

Aber das ist alles ganz egal. Denn eben diese Metaphern, eben diese Modelle haben sich als ungewöhnlich brauchbare Werkzeuge erwiesen, wenn man andere Menschen verstehen und beeinflussen will. Doch das bedeutet noch lange nicht, dass diese Modelle »wahr« sind oder irgendwie das beschreiben, was wirklich »ist«. Ich möchte, dass Sie das im Hinterkopf behalten. Nur eines kann ich auf jeden Fall behaupten: Wenn Sie meinen Leitfaden befolgen, werden Sie interessante Resultate erzielen. Und ich hoffe, daran sind Sie interessiert.

Erstes Kapitel

*In dem ich erkläre, was ich mit einem so seltsamen Begriff wie
»Gedankenlesen« eigentlich meine, was Descartes für einen
Fehler gemacht hat und wie die ganze Sache überhaupt anfing.*

Gedankenlesen!?
Eine Definition des Begriffs

Ich glaube felsenfest an das Phänomen des Gedankenlesens. Für mich ist daran wenig Geheimnisvolles – es bedeutet einfach nur, dass wir verstehen, was unser Gegenüber sagt, wenn es mit uns redet. Vielleicht ist es sogar noch weniger geheimnisvoll. Für mich ist Gedankenlesen nichts besonders Außergewöhnliches. In der Tat tun wir es die ganze Zeit, ohne groß darüber nachzudenken. Natürlich machen wir das mal besser, mal schlechter. Manchmal eher bewusst, manchmal eher unbewusst. Sobald wir uns klargemacht haben, *was* wir tun und *wie* wir es tun, können wir so lange üben, bis wir es noch *besser* tun können, davon bin ich überzeugt. Deshalb habe ich dieses Buch geschrieben. Was tun wir also, wenn wir Gedanken lesen? Was meine ich damit, wenn ich sage, dass wir die Gedanken unseres Gegenübers lesen? Was bedeutet eigentlich das Wort »Gedankenlesen«?

Zu Beginn will ich erst einmal erklären, was es *nicht* bedeutet. In der Psychologie gibt es den Begriff »Gedankenlesen« (oder *mind reading*), und diese Art von Gedankenleserei ist einer der Gründe, warum viele Paare irgendwann beim Therapeuten landen. Denn die eine Person setzt voraus, dass die andere ihre Gedanken lesen kann:

»Wenn er mich wirklich lieben würde, hätte er wissen müssen,

14

dass ich nicht auf dieses Fest gehen wollte, obwohl ich Ja gesagt habe.«

Oder:

»Er mag mich nicht mehr, sonst hätte er kapiert, wie ich mich fühle.«

Solche Anforderungen ans Gedankenlesen sind eher ein Auswuchs von Egoismus. Eine zweite Variante besteht darin, dass man davon ausgeht, die Gedanken des anderen tatsächlich lesen zu können, obwohl man eigentlich nur die eigenen Meinungen und Werte auf sein Gegenüber projiziert.

»Oh nein, jetzt wird sie mich bestimmt hassen.«

Oder:

»So wie der grinst, muss er doch irgendwas angestellt haben. Hab ich's doch gleich gewusst!«

Hier irrt Othello. All das hat mit Gedankenlesen nichts zu tun, es ist einfach bloß Unfug.

Descartes' große Dummheit

Damit Sie mir folgen können, wenn ich Ihnen gleich meine Auffassung von Gedankenlesen erkläre, müssen Sie vorher ein anderes Konzept verstanden haben. Der Philosoph, Mathematiker und Wissenschaftler René Descartes (auch als Renatus Cartesius bekannt) war ein intellektueller Riese des 17. Jahrhunderts. Seine Revolution der Mathematik und der abendländischen Philosophie beeinflusst uns bis heute. Descartes starb 1650 an einer Lungenentzündung, im Stockholmer Schloss, wohin ihn Königin Christina als Lehrer eingeladen hatte. Descartes war daran gewöhnt, von seinem warmen und kuscheligen Bett aus zu arbeiten, wie es einem franzö-

sischen Philosophen ja auch gebührt. Verständlicherweise
machte ihm der eiskalte Steinboden des Schlosses den Gar-
aus. Descartes hat so einige bemerkenswerte Dinge geleistet, aber er hat auch mal ordentlich danebengelangt. Bevor
er starb, kam er auf die Idee, dass Geist und Körper zwei ge-
trennte Einheiten sind. Das war so ungefähr das Dümmste,
was ihm nur einfallen konnte, aber Descartes hatte das ge-
neigte Ohr der Intelligenzija durch so markige Sprüche wie
Cogito ergo sum (Ich denke, also bin ich) bereits für sich einge-
nommen. Und so konnte sich dann auch seine seltsame (im
Grunde religiöse) Idee in den Köpfen festsetzen, der zufolge
der Mensch aus zwei gegensätzlichen Substanzen geschaffen
ist – einer seelischen und einer körperlichen.

Natürlich gab es auch Leute, die das für einen Irrtum hiel-
ten, aber ihre Stimmen wurden von den Hurrarufen auf Descartes' neue »Erkenntnis« übertönt. Erst in der modernen
Zeit ist es Biologen und Psychologen gelungen, das Gegenteil
wissenschaftlich zu untermauern und zu beweisen, dass Körper und Gehirn sowohl auf biologischer als auch auf mentaler
Ebene eine untrennbare Einheit sind. Doch Descartes' Meinung hat sich bis heute als allgemeine Wahrheit halten können. Die meisten von uns unterscheiden immer noch – und
sei es auch nur unbewusst – zwischen unserem Körper und
unserer Gedankenwelt. Wenn Sie den Rest dieses Buches verstehen wollen, müssen Sie erst einmal kapieren, dass dieses
Modell falsch ist, obwohl es zu Anfang seltsam scheinen mag.

Folgendermaßen sieht es aus:

Sie können nichts denken, ohne dass auch rein körperlich
irgendetwas mit Ihnen passiert. Wenn Sie einen Gedanken

haben, läuft in Ihrem Gehirn ein elektrochemischer Prozess ab. Um einen Gedanken hervorzubringen, schicken gewisse Gehirnzellen einander Signale mit verschiedensten Mustern. Wenn Sie den Gedanken früher schon einmal hatten, ist das entsprechende Muster bereits verwendet worden. Dann wiederholen Sie es nur. Wenn es ein völlig neuer Gedanke ist, konstruieren Sie ein neues Muster beziehungsweise Zellennetzwerk in Ihrem Gehirn. Dieses Muster beeinflusst beispielsweise auch die Ausschüttung von Hormonen (wie Endorphinen) sowie das vegetative Nervensystem. Letzteres steuert Funktionen wie Atmung, Pupillengröße, Durchblutung, Schwitzen, Erröten usw.

Alle Gedanken beeinflussen Ihren Körper irgendwie. Manchmal sogar ganz offensichtlich. Wenn Sie Angst haben, bekommen Sie einen trockenen Mund und Ihre Oberschenkelmuskeln werden verstärkt durchblutet, damit Sie schneller fliehen können. Wenn Sie sich unanständige Gedanken zur Kassiererin im Supermarkt machen, bemerken Sie sehr deutliche Reaktionen in Ihrem Körper – obwohl es doch nur Gedanken waren. Manchmal sind die Reaktionen so minimal, dass man sie mit bloßem Auge nicht erkennen kann. Aber sie finden trotzdem immer statt.

Das bedeutet, dass wir nur aufmerksam die körperlichen Veränderungen unseres Gegenübers beobachten müssen, um uns ein einigermaßen zuverlässiges Bild davon machen zu können, wie es ihm geht, was er fühlt und woran er denkt. Indem Sie Ihre Beobachtungsgabe schulen, werden Sie bald auch unauffälligere Signale wahrnehmen, die Ihnen früher entgangen sind.

Körper ♥ Seele

Aber das war noch längst nicht alles. All unsere Gedanken spiegeln sich in irgendeiner Form in unserem Körper – doch es funktioniert auch andersherum. Was wir mit dem Körper machen, beeinflusst auch unsere Gedankenwelt. Sie können das ganz leicht selbst nachprüfen. Machen Sie einmal Folgendes:

- Beißen Sie die Zähne fest zusammen.
- Runzeln Sie die Stirn.
- Starren Sie auf einen Punkt vor sich.
- Bleiben Sie zehn Sekunden lang so.

Wenn Sie alles richtig gemacht haben, werden Sie bald merken, dass Sie tatsächlich wütend werden. Warum? Ja, Sie haben in Ihrem Gesicht dieselben Muskeln bewegt, die Sie betätigen, wenn Sie wütend sind. Auch Gefühle spielen sich nicht nur im Kopf ab. Genau wie unsere Gedanken finden sie im ganzen Körper statt. Wenn Sie die Muskeln aktivieren, die an ein bestimmtes Gefühl gekoppelt sind, aktivieren und erleben Sie genau dieses Gefühl, d. h. den mentalen Prozess – der wiederum Ihren Körper beeinflusst. In diesem Fall war es Ihr autonomes Nervensystem. Vielleicht haben Sie es nicht bemerkt, aber während Sie den obigen Test durchgeführt haben, hat sich Ihr Puls um zehn bis fünfzehn Schläge pro Minute erhöht, und in Ihre Hände ist vermehrt Blut geflossen, was sich jetzt so anfühlen dürfte, als wären sie wärmer oder als würde es sogar ein wenig piksen.

Wie das gekommen ist? Ganz einfach – indem Sie Ihre Muskeln nach meinen Anweisungen betätigt haben, haben

Sie Ihrem Nervensystem mitgeteilt, dass Sie wütend sind.
Voilà.

Wie Sie sehen, funktioniert es in beide Richtungen. Ist ja
auch ganz logisch, wenn man darüber nachdenkt. Alles andere wäre eigentlich seltsam. Wenn wir etwas denken, beeinflussen wir damit unseren Körper. Sollten Sie immer noch
meinen, dass das nicht ganz stimmen kann, beruht das vielleicht auf unserer Auffassung des Wortes »Gedanke«. Meistens meinen wir damit irgendeine Art Prozess, wohingegen
das Wort »Körper« eine physische Einheit beschreibt. Vielleicht hilft es Ihnen, wenn ich es anders, konsequenter for-
muliere und behaupte: Sie können keinen Gedanken denken, ohne damit die biologischen Prozesse in Ihrem Körper
zu beeinflussen. Prozesse, die nicht nur im Gehirn ablaufen,
sondern im ganzen Organismus. Also in Ihnen. Mit anderen
Worten: Vergessen Sie Descartes.

Nonverbal und unbewusst

Ihr mentales und Ihr biologisches Ich sind ein und dasselbe.
Sobald Sie das verstanden haben, sind Sie schon ein gutes
Stück auf dem Weg zum Gedankenlesen vorangekommen.
Die Grundidee hinterm Gedankenlesen – in dem Sinne, in
dem ich das Wort verwende – besagt, dass man die mentalen Prozesse, die in anderen Menschen ablaufen, körperlich
wahrzunehmen lernt. Natürlich können wir nicht wirklich
»lesen«, was im Kopf eines anderen vorgeht (das würde ja bedeuten, dass alle in Worten denken, und Sie werden später
noch lernen, dass dem gar nicht so ist), aber das brauchen
wir auch gar nicht. Wie Sie jetzt verstehen, reicht es schon,

dass Sie sehen können, was rein äußerlich abläuft, um zu begreifen, was sich im Inneren abspielt. Ein paar Faktoren, die
wir dabei beobachten werden, sind mehr oder minder konstant: Körperbau, Haltung, Stimme und so weiter. Aber vieles
verändert sich auch, während wir mit jemandem reden. Die
Körpersprache, der Blick, die Sprechgeschwindigkeit und
vieles mehr. Wir fassen all diese Faktoren unter dem Begriff
nonverbale Kommunikation zusammen.

Tatsächlich läuft der Großteil jeglicher Kommunikation
zwischen zwei Menschen nonverbal ab. Was wir mit Worten
kommunizieren, macht manchmal weniger als zehn Prozent
unserer gesamten Kommunikation aus. Den Rest teilen wir
mit unseren Körpern und unserer Stimme mit.[1] Daher ist es
reichlich paradox, dass wir so stur daran festhalten, unsere
Aufmerksamkeit vor allem auf das zu richten, *was* unser Gegenüber sagt, und zwar mit Worten. Nur im Ausnahmefall
denken wir darüber nach, *wie* die andere Person es gesagt
hat. Mit anderen Worten – die nonverbale Kommunikation, die knapp neunzig Prozent der gesamten Kommunikation ausmachen kann, vollzieht sich nicht nur wortlos. Sie geschieht zum Großteil auch unbewusst.

Wie jetzt? Wir können doch wohl nicht kommunizieren,
ohne uns dessen bewusst zu sein? Oh doch, das können wir!
Selbst wenn wir die gesamte Person sehen, mit der wir gera-

---

1 Wenn wir ganz genau sein wollen, müssten wir das Kommunizieren mit
der Stimme als intraverbale Kommunikation bezeichnen, um sie damit von der Körpersprache zu unterscheiden, die nonverbal abläuft.
Doch um es mir leichter zu machen und die Formulierungen nicht allzu schwerfällig zu gestalten, bin ich einfach so frech, die beiden unter
der Bezeichnung wortlose Kommunikation zusammenzufassen.

de kommunizieren, richten wir fast unsere gesamte Aufmerksamkeit auf das, was sie uns sagt. Wie die Person ihre Augen, Gesichtsmuskeln oder den Rest ihres Körpers bewegt, ist uns relativ egal, es sei denn, die Körpersprache ist extrem auffällig. (Wenn zum Beispiel jemand die Augenbrauen zusammenzieht, die Zähne zusammenbeißt und uns mit geballten Fäusten anstarrt. In diesem Fall würde die Körpersprache unseres Gegenübers – hoffentlich – unsere Aufmerksamkeit erregen.) Leider sind wir obendrein auch nicht besonders gut darin, das zu erfassen, was der andere uns verbal mitteilt – wir erhalten die ganze Zeit jede Menge versteckter Vorschläge oder zweideutige Anspielungen, die pfeilgerade an unserem Bewusstsein vorbeigehen. Zum Ausgleich tanzen diese versteckten Mitteilungen dann Boogie-Woogie mit unserem Unterbewusstsein, dem nicht ganz unbedeutenden Ort, an dem wir viele Meinungen, Vorurteile und Vorstellungen von der Welt ablegen.

Die Wahrheit sieht so aus, dass wir jedes Mal mit unserem ganzen Körper kommunizieren, von ausholenden Handbewegungen bis hin zu Veränderungen der Pupillengröße. Und dem Gebrauch unserer Stimme. Zwar sind wir oft nicht gut darin, solche Signale bewusst wahrzunehmen, aber unser Unterbewusstsein registriert sie sehr wohl. Jede Art von Mitteilung, egal ob sie über Körpersprache, Gerüche, Tonfall, Gemütsverfassung oder Worte läuft, wird wahrgenommen und von unserem Unterbewusstsein gedeutet, das daraufhin seine passende Antwort durch die gleichen stummen, unbewussten Wege schickt. Nicht genug, dass uns auf der bewussten Ebene das Meiste entgeht, was unser Gegenüber uns

sagt – wir haben obendrein nicht einmal die Kontrolle darüber, was wir antworten. Und unsere unbewusste, nonverbale
Antwort kann sogar das Gegenteil von dem sein, was wir für
unsere wahre Absicht halten oder was wir mit Worten zum
Ausdruck bringen. Diese unbewusste Kommunikation beeinflusst uns natürlich massiv. Deswegen kann Sie manchmal
auch das unbestimmte Gefühl befallen, dass Ihr Gesprächspartner Sie nicht sonderlich mag, obwohl er sich eigentlich
furchtbar nett gibt. Unbewusst haben Sie ganz einfach feind-
liche Signale empfangen, und die geben Ihnen nun ein Gefühl ein, das Sie sich nicht recht erklären können.

Doch unser Unterbewusstsein arbeitet nicht fehlerfrei. Es
hat viel Information wahrzunehmen, zu verstehen und zu interpretieren, immer alles auf einmal, ohne jemals dafür ge-
schult worden zu sein. Deswegen kommt es auch öfter mal
zu Fehleinschätzungen. Wir sehen nicht alles, uns entgehen
Nuancen, wir interpretieren Signale falsch. Das führt zu unnötigen Missverständnissen.

Darum habe ich dieses Buch geschrieben.

Sie tun es bereits – aber Sie können es noch besser

Wir werden uns jetzt einmal gemeinsam ansehen, was wir
eigentlich tun – nonverbal und unbewusst – wenn wir miteinander kommunizieren. Und was es bedeutet. Um so gut
wie möglich kommunizieren – und Gedanken lesen! – zu
lernen, müssen Sie üben, die stummen Signale wahrzunehmen und richtig zu deuten, die Ihnen die Menschen in Ihrer
Umgebung unbewusst senden. Indem Sie Ihre eigene nonverbale Kommunikation beobachten und steuern, können

Sie die Mitteilungen kontrollieren, die Sie an andere aussenden, und dafür sorgen, dass Sie nie mehr wegen doppeldeutiger Signale missverstanden werden. Sie können es Ihrem Gegenüber auch leichter machen, Ihre Botschaft richtig aufzufassen, indem Sie Signale einsetzen, von denen Sie wissen, dass diese Person sie am leichtesten verstehen kann. Wenn Sie Ihre nonverbale Kommunikation richtig einsetzen, können Sie Ihre Umwelt auch dazu bringen, sich Ihren Ansichten und Zielen anzuschließen. So etwas ist weder hässlich noch unmoralisch. Das tun Sie nämlich auch jetzt schon, wenn auch unbewusst. Der Unterschied ist nur der, dass Sie momentan noch keine Ahnung haben, was für Botschaften Sie aussenden oder in welcher Art Sie Ihre Umgebung beeinflussen.

Höchste Zeit, diesen Zustand zu ändern. Und das meine ich genau so, wie ich es sage. Ich möchte Ihnen diese Fähigkeiten so verständlich, konkret und praktisch wie nur möglich vermitteln. Ich habe gerade ein neues Etagenbett für meine Kinder gekauft. Bei IKEA. Wenn ich eine elfseitige Gebrauchsanweisung bekommen hätte, die mir erst zehn Seiten lang erklärt, warum es überhaupt gut ist, ein Bett zu besitzen, um dann mit den Worten zu schließen: »Sie haben bereits alles, was Sie brauchen, um sich Ihr eigenes Bett zu bauen! Also los! Schön grade zusammenhämmern, das Gerüst! Und vergessen Sie nicht, sich noch zwei gute Matratzen zu besorgen!« –, dann wäre ich wahrscheinlich ziemlich sauer geworden und mit dem Inbusschlüssel auf den nächstbesten IKEA-Mitarbeiter losgegangen. Aber ich habe festgestellt, dass es viele Bücher gibt, die genau so aufgebaut sind.

In denen wird seitenweise beschrieben, Wie man es anstellt, aber wenn man alles durchgelesen hat, ist man keinen Deut schlauer. Man hat immer noch keinen Schimmer, wie man es denn nun in der Praxis anstellen soll, ein besserer Mensch zu werden (darum geht es ja ganz oft). Oder wie man das Kopfstück mit dem Seitenteil verschrauben soll. Ich hoffe, dass es bei diesem Buch anders wird. Ich habe es mir zum Ziel gesetzt, genauso klar und konkret zu sein wie eine Gebrauchsanleitung von IKEA. Nachdem Sie das Buch gelesen haben, werden Sie wissen, wovon ich rede, konkret und praktisch. Sie sollten schon während der Lektüre dieses Buches anfangen, verschiedene Methoden des Gedankenlesens und der gedanklichen Beeinflussung Ihres Gegenübers auszuprobieren. Sie wissen, wo das Kopfstück sitzen soll. Und Sie brauchen nicht mal einen Inbusschlüssel.

Eines noch: Nichts von dem, was ich Ihnen in diesem Buch erkläre, habe ich selbst herausgefunden. Alles, was Sie hier lesen, basiert auf einer Zusammenstellung des Wissens, das die großen Genies auf diesem Gebiet zusammengetragen haben. Die eigentliche Arbeit haben andere geleistet, Leute wie Milton H. Erickson, Richard Bandler und John Grinder, Desmond Morris, Paul Ekman, Ernest Dichter, Vance Packard, William Sargant, Philip Zimbardo und William James ... um nur einige wenige Namen zu nennen. Ohne sie wäre dieses Buch ziemlich dünn ausgefallen.

'nuff said. Let's boogie.

Zweites Kapitel

In dem Sie Englisch lernen, wir übers Radfahren nachdenken und darüber reden, wie Sie zu jedem Menschen eine gute Beziehung herstellen können, ohne auch nur ein Wort zu sagen.

Rapport

Was es ist und warum Sie es haben wollen

Es gibt einen verdammt guten Grund, warum Sie dahinterkommen sollten, wie andere denken, nämlich um *Rapport* herzustellen. Im normalen deutschen Sprachgebrauch bedeutet das Wort »Rapport« etwas anderes als in diesem Zusammenhang. Hier hat Rapport nämlich nichts mit Berichten zu tun. Es ist vielmehr ein international gängiger Fachausdruck, der im Zusammenhang mit nonverbaler Kommunikation verwendet wird, und deswegen werde ich ihn auch immer wieder so verwenden.

Rapport ist etwas, das wir fast immer anstreben, wenn wir einen anderen Menschen treffen – egal, ob es in einem geschäftlichen Zusammenhang geschieht, ob wir uns bei der Präsentation einer Idee das bestmögliche Verständnis wünschen, oder ob wir einfach dem hübschen Mädchen an der Supermarktkasse sympathisch sein wollen, zu dem wir uns vor ein paar Seiten warme Gedanken gemacht haben. In beiden Fällen müssen wir Rapport aufbauen, wenn wir Erfolg haben wollen. Denn wenn wir Rapport herstellen, schaffen wir eine Beziehung mit gegenseitigem Vertrauen, mit Einigkeit, Kooperationsbereitschaft und Offenheit für die Ideen des anderen. Wäre doch schön, wenn wir das alle könnten, oder?

Rapport (verdrängen Sie bitte die militärischen Assoziationen, die Ihnen bei diesem Wort in den Kopf kommen – Sie werden sich bald daran gewöhnt haben) liegt jeder sinnvollen Kommunikation zugrunde – zumindest, wenn Sie wollen, dass Ihnen die fragliche Person zuhört und Ihr Anliegen ernst nimmt. Wenn Sie versuchen, eine Nachricht zu übermitteln – auch wenn diese »nur« darin besteht, dass Ihre Kinder bitte die Geschirrspülmaschine ausräumen sollen –, ohne zuerst dafür zu sorgen, dass Sie mit dem Empfänger der Nachricht Rapport haben, dann können Sie es genauso gut sein lassen. Sie werden Ihnen sowieso nicht zuhören. Rapport ist auch der Grund dafür, dass wir uns auf einer rein persönlichen Ebene gern haben. Wie persönlich es dann werden soll, entscheiden Sie selbst. Aber ohne Rapport brauchen Sie es gar nicht erst zu versuchen.

Wir stellen die ganze Zeit guten und schlechten Rapport mit den Menschen in unserer Umgebung her. Wenn Sie begreifen, auf welche Weise Sie das tun, werden Sie lernen, wie Sie immer guten Rapport aufbauen – auch mit Menschen, mit denen Sie sonst gar nicht klarkommen. Oft findet man ja witzigerweise genau diese Sorte Mensch in Positionen, in denen ihre Entscheidungen oder Beurteilungen Ihrer Meinungen und Ideen einen großen Teil Ihrer nahen Zukunft beeinflussen können. Es wäre doch schön, wenn er oder sie nicht nur wirklich verstehen würde, was Sie eigentlich sagen wollen, sondern obendrein Sympathie für Sie und Ihre Vorschläge entwickeln könnte, oder?

Ich weiß, was Sie jetzt sagen wollen: Rapport hat doch gar nichts mit Gedankenlesen zu tun. Hat es schon. Was Sie bei anderen zu beobachten lernen, um Rapport herzustellen, erzählt Ihnen nämlich auch, wo Ihre Mitmenschen sich mental gerade befinden – wie sie die Welt sehen, wie sie denken und wie es ihnen geht. Und da beginnt auch schon das Gedankenlesen, als Grundstein für ein gutes Verhältnis zu unserer Umwelt.

Grundregeln

Rapport herzustellen ist fast schon lächerlich einfach. Aber es setzt ein tiefes Verständnis dafür voraus, wie wir Menschen eigentlich funktionieren. Die Grundregel lautet, dass man sich daran anpasst, wie das Gegenüber am liebsten kommunizieren will. (Wenn Sie schon mal in der Werbebranche tätig waren, haben Sie sicher lernen müssen, dass der Empfänger bestimmt, wie kommuniziert werden soll. Das ist genau dasselbe Prinzip.) Das tun Sie auf verschiedenste Arten, auf die wir gleich näher zu sprechen kommen. Ihnen allen ist gemeinsam, dass sie im Prinzip ausschließlich nonverbale Kommunikationsmethoden sind, die unbewusst von Ihrem Gegenüber wahrgenommen werden.

Wenn Sie sich an jemand anders anpassen, bewirken Sie zweierlei. Sie machen es ihm leichter, zu verstehen, was Sie meinen, denn Sie drücken sich (wortlos) genau so aus, wie diese Person es an Ihrer Stelle auch getan hätte. Der Empfänger braucht nicht mehr zu versuchen, unterbewusst Ihre wortlose Kommunikation für sich zu »übersetzen«, denn Sie kommunizieren jetzt ja auf die Weise, die er selbst bevorzugt (und am besten versteht). Wenn auf diese Art die Kommunikationsbarriere gesenkt worden ist, wenn Ihr Gesprächspartner Ihre Informationen nicht mehr filtern muss, um sie zu verstehen, bedeutet das, dass Sie das Risiko von Missverständnissen minimiert haben. Um sich Ihrem Gegenüber anpassen zu können, müssen Sie erst einmal begreifen, *wie* es am liebsten kommuniziert. Indem Sie lernen, das Kommunikationsverhalten anderer Menschen zu beobachten, lernen Sie mit anderen Worten auch zu verstehen, was sie Ihnen im Grunde mitteilen wollen.

Zweitens wird Ihr Gegenüber Sie sympathischer finden. Der Grund ist ganz einfach. Indem Sie sich der Art von Kommunikation anpassen, die Ihr Gesprächspartner bevorzugt, zeigen Sie, *dass Sie wie er sind,* denn Sie drücken sich so ähnlich aus wie er. Und Menschen mögen Menschen, die ihnen ähnlich sind. Wen mögen wir am liebsten auf der ganzen Welt? Uns selbst. Und wen am zweitliebsten? Jemand, der so ist wie wir. Wir wollen mit Leuten zu tun haben, die so wie wir sind, die die Welt genauso sehen wie wir, die dieselben Sachen mögen und ablehnen. Eine Studie zeigt, dass wir am liebsten auch Leute einstellen, die so sind wie wir. Unsere engsten Freunde wählen wir uns aus einem Kreis von Personen, in deren Gegenwart wir problemlos wir selbst sein können. Und bei wem könnten wir problemloser wir selbst sein als bei jemand, der bereits so ist wie wir?

An dieser Stelle sollte ich vielleicht einen Kommentar einflechten. Wenn Sie sich jemand anders anpassen sollen, heißt das natürlich nicht, dass Sie Ihre eigene Persönlichkeit dabei aufgeben sollen. Auf diese Weise Rapport herzustellen ist ja nur der erste Schritt, wenn Sie jemand begegnen. In einer Beziehung oder bei einer Begegnung passen wir uns immer wieder aneinander an, sobald erst einmal Rapport aufgebaut ist. Aber um diesen Prozess überhaupt in Gang zu setzen, können Sie einfach ganz selbstlos derjenige sein, der sich seinem Gegenüber anpasst – denn Sie sind sich dieses Prozesses ja bewusst, Ihr Gegenüber wahrscheinlich nicht. Daran ist überhaupt nichts Seltsames, das ist genauso, als würden Sie mit jemand Englisch sprechen, weil er nicht so gut Deutsch kann. Sie passen sich den Kommunikationsvorlieben des anderen an. Indem Sie sich zunächst den Präferenzen eines anderen unterordnen, treffen Sie ihn dort, wo er gerade steht. Sie spiegeln, was er als seine Wahrheit erlebt, und können sein Erleben direkt nachvollziehen. Wenn Sie sich Ihrem Gegenüber anpassen, indem Sie anfangen, sein »Englisch« zu sprechen, signalisieren Sie seinem Unterbewusstsein: »Ich bin wie du. Bei mir bist du sicher. Du kannst mir vertrauen.«

Nachdem Sie Rapport aufgebaut haben, können Sie anfangen, Ihr eigenes Benehmen zu verändern, und dieselben Veränderungen bei Ihrem Gegenüber bewirken. Wenn wir erstmal Rapport geschaffen haben, brauchen Sie sich dem anderen nicht mehr sklavisch anzupassen – er wird Ihnen mehr als gern folgen. Denn genau so funktioniert Rapport normalerweise: Wir wechseln uns ab, mal führt der eine, mal der andere. Dieses Phänomen bezeichnet man auch als Pacing und Leading.

Ich kann Ihnen garantieren, die Person, die besser Englisch als Deutsch spricht, wird Sie nun nicht nur leichter verstehen, sondern Sie auch netter finden, wenn Sie nicht stur daran festhalten, sich auf Deutsch mit ihr zu unterhalten. Aber wenn der Engländer Sie mag und versteht, wird er nichts dagegen haben, sich später ein bisschen mit gerade-brechtem Deutsch zu versuchen.

Wenn Sie Rapport hergestellt haben, wird Ihr Gegenüber sich auch leichter tun, Ihre Vorschläge und Ideen anzuneh-men. Denn tatsächlich funktioniert es so, dass jemand, der Sie sympathisch findet, tendenziell mit Ihnen einer Meinung sein möchte. Wenn Sie durch die Anpassung an Ihren Ge-sprächspartner zeigen, dass Sie so sind wie er, wird er sich verpflichtet fühlen, sich Ihren Ansichten anzuschließen. Auf das, was Sie sagen, hätte er ja jederzeit auch selbst kommen können (denn Sie sind sich ja beide so ähnlich). Sollte er Ih-nen nicht zustimmen, wäre dass ja beinahe so, als würde er sich selbst nicht zustimmen.

Wenn der Rapport erst einmal aufgebaut ist, können Sie beginnen, die Person zu einem positiven mentalen Zustand zu führen. Dieser Zustand bildet die optimale Voraussetzung dafür, dass Sie und der Wert Ihrer Botschaft oder Ihrer Ide-en perfekt verstanden werden. Das ist eine Art von Beein-flussung, aber natürlich wird Ihr Gegenüber auch nicht wil-lenlos gelenkt. Wir haben kein Interesse daran, den ande-ren im negativen Sinne des Wortes zu manipulieren. Wenn Ihre Idee einfach nur schlecht ist, wird Ihr Gegenüber das trotzdem merken. Wir haben jedoch ein Interesse daran, ein Verhältnis zu schaffen, das für alle Beteiligten vorteilhaft ist. Dann können Sie auf kreative und konstruktive Weise disku-tieren, mit Hilfe einer klaren und eindeutigen Kommuni-kation, die von gegenseitiger Wertschätzung geprägt bleibt. Aber wir »steuern« den anderen nicht, und wir mogeln ihm auch keine Meinungen unter, die er eigentlich gar nicht teilt. Wir sorgen nur dafür, dass der andere so gut wie möglich erkennt, wo die Vorteile des Vorschlags liegen, den wir ihm unterbreiten. Und das alles bewirken wir ganz einfach, indem wir unsere Körperbewegungen und unsere Stimme nach gewissen Regeln einsetzen.

Warum Rapport funktioniert:
Wenn ich so bin wie Sie, werden Sie mich verstehen und mich sympathisch finden. Wenn Sie mich sympathisch finden, werden Sie sich meinen Meinungen anschließen wollen.

Gelegenheiten, bei denen Sie auf Rapport angewiesen sind

Es ist nie zu spät, Rapport zu jemand herzustellen. Vielleicht haben Sie ja ein schlechtes Verhältnis zu einer Person und würden das gern ändern. Fangen Sie bei der nächsten Begegnung einfach an, Rapport aufzubauen. Sie werden Ihre Beziehung sicher nicht gleich beim ersten Mal umkrempeln können, aber machen Sie bei Ihrem nächsten Treffen einfach weiter. Schon recht bald werden Sie einen deutlichen Unterschied im Verhalten Ihres Gegenübers feststellen können. Daneben gibt es natürlich noch Menschen, einige wenige, zu denen man im Prinzip überhaupt keinen Rapport herstellen kann. Mit denen man eigentlich auch gar keinen Rapport haben will. Das ist auch völlig okay so. Ich habe

nicht gesagt, dass Sie Rapport zu allen aufbauen *müssen,* die
Ihnen begegnen. Ich sage nur, dass Sie es *können.*

Wann schaffen Sie guten Rapport? Tja, eigentlich immer.
Ich habe weiter oben bereits bestimmte Situationen aufgelis-
tet. Weitere Beispiele aus unserem Alltag sind:

• Wenn Sie mit Ihrem Lebensgefährten ohne Missverständnisse kommunizieren wollen (um vielleicht endlich zu
  verstehen, was er Ihnen all die Jahre eigentlich sagen
  wollte).
• Wenn Sie den Respekt zurückgewinnen wollen, den Ihre
  Kinder Ihnen gegenüber verloren haben.
• Wenn Sie sich mit Behörden auseinandersetzen müssen.
• Wenn Sie Personen mit einer gewissen Machtstellung gegenüberstehen, beispielsweise misslaunigen Angestellten
  in der Post, der Bank und anderen Dienstleistungsunter-
  nehmen, die Ihnen irgendwie querschießen können.
• Wenn Sie von einer Telefonmarketingfirma angerufen werden (hier geht es wohl eher darum, Antirapport herzustel-
  len).[2]
• Wenn Sie zu einem Bewerbungsgespräch gehen.

---

2 Sie können die Technik nämlich auch umgekehrt anwenden, um Antirapport zu schaffen (die Personen, mit denen Sie nur sehr schwer klarkommen, sind darin oft Weltmeister). Um Antirapport herzustellen,
  müssen Sie nur eines tun: Die Kommunikationsmethode anwenden, die
  am weitesten von der Lieblingsmethode Ihres Gegenübers entfernt ist.
  Antirapport ist eine sehr effektive Methode, um ein Gespräch zu beenden oder um lästige Personen loszuwerden. Sie fänden es nämlich einfach zu anstrengend und zu unangenehm, weiter mit Ihnen zu reden.

Am Arbeitsplatz ist es enorm wichtig, Rapport herstellen zu können. Die amerikanische Beraterin Elaina Zuker schildert folgendes Beispiel:

- Sie müssen immer mehr arbeiten, haben dafür aber immer weniger Ressourcen zur Verfügung. Oft müssen Sie mit Ihren Kollegen regelrecht um die begrenzten Ressourcen kämpfen. Ihre Arbeit steht und fällt damit, dass Sie Rapport zu den Schlüsselpersonen aufbauen können, die über die Verteilung der Ressourcen bestimmen.
- Um in der Chefetage Erfolg zu haben, müssen Sie offen sein und dafür sorgen, dass die Kommunikation immer in beide Richtungen läuft. Ein Chef, der nur sein eigenes Süppchen kocht, läuft Gefahr, die Menschen vor den Kopf zu stoßen, die in der Firmenhierarchie über und unter ihm arbeiten. Chefs und Abteilungsleiter müssen heutzutage Experten im Umgang mit Menschen sein. Und das beginnt mit der Fähigkeit, Rapport zu schaffen.
- Um innovative neue Ideen zu verkaufen, brauchen Sie hoch entwickelte Kommunikationsfähigkeiten. Egal, wie gut Ihr Projekt ist, Sie können trotzdem damit baden gehen, wenn Sie die richtigen Personen nicht von der Großartigkeit Ihrer Idee überzeugen können.
- Wenn Sie ungefähr in der Mitte der Firmenhierarchie stehen, haben Sie ein paar Leute über sich, denen Sie Rechenschaft ablegen müssen, und ein paar Mitarbeiter unter sich, die Sie führen sollen. In beiden Fällen müssen Sie in der Lage sein, Rapport aufzubauen und die anderen so zu beeinflussen, dass Sie Ihr gewünschtes Resultat erzielen.

- Innerhalb der so genannten flachen Hierarchien haben Sie oft mehr Verantwortung als richtige Macht. Sie sind bei Ihrer Arbeit auf andere Menschen angewiesen. In solchen flachen Strukturen bekommt man seine Arbeit geregelt, indem man Rapport herstellt und zusammenarbeitet.

- Ihr Können, Ihre beruflichen Fähigkeiten, Ihre Sachkenntnis, alles, was Sie im Lauf der Jahre perfektioniert haben, wiegt weniger als Ihre Fähigkeit, Rapport zu schaffen. Der heutige Arbeitsmarkt verändert sich extrem schnell. Es könnte jederzeit eine Situation auftauchen, in der Sie plötzlich Ihren Arbeitsplatz wechseln müssen, aus eigenem Entschluss oder durch äußere Zwänge. Und wie gut Sie in Ihrem Bereich auch sein mögen, niemand will einen Fachmann einstellen, mit dem man nicht kommunizieren kann.

Perfektionieren Sie, was Sie bereits können

Denken Sie daran, dass Sie die meisten der Gedankenlesetechniken, die ich Ihnen vorstellen werde, unterbewusst bereits einsetzen. Sie wissen es bloß nicht. Und daher setzen Sie sie wahrscheinlich nicht so gut ein, wie Sie könnten. Wir werden uns diese Techniken deshalb jetzt einmal vornehmen, sie genau unter die Lupe nehmen, die Rohdiamanten schleifen und sie dann wieder in Ihr Unterbewusstsein pflanzen. Also keine Bange angesichts der Unmenge von Informationen und Methoden, die Ihnen auf den nächsten Seiten begegnen werden – in gewisser Weise können Sie das alles schon. In der Tat werden Sie diese Fähigkeiten leichter erlernen können als vieles andere. Das Lernmodell sieht folgendermaßen aus:

Erste Stufe: Unbewusste Unkenntnis. Klassisches Beispiel: Fahrradfahren. Beim ersten Schritt bedeutet das, dass ich nicht Rad fahren kann, aber ich weiß auch noch nicht, dass es so etwas wie Radfahren gibt.

Zweite Stufe: Bewusste Unkenntnis. Ich kann nicht Rad fahren, aber ich weiß, dass es so etwas wie Radfahren gibt und dass ich es nicht kann.

Dritte Stufe: Bewusste Kenntnis. Ich kann Rad fahren, aber nur, wenn ich mich darauf konzentriere.

Vierte Stufe: Unbewusste Kenntnis. Ich kann Rad fahren und muss mich dabei nicht darauf konzentrieren, wie es geht.

Richtig gelernt haben Sie das Radfahren erst in der vierten Stufe. Und da befinden Sie sich eigentlich schon. Nun müssen wir jedoch zurück zur dritten Stufe, um Ihren Kenntnissen den letzten Schliff zu verpassen und vielleicht noch das eine oder andere Detail hinzuzufügen. Ihre Aufgabe besteht nur darin, wieder zur vierten Stufe zu gelangen. Dafür haben Sie alle Zeit der Welt. Sobald Sie die Übungen im Buch gemacht haben, beginnen Sie eine der erlernten Methoden anzuwenden, bis Sie irgendwann merken, dass Sie das ganz automatisch tun. (Was bedeuten würde, dass Sie die vierte Stufe erreicht haben.) Erst danach beginnen Sie mit der Anwendung der nächsten Methode. Versuchen Sie nicht, alles auf einmal zu machen, damit stellen Sie sich nur selbst ein Bein. Nehmen Sie sich die Zeit, die Sie brauchen – und haben Sie Ihren Spaß dabei! Denn es macht wirklich Spaß. Vor allem, wenn Sie merken, wie leicht es ist und wie toll es funktioniert.

Drittes Kapitel

In dem Sie lernen, wie Sie mittels Körpersprache und anderen nonverbalen Methoden erreichen, was Sie wollen – und zwar auf eine ganz andere Art, als Sie dachten.

Rapport in der Praxis
Setzen Sie Ihre unbewusste Kommunikation bewusst ein

Jetzt atmen Sie erst einmal tief durch. Auf den folgenden Seiten werde ich Sie mit Fakten, Methoden und Techniken bombardieren, die Sie in die Lage versetzen, Rapport aufzubauen. Sie werden alles Mögliche lernen müssen, von Körpersprache und Tonfall bis hin zu Energieniveaus und persönlichen Meinungen. Natürlich ist es so gedacht, dass Sie das Ganze dann auch in die Praxis umsetzen, und je eher Sie mit dem Üben anfangen, desto besser. Aber brechen Sie die Dinge nicht übers Knie. Nehmen Sie sich die Zeit, die Sie brauchen, bis Sie die verschiedenen Methoden beherrschen.

Sie müssen niemals befürchten, dass jemand Ihnen »draufkommt«, während Sie üben, Rapport zu jemand herzustellen. Ich kann Ihnen auch versprechen, niemand wird Sie dafür kritisieren, dass man Sie plötzlich besser versteht und leichter mit Ihnen kommunizieren kann, oder dass Sie auf einmal zu wissen scheinen, was Ihr Gegenüber denkt. Obwohl Sie selbst sich noch eine ganze Weile der Techniken bewusst sein werden, die Sie da anwenden, wird Ihre Umwelt davon nichts mitbekommen.

Shake that Booty!
Wie Sie Körpersprache richtig einsetzen

Wie ich bereits erwähnt habe, schaffen wir Rapport, indem wir uns in diversen Situationen an unseren Gesprächspartner anpassen. Als Erstes wäre da die so genannte Körpersprache. Ich finde diesen Begriff eigentlich nicht besonders glücklich. »Sprache« klingt so, als gäbe es irgendwo eine Vokabelliste, die man sich nur noch einpauken müsste. Natürlich gibt es solche Bücher. Die erzählen einem dann, wenn jemand den kleinen Finger so-und-so hält, dann bedeutet es das-und-das, und wenn der linke Fuß dieses tut, dann bedeutet es jenes. Aber ganz so einfach ist es nicht. Solche Gesten bedeuten nicht bei allen Menschen in allen Situationen dasselbe. Wenn in der Liste der körpersprachlichen Vokabeln bei verschränkten Armen steht »Abwehr/Abstandnehmen/ Zweifel« – und wie ich weiß, ist diese Interpretation bei den meisten äußerst beliebt –, werden damit die bedeutend facettenreicheren und dynamischeren Ausdrucksmöglichkeiten unseres Körpers außer Acht gelassen. Außerdem setzt diese Art der Betrachtung voraus, dass Körpersprache in einer Art Vakuum geschieht, unabhängig von anderen Faktoren.

Sie haben garantiert auch schon einmal die Arme verschränkt, und dann fiel Ihnen ein: »Mensch, so stellt man sich doch eigentlich hin, wenn man böse ist oder sich von seinem Gegenüber distanzieren will … aber ich bin doch gar nicht böse!« Genau. Es könnte jederzeit auch noch einen äußeren Grund gegeben haben: Vielleicht haben Sie gefroren, weil es im Zimmer so kalt war, und haben deswegen die Arme verschränkt, um sich warm zu halten. Oder vielleicht war diese Haltung einfach nur bequem. Um sicherzugehen, dass jemand wirklich abwehrt, auf Distanz geht oder Zweifel hegt, müssen wir genau hinsehen, was für physische Signale wir ansonsten noch wahrnehmen können und in welchem Zusammenhang die Gesten ausgeführt werden. Wie wirkt der restliche Körper? Sind die Arme angespannt oder entspannt? Wie sieht das Gesicht der Person aus? Hat es eine hitzige Diskussion gegeben? Ist es kalt im Zimmer? Und so weiter.

Ich würde den Begriff »Körpersprache« am liebsten gegen einen anderen austauschen, beispielsweise »körperliche Kommunikation«, obwohl das auch reichlich trocken klingt. Und da ich keine Verwirrung stiften will, indem ich ein neues Wort einführe, in einem Bereich, der mit Bezeichnungen und Termini bereits hoffnungslos überfrachtet ist, verwende ich einfach weiterhin den Begriff Körpersprache. Den Sie ab jetzt aber bitte auf eine wesentlich variablere und dynamischere Art verstehen als viele andere!

Matching und Mirroring

Wie sollen Sie Ihre Körpersprache nun einsetzen, um Rapport zu schaffen? Ganz einfach – Sie imitieren Ihr Gegenüber. Diese Strategie wird als *postural echo* oder *Mirroring* bezeichnet. Mit anderen Worten: Sie beobachten Ihren Gesprächspartner, seine Haltung, den Neigungswinkel seines Kopfes, wie er die Arme hält und so weiter, und tun dann genau dasselbe. Wenn der andere einen Körperteil bewegt, tun Sie es auch. (Ihren eigenen Körperteil!) Es gibt zwei Arten, wie man das machen kann. Für welche Methode Sie sich entscheiden, hängt davon ab, ob Sie Ihrem Gesprächspartner gegenüberstehen oder neben ihm. Beim Matching (Angleichen) bewegen Sie den rechten Arm, wenn der andere den rechten Arm bewegt. Diese Methode ist geeignet, wenn Sie neben der betreffenden Person stehen oder sitzen. Beim Mirroring (Spiegeln) bewegen Sie Ihre Körperteile spiegelbildlich, d. h. Sie bewegen den linken Arm, wenn der andere den rechten bewegt, als wären Sie sein Spiegelbild. Diese Methode wird angewendet, wenn Sie sich gegenüberstehen oder -sitzen.

Natürlich würde es ziemlich seltsam aussehen, wenn Sie jemand haargenau nachahmen. Es wäre eine offensichtliche Veränderung in Ihrem Verhalten, wenn Sie Ihre eigenen, gewohnten Bewegungsmuster aufgeben und sich plötzlich so bewegen wie Ihr Gesprächspartner. Wenn Sie seine Bewegungen dann auf einmal exakt kopieren, wäre ziemlich schnell klar, was Sie da tun. Statt Rapport aufzubauen, würden Sie das Bild eines schizophrenen Verrückten abgeben. Wenn Sie wissen wollen, wie man es *nicht* machen soll, dann schauen Sie sich den Film *Weiblich, ledig, jung sucht ...* an.

Wenn Sie Rapport schaffen, indem Sie sich an das Kommunikationsverhalten einer anderen Person anpassen, ist es wichtig, dass Sie das diskret und schrittweise tun.

Nehmen Sie zu Anfang nur sehr kleine Veränderungen vor, und steigern Sie sie ganz langsam, Schritt für Schritt. Wie schnell oder langsam Sie vorgehen, hängt davon ab, wie viel von der gewünschten Reaktion Sie an Ihrem Gegenüber bemerken. Je interessierter und engagierter der andere wird, umso offener können Sie seine Körpersprache imitieren. Das gilt auch, wenn bereits Rapport hergestellt ist.

Anfänglich sollten Sie so genannte »representative gestures« anwenden (ein weiterer Fachausdruck). Das heißt, Sie ahmen nach, aber nur ein wenig. Solange Sie der Körpersprache Ihres Gegenübers konsequent folgen, können Sie Ihre Bewegungen sparsamer ausfallen lassen. Wenn der andere seine Arme verschränkt, reicht es, wenn Sie Ihre rechte Hand auf den linken Arm legen. Sie tun dasselbe wie er, aber leicht abgeschwächt. Auf diese Weise vermeiden Sie, dass der andere bewusst darüber nachdenkt, was Sie da gerade tun.

Eine andere gute Methode, die Tatsache zu verschleiern, dass Sie Ihr Gegenüber nachahmen, ist das verschobene Spiegeln, also eine verzögerte Durchführung der Bewegungen. Sie imitieren seine Geste nicht direkt nachdem er sie ausgeführt hat, sondern lassen bis zu zwanzig, dreißig Sekunden vergehen, bis Sie sie nachahmen. Solange Sie das konsequent tun, wird es vom Unterbewusstsein Ihres Gesprächspartners immer noch registriert – es nimmt wahr, dass Ihre Bewegungsmuster übereinstimmen, und folgert, dass Sie »gleich« sind.

Eine dritte Methode, mit der Sie Ihr Tun noch besser verbergen können, besteht darin, dass Sie den Gesichtsausdruck Ihres Gegenübers nachahmen. Der andere kann sein Gesicht ja nicht sehen und es daher nicht mit Ihrem vergleichen. Aber im Gesichtsausdruck des anderen spiegelt sich, wie er sich innerlich fühlt (weil unsere gedanklichen und körperlichen Prozesse aneinander gekoppelt sind). Wenn er also einen entsprechenden Ausdruck auf Ihrem Gesicht wahrnimmt, kommt es ihm so vor, als würden Sie dasselbe empfinden wie er. Denn Sie sehen ja so aus, wie er sich fühlt. Und das bedeutet ein ganz schön starkes Band. Da wir unser eigenes Gesicht nicht sehen können, ist es so gut wie unmöglich zu entdecken, dass eine andere Person unseren Gesichtsausdruck imitiert. Stattdessen haben wir nur ein Gefühl der Zusammengehörigkeit. Achten Sie aber darauf, dass Sie wirklich einen Gesichtsausdruck imitieren und nicht das natürliche Aussehen Ihres Gesprächspartners. Manche Menschen sehen immer traurig, streng oder böse aus, während sie in Wirklichkeit ganz entspannt sind – je nach der anatomischen Struktur ihres Gesichts. Vergewissern Sie sich also erst, wie Ihr Gegenüber normalerweise aussieht, damit Sie sein Aussehen vom Ausdruck seiner Gefühlsregungen unterscheiden können.

Achten Sie auch darauf, sich genauso schnell oder langsam zu bewegen wie der andere. Das ist besonders wichtig, wenn es um irgendwie interaktive Bewegungen geht, beispielsweise das Händeschütteln. Wenn Sie es mit einer langsamen Person zu tun haben, müssen Sie ihr langsam die Hand schütteln und entsprechend umgekehrt. Wenn Sie merken, dass Ihr Gegenüber schnell spricht und temperamentvoll wirkt,

Wenn Sie Ihr Benehmen an das Ihres Gegenübers anpassen, müssen Sie diskret und schrittweise vorgehen.

müssen Sie auch das Tempo beim Händeschütteln erhöhen. Auch andere rhythmische Bewegungen, beispielsweise Ihr zustimmendes Kopfnicken, müssen Sie auf dieses Tempo abstimmen. Später werden Sie in diesem Buch lesen, wie man sich schon bei einer ersten Begegnung ein Bild davon machen kann, was für ein Tempo der Gesprächspartner hat.

Interpretieren Sie nicht zu viel

Wie ich bereits erklärt habe, haben die meisten Gesten keine universelle Bedeutung, die bei allen Menschen gültig wäre. Aber die meisten von uns haben trotzdem ein »Vokabelheft« der eigenen Körpersprache. Oft benutzen wir jedes Mal in einer bestimmten Stimmung dieselbe Geste, auch wenn außer uns kein Mensch diese Geste einsetzt. Versuchen Sie also, bei der ersten Begegnung nicht zu viel Bedeutung in die Körpersprache hineinzuinterpretieren. Registrieren Sie einfach, dass Ihr Gesprächspartner »das linke Bein bewegt«, aber versuchen Sie das nicht gleich mit einem »er ist also nervös« zu interpretieren – es sei denn, Sie nehmen noch andere Signale von Nervosität an ihm wahr. Nach einer Weile werden Sie lernen, gewisse Bewegungen und Haltungen bei gewissen Menschen mit ihren speziellen Gedanken und Gefühlen in Verbindung zu bringen. Dann zeigt sich vielleicht, dass das linke Bein doch ein Zeichen von Nervosität war. Aber in diesem Fall gilt es nur für diese eine Person und nicht unbedingt auch für eine andere. Wir alle drücken uns auf eine ganz individuelle Art aus. Wenn Sie gelernt haben, die Körpersprache Ihres Gegenübers gut zu beobachten, werden Sie feststellen, dass Sie immer besser voraussehen können, was der andere gerade sagen will, kurz bevor er es tatsächlich sagt. Das Gedankenlesen hat schon begonnen!

Indem Sie anfangen, andere Menschen auf eine ganz neue Art zu beobachten, werden Sie recht bald Veränderungen an ihnen feststellen. Auch wenn Sie diese Veränderungen nicht nachahmen, können sie Ihnen viel darüber sagen, was diese Leute gerade fühlen oder woran sie denken. Veränderungen in der Hautfarbe werden Sie mit Leichtigkeit feststellen. Wenn wir Angst haben, werden wir oft blass. Erröten muss nicht unbedingt auf die Wangen beschränkt sein. Sie werden Rötungen auf der Oberseite der Ohren beobachten, auf der Stirn oder am Kiefer. Sie werden auch entdecken, dass sich die Pupillen einer Person manchmal erweitern, ein Zeichen von Interesse und Engagement. Aber dazu später mehr. An dieser Stelle wollte ich nur ankündigen, dass Sie schon bald Sachen bemerken werden, die früher unsichtbar für Sie gewesen wären.

Was soll man tun, wenn jemand eine ganz deutlich abwehrende und distanzierte Körpersprache an den Tag legt? Soll man die dann auch imitieren? Hier gehen die Meinungen auseinander. Manche glauben, das sollte man auf keinen Fall, andere sagen, man sollte unbedingt. Letztere sind der Meinung, dass man Rapport ja gerade aufbauen will, um den anderen danach in gewünschter Weise zu beeinflussen – also imitiert man zuerst seine Körpersprache, um Rapport herzustellen, und anschließend verändert man die eigene Körpersprache und bewirkt entsprechend eine offenere, positivere Haltung beim Gesprächspartner. Das ist eine gute Idee. Aber ich finde, dass man das Ganze im Zusammenhang betrachten muss. Wenn Spannungen in der Luft liegen, ist es sicher besser, etwas anderes nachzuahmen als abwehrende Körpersprache. Es gibt noch so viele andere Möglichkeiten, Rapport zu schaffen, und verschränkte Arme wären in dieser Situation vielleicht nicht das Geschickteste. Sollte es jedoch keine anderen Anzeichen dafür geben, dass die Körpersprache Ihres Gesprächspartners tatsächlich abwehrend ist, dann kann es ganz günstig sein, seine Geste nachzuahmen. Wie gesagt – vielleicht ist es ja auch nur kalt im Zimmer und er verschränkt die Arme, weil er friert.

Körpersprache als Kur

Eines der Ziele beim bewussten Herstellen von Rapport liegt wie gesagt darin, den anderen in den gewünschten (positiven) mentalen Zustand zu bringen. Das ist möglich, denn wenn wir Rapport haben, wollen wir einander folgen. Wenn wir es nicht tun, bedeutet das, dass der Rapport gebrochen wird, und unbewusst tun wir alles, um das zu vermeiden. Ein konkretes Beispiel wäre zum Beispiel, wenn wir die abwehrende Körpersprache unseres Gegenübers offener und positiver machen wollen, wie oben beschrieben. Denken Sie immer daran: Sie verändern nicht nur die Körpersprache, sondern die ganze Einstellung der Person. Beides ist aneinander gekoppelt, erinnern Sie sich? Was im Körper passiert, passiert auch im Kopf.

Eine andere, sehr konkrete Anwendungsmöglichkeit bestünde darin, negative Gefühle von Freunden oder Bekannten ins Gegenteil zu verkehren. Eine klassische Therapiemethode, die Sie problemlos selbst anwenden können. Stellen Sie sich vor, ein Freund ist ein bisschen niedergeschlagen, wie man es manchmal ohne Grund sein kann. Da reicht schon ein verregneter Montag eine Woche vor der nächsten Gehaltszahlung. Betrachten Sie die Körpersprache der betreffenden Person. Ahmen Sie die deprimierte Haltung nach, aber nicht so stark wie Ihr Freund, denn Sie wollen ihn ja nicht noch weiter runterziehen. Andererseits müssen Sie ihn aber ein wenig nachahmen, um Rapport aufzubauen und zu zeigen, dass Sie wissen, wo er gerade steht. Wenn Sie sich vergewissert haben, dass Sie Rapport hergestellt haben, verändern Sie langsam, aber sicher Ihre eigene Körpersprache, geben sich offener und positiver. Sie straffen den Rücken, machen ausladendere Gesten, bewegen die Arme vom Körper weg und lächeln. Sie werden beobachten, wie Ihr Gegenüber Ihnen durch diese verschiedenen Stadien folgt. Wenn Sie es verlieren, das heißt, wenn Sie sehen, dass es Ihnen nicht mehr folgt, gehen Sie wieder einen Schritt zurück und schaffen wieder Rapport. Wenn man eine Person führen will, macht man immer zwei Schritte vorwärts und dann wieder einen zurück.

Wenn Sie schließlich eine hinreichende Veränderung in der Körpersprache Ihres Gegenübers bewirkt haben, haben Sie seine Stimmung ebenfalls verändert: Seine Niedergeschlagenheit ist wie weggeblasen. Denn es ist unmöglich, deprimiert zu sein, wenn man in aufrechter Haltung mit hoch erhobenem Kopf durch die Welt läuft. Probieren Sie es selbst, Sie werden schon sehen.

Sie müssen nur darauf achten, so etwas nicht zu tun, wenn der andere wirklich traurig ist. Wenn eine Person trauert, muss man sie eine Weile trauern lassen. Trauer ist ein Zustand, in dem wir Energie und Kräfte sparen und den Grund unseres Kummers mental verarbeiten. Wenn Sie diese Übung mit einem trauernden Menschen durchführen, wenn Sie ihn also aus diesem traurigen, aber notwendigen Zustand herausholen, blockieren Sie damit die Verarbeitungsphase, die diese Person braucht, um ihren Kummer zu überwinden. Aber wie gesagt, für jemand, der einfach einen kleinen Durchhänger hat, ist diese Methode perfekt.

Zu Anfang spüren Sie vielleicht einen gewissen inneren Widerstand, weil Sie finden, dass sich das Ganze so unnatürlich anfühlt. Dass es sich nicht nach Ihrem wahren Selbst anfühlt. Ganz recht, in diesem Fall ist es ja auch nicht Ihr Selbst. Noch nicht. Aber an dieses unnatürliche Gefühl gewöhnt man sich rasch. Als Sie damals Radfahren gelernt haben, hat es sich ja auch unnatürlich angefühlt, das Gleichgewicht zu halten, in die Pedale zu treten und sich auch noch ums Lenken zu kümmern. Doch irgendwann hatten Sie es gelernt. Zum Schluss haben Sie die vierte Stufe des Lernprozesses erreicht, und das Radfahren wurde zum unbewussten Können. Es wurde ein Teil von Ihnen selbst. Auf dieselbe Weise können Ihre praktischen Kenntnisse beim Aufbau von Rapport ein natürlicher Teil Ihrer selbst werden. Das Einzige, was Sie tun müssen, um sich daran zu gewöhnen, ist … anfangen.

Erste Beobachtungen

- Wenn Sie das nächste Mal in ein Restaurant gehen, können Sie selbst beobachten, wie Menschen, die Rapport haben, einander führen und folgen. Suchen Sie sich ein paar Bekannte, die eine intime, vertraute Beziehung zu haben scheinen. Beobachten Sie, wie sie sich mit Ihrer Körpersprache abwechselnd führen und folgen, während sie miteinander reden.
- Sie können auch beobachten, wie viele Menschen in einem Raum die Haltung ihres Sitznachbarn nachahmen.
- Oder versuchen Sie in einem voll besetzten Bus, einer Tram oder einer U-Bahn herauszufinden, welche Leute einander kennen und welche nicht. Ein Tipp: Halten Sie nach Menschen Ausschau, die ähnlich dasitzen oder sich auf dieselbe Weise bewegen. Auch wenn sie nicht nebeneinander sitzen, werden Sie das Muster deutlich erkennen.

Übungen für Schüchterne

Mit diesen Übungen können Sie beginnen, wenn Sie sich nicht recht überwinden können, Ihren Gesprächspartner zu imitieren.

- Sehen Sie sich eine Talkshow im Fernsehen an. Nehmen Sie dieselbe Sitzhaltung ein wie die interviewte Person und bewegen Sie sich auf dieselbe Art. Sie werden feststellen, dass Sie in etwa erraten können, was diese Person gleich sagen wird, kurz bevor sie es tatsächlich sagt. Das ist nicht besonders bemerkenswert, denn sie sitzt auf eine bestimmte

Weise auf ihrem Stuhl, weil sie auf eine bestimmte Weise denkt. Wenn Sie ihre Bewegungen und ihre Haltung nachahmen, setzen Sie damit ähnliche mentale Prozesse und Stimmungen bei sich selbst in Gang. Beachten Sie, wie sich Ihre Gefühle und Ihr Erleben verändern, wenn Sie verschiedene Haltungen einnehmen.

• Schaffen Sie Rapport auf Entfernung. Wenn Sie sich in einem öffentlichen Gebäude oder einem anderen sozialen Umfeld befinden, können Sie sich jemand aussuchen, mit dem Sie keinen direkten Kontakt haben, jemand, der im gleichen Raum sitzt, aber nicht in Ihrer unmittelbaren Nähe. Dann fangen Sie an, sich der Körpersprache dieser Person anzupassen. Wundern Sie sich nicht, wenn er oder sie Sie nach einer Weile fragt, ob Sie sich nicht irgendwoher kennen. Das ist nicht besonders erstaunlich – Sie kommen demjenigen bekannt vor, weil Sie ein Spiegelbild seiner selbst abgeben! Suchen Sie sich also jemand aus, bei dem Sie sich einen näheren Kontakt vorstellen können, und niemand, bei dem Sie am liebsten gleich die Flucht ergreifen würden. Tatsächlich ist diese Übung eine heimliche Aufreißerstrategie, wenn man zu feige ist, eine Person anzusprechen, aber ihr Interesse wecken will.

• Um das Gefühl loszuwerden, dass der andere Ihnen »draufkommen« könnte, sollten Sie ihn einfach dazu bewegen, viel von sich selbst zu erzählen. Dann ahmen Sie seine Körpersprache hemmungslos nach, während Sie immer wieder ein zustimmendes »Hm-hm« von sich geben. Sie werden feststellen, dass die Person überhaupt nichts bemerkt. Wenn wir von uns selbst reden oder wenn wir sehr wütend sind, schalten wir die Wahrnehmung unserer Umwelt einfach ab. Denn dann sprechen wir von uns selbst, mit uns selbst, für uns selbst und nehmen kaum mehr zur Kenntnis, was unser Gegenüber tut.

Wie klingen Sie eigentlich?
Wie Sie Ihre Stimme einsetzen

Ein anderes wirkungsvolles Werkzeug beim Herstellen von Rapport ist unsere Stimme. Hier gilt dasselbe, Sie passen Ihre Stimme an Ihr Gegenüber an. Auch hier muss man diskret und schrittweise vorgehen. Genau wie bei der Körpersprache ist es nicht nötig, die andere Person exakt zu imitieren. Selbst wenn Sie die Körpersprache Ihres Gesprächspartners exakt nachahmen könnten, wäre es schon ziemlich verwunderlich, wenn es Ihnen gelingen sollte, haargenau wie diese Person zu klingen. Außerdem können wir eine andere Stimme meist gar nicht so genau nachahmen, wie wir wollen, denn wir sind körperlich alle verschieden gebaut. (Deswegen gelten gute Imitatoren auch als so geschickt.) Aber es gibt immer irgendeine Eigenschaft der anderen Stimme, an die Sie sich angleichen können, eine Eigenschaft, der Sie sich zumindest nähern können. Hören Sie genau hin, wie Ihr Gesprächspartner mit der …

Tonhöhe

umgeht. Hat er eine tiefe oder helle Stimme? Interessanter Fakt Nummer eins: Viele Männer sprechen in einer tiefen Stimmlage, für die ihr Kehlkopf gar nicht geschaffen ist, während viele Frauen eine hellere Stimme einsetzen, als sie müssten. In dieser Hinsicht sind wir kulturell geschädigt. Wir glauben, dass wir auf diese Weise unsere Männlichkeit beziehungsweise Weiblichkeit besser hervorheben. Deswegen laufen viele Männer mit so einer kehligen Stimme herum, dass man kaum versteht, was sie sagen, und zum Schluss haben sie ihre Stimmbänder verschlissen. Hingegen benutzen viele Frauen eine dünne, piepsige Stimme, die sie kaum genug heben können, um etwas lauter nach jemand zu rufen. Was für ein Unfug.

Fülle

Ist es eine Stimme, die viele klare Klänge verwendet, oder ist sie dünn und hell? Interessanter Fakt Nummer zwei: Kulturell bedingt finden wir eine volle Stimme potent, seriös und glaubwürdig, während eine helle Stimme als feminin und verführerisch gilt. Oder auch einfach nur kindisch.

Melodie

Ist die Stimme monoton, das heißt, verharrt sie die ganze Zeit auf einem einzigen Ton? Monotone Stimmen senken sich oftmals nicht einmal zum Satzende, wenn eine Aussage abgeschlossen ist, und heben den Ton auch nicht, wenn sie einen Fragesatz ausgesprochen haben. Daher ist es schwierig auszumachen, was eine Person mit solch einer monotonen Stimme eigentlich meint – hat sie nun etwas gefragt oder eine Behauptung aufgestellt? Oder war es am Ende sogar ein Witz? Im Gegensatz dazu umspannt eine melodische Stimme beim Sprechen mehrere Töne. Skandinavier etwa sind für ihre besonders melodiöse, »singende« Sprechweise bekannt.

Tempo

Redet die Person schnell oder langsam? Wir sprechen in der Geschwindigkeit, in der wir auch denken und begreifen. Wenn Sie also zu langsam reden, langweilen Sie Ihren Gesprächspartner, und er wendet seine Gedanken anderen Dingen zu. Schlimmstenfalls wird er unruhig und wartet nur noch darauf, dass Sie endlich fertig werden, damit er das Gespräch beenden kann, das sich schon so lange hingezogen hat. Reden Sie jedoch zu schnell, laufen Sie Gefahr, dass Ihr Gegenüber nicht mehr mitkommt und ihm so wichtige Punkte Ihrer Ausführungen entgehen.

Lautstärke

Sich an die Lautstärke des anderen anzupassen, ist eine gute Taktik. Wer leise und sanft spricht, wird es zu schätzen wissen, wenn Sie es ihm gleichtun. Wer aus vollem Halse tönt, wird mehr Respekt vor Ihnen haben und einen Gleichgesinnten in Ihnen erkennen, wenn auch Sie Ihre Stimme heben. Wenn Sie noch lauter sprechen als jemand, der selbst schon recht laut spricht, können Sie ihn damit gut dazu bringen, seine Stimme etwas zu senken, denn dann wird er sich seiner eigenen Lautstärke oft erst richtig bewusst.

Wie Sie sehen, gibt es eine Menge stimmlicher Besonderheiten, die Sie nachahmen können. Wenn Sie sich nur eine davon herauspicken, würde ich Ihnen empfehlen, die Sprechgeschwindigkeit zu wählen. Beim Rapport geht es im Großen und Ganzen oft darum, dem Tempo des anderen zu folgen, und gerade bei der Stimme können Sie damit gute Resultate erzielen. Manche behaupten sogar, dass die Angleichung der Sprechgeschwindigkeit überhaupt die wichtigste Technik ist, um Rapport zu schaffen. Die Stimme ist besonders wichtig, weil sie manchmal unser einziges Kommunikationswerkzeug ist – etwa wenn wir am Telefon reden.

In den USA wurde eine Studie mit einer Telefonmarketingfirma durchgeführt, die ihren Umsatz steigern wollte. Die Mitarbeiter verkauften Zeitungsabonnements und hatten daher maximal ein- oder zweimal Kundenkontakt, bis es ihnen gelang oder misslang, ihr Produkt an den Mann zu bringen. Im Experiment wurde die Vertriebsabteilung in zwei Gruppen geteilt. Die erste Gruppe arbeitete weiter wie gehabt. Die zweite Gruppe wurde instruiert, sich der Sprechgeschwindigkeit des jeweiligen Kunden anzupassen. Mit die-

Wir sprechen mit der Geschwindigkeit, in der wir denken und begreifen. Wenn Sie zu langsam reden, langweilen Sie Ihren Zuhörer. Wenn Sie zu schnell reden, laufen Sie Gefahr, dass er nicht mehr mitkommt. Finden Sie jedoch genau das richtige Tempo, formulieren Sie Ihre Gedanken in demselben Takt, in dem Ihr Gegenüber normalerweise denkt.

sem einen Unterschied in der Arbeitsmethode konnte die zweite Gruppe den Verkauf um dreißig Prozent steigern. Auch wenn Sie nicht im Vertrieb arbeiten, müssen Sie zugeben, dass eine Steigerung der Erfolgsquote um dreißig Prozent ganz schön ansehnlich ist, egal was Sie tun oder worum es bei Ihren Beziehungen geht. Vor allem, wenn Sie nichts anderes dafür tun müssen, als sich bewusst zu überlegen, wie schnell oder langsam Sie sprechen.

Das sprachliche Niveau
Verändern Sie Ihre Ausdrucksweise

Was wir uns jetzt vornehmen, gehört nicht unbedingt zur nonverbalen Kommunikation, aber ich will trotzdem darauf eingehen, denn hier haben wir eine weitere Methode, Rapport aufzubauen. Wir haben bei der Verwendung von Sprache verschiedene Vorlieben. Ein paar von diesen persönlichen Gewohnheiten sind unten aufgeführt. Es ist immer gut, wenn Sie sich an solche oder ähnliche Eigenheiten angleichen können. Natürlich müssen Sie über entsprechende Kenntnisse des jeweiligen Bereiches verfügen, damit Sie Ihre Kommunikation auf glaubwürdige Weise modifizieren können.

Slang
Es ist ziemlich schwierig, Slang nachzuahmen, denn er unterliegt starken Schwankungen – je nach dem neuesten Trend, der geografischen Lage beziehungsweise der Altersgrup-

pe. Er verändert sich ständig, und ein Ausdruck, der heute geil war, kann morgen schon wieder voll Banane sein. Wenn Sie merken, dass Sie in der Lage sind, den Slang Ihres Gesprächspartners zu imitieren, dann tun Sie es. Aber wenn Sie nicht wissen, wie Sie auf ein *Was geht denn, Alter!* reagieren sollen, dann lassen Sie es lieber. Sonst kann es schnell peinlich werden. Slang kennzeichnet auch eine Gruppenzugehörigkeit, etwa zu einer bestimmten Altersgruppe, deshalb sollten Sie sich auch Gedanken machen, ob es glaubwürdig ist, hier Zugehörigkeit zu demonstrieren. Wenn der Slangausdruck auf eine bestimmte Altersgruppe beschränkt ist, der Sie nicht angehören, dann zeigen Sie besser gleich, dass Sie den Ausdruck nicht verstehen. Vermeiden Sie, sich ebenso auszudrücken, wenn es Ihnen nicht zu Gesichte steht – mit anderen Worten: wenn Sie sich nicht glaubwürdig in die Gruppe eingliedern können, die diesen Slang gebraucht.

Fachausdrücke

In vielen Gesprächen werden Ausdrücke verwendet, die für dieses spezielle Thema erforderlich sind. Wenn man sich beispielsweise über Schiffe unterhält, verwendet man gerne das entsprechende Fachvokabular. Indem Sie mit Ihren Fachausdrücken dasselbe Niveau zeigen wie Ihr Gegenüber, demonstrieren Sie ihm, dass Ihre Kenntnisse auf diesem Gebiet ähnlich sind. Das gilt in beide Richtungen. Wenn jemand mehr Fachausdrücke verwendet, als Sie es normalerweise tun, Ihre Kenntnisse jedoch ausreichen, um ihm zu folgen, dann passen Sie sich seinem Gebrauch an. Wenn jemand weniger Fachausdrücke verwendet als Sie, vermindern Sie die

Zahl dieser Ausdrücke. Wenn jemand auf seinen Monitor zeigt und sagt: »Mein Computer funktioniert nicht mehr«, dann sollten Sie ihn nicht nach detaillierten Angaben zu seiner Festplatte fragen. Fragen Sie ihn lieber, ob er das grüne Knöpfchen gedrückt hat.

Persönliche Eigenheiten

Obwohl wir einen großen Teil unseres Lebens in der Schule verbringen, sprechen nur wenige von uns grammatikalisch korrekt. Wir haben eine Schwäche für überflüssige, unnötige Füllwörter an allen Ecken und Enden, vor allem am Ende eines Satzes, gell? Oder wir halten die korrekte Wortstellung im Nebensatz nicht ein. Oder wir verwenden sehr viele Anglizismen, Lehnwörter oder Lehnübersetzungen. Wie committen, händeln oder updaten. Wir realisieren etwas, wenn wir es bemerken, und nicht mehr, wenn wir es in die Tat umsetzen. Und wenn uns nur jede Menge englische Popkultur um die Ohren fliegt, sind wir total happy. Wenn Sie so etwas bei Ihrem Gegenüber hören, tun Sie es ihm gleich!

Trance-Wörter

Wir alle haben so unsere Lieblingswörter, die wir oft verwenden, in allen möglichen und unmöglichen Zusammenhängen. Das können Slang- oder Fachausdrücke sein oder etwas ganz anderes. Oft ist es etwas, das wir bei jemand anders aufgeschnappt und dann in den eigenen Sprachgebrauch übernommen haben. Manchmal wird uns das massiv bewusst, dann teilen wir unserer Umgebung mit: »Mannometer! Ich muss endlich mal aufhören mit diesem blöden ›händeln‹!«

Aber wir haben auch andere Wörter, die wir allzu gern benutzen, auch wenn uns das nicht immer so auffällt. Milton H. Erickson, der Begründer der modernen Hypnosetherapie, bezeichnete diese Worte als Trance-Wörter. Man kann sehr schnell Rapport herstellen, indem man auf die Trance-Wörter seines Gegenübers achtet (also Wörter, die oft in seinen Sätzen vorkommen) und diese dann selbst verwendet. Sie beginnen seine Sprache zu sprechen, Sie zeigen, dass Sie so sind wie er, und können sich sofort verständlich machen, weil Sie sich mit fast demselben Vokabular ausdrücken.

Ich habe Verständnis, wenn Sie nun glauben, dass ich Unmögliches von Ihnen verlange. Wie sollten Sie darauf horchen, wie jemand seine Stimme einsetzt, Ihre eigene Stimme daran angleichen, noch dazu den persönlichen Sprachgebrauch Ihres Gegenübers beobachten – am besten auch noch die grammatikalische Korrektheit seiner Sprache – und gleichzeitig im Kopf behalten, was Sie eigentlich sagen wollten!? Glauben Sie mir, es ist nicht so schwer, wie es aussieht. Wie Sie bereits in einem gewissen Maße Ihre Körpersprache an die Ihres Gesprächspartners anpassen, können Sie auch dies schaffen. Lassen Sie mich mal eine kleine Kostprobe alltäglichen Gedankenlesens geben: Sie haben doch sicher schon mal ein Telefongespräch beendet und alle im Zimmer wussten, mit wem Sie geredet hatten – stimmt's? Ohne dass Sie während des Telefonats einen Namen genannt oder irgendwelche anderen Hinweise gegeben hätten. Als Sie die anderen fragten, woher sie das wussten, bekamen Sie zur Antwort: »Das hat man dir angehört.« Kommt Ihnen das bekannt vor? Dachte ich's mir doch. Die anderen haben gehört, mit wem Sie sprachen, *weil Sie so klangen wie der Mensch, mit dem Sie sprachen,* das heißt, Sie haben Ihre Stimme und Ihren Sprachgebrauch angepasst, um sich so ähnlich anzuhören. Wahrscheinlich war es ein guter Freund, zu dem Sie guten Rapport haben. Erinnern Sie sich? Wir wollen akzeptiert und respektiert werden. Wir suchen soziale Interaktion. *Wir wollen Rapport herstellen.*

Breathe, damn you, breathe!
Rapport durch Atmung

Eine weitere wichtige Methode, effektiv Rapport zu schaffen, besteht darin, dass Sie Ihre Atmung an die Ihres Gegenübers anpassen. Aber die meisten Verfasser von Ratgeberbüchern oder Kursleiter von Atmungsseminaren vergessen eines: Es ist manchmal furchtbar schwer, die Atmung seines Gegenübers wahrzunehmen. Auch mit viel Übung kann es fast unmöglich sein, den anderen atmen zu sehen. (Das bedeutet natürlich nicht, dass Sie es gleich bleiben lassen sollen. Wenn Sie merken, dass Sie die Atmung Ihres Gesprächspartners verfolgen können, dann sollten Sie sich unbedingt bemühen, Ihre Atmung entsprechend anzupassen.)

Je nachdem wie man atmet, ob tief oder oberflächlich, mit der Brust oder mit dem Zwerchfell, wird die Atmung unterschiedlich sichtbar. Am besten blickt man auf Bauch, Brustkorb, Schultern und Hals. Manchmal können Sie die Atmung Ihres Gegenübers auch wahrnehmen, indem Sie den Schatten seiner Schultern beobachten. Horchen Sie auch auf seine Sprechpausen – beim Einatmen kann der Mensch nicht sprechen, wenn Sie also auf Pausen im Gesprächsfluss achten, hören Sie wahrscheinlich, wie der andere einatmet.

Wenn wir die Atmung unseres Gesprächspartners nachahmen, also mit derselben Geschwindigkeit und Tiefe atmen, tun wir das mit folgendem Hintergedanken: Wer der Atmung des anderen folgt, nimmt sein ganzes »Körpertempo« an – was Sie ansonsten nur durch Beobachten und Nachdenken zuwege bringen würden, bekommen Sie hier ganz automatisch und »gratis«. Sobald Sie Ihren Atemrhythmus verändern, schlägt sich das sofort auch auf Ihre Körpersprache und Ihre Sprechweise nieder. Außerdem wird es Ihnen leichter fallen, eine Stimmlage zu finden, die der Ihres Gegenübers entspricht.

Wenn Sie Ihre Atmung mit der Ihres Gesprächspartners synchronisieren, wird sich das Zusammengehörigkeitsgefühl zwischen Ihnen fast magisch anfühlen. Leider ist es aber sehr schwer. Außerdem machen es physiologische Unterschiede manchmal unmöglich, genau so zu atmen wie der andere. Meine Exfrau ist ungefähr 1 Meter 60 groß und wog bei unserer Heirat 47 Kilo. Ich bin 1 Meter 79 und wiege 73 Kilo. Außerdem atmete sie in den Brustkorb, so dass sie weniger Luft holte, als ihre eigentliche Lungenkapazität erlaubt hätte. Ihrer Atmung konnte ich mich nicht länger als eine Minute anpassen, dann bekam ich unweigerlich Atemnot. Und Sie sollten selbstverständlich nicht blau anlaufen, wenn Sie den Atemrhythmus Ihres Gegenübers nachahmen. Versuchen Sie trotzdem, sich dem anderen so weit anzunähern, wie es ohne körperliche Beeinträchtigungen möglich ist.

Wie ich bereits vorher sagte: Wenden Sie diese Kenntnisse auf alle rhythmischen Tätigkeiten Ihres Gegenübers an, wie beispielsweise Kopfnicken und Händeschütteln, so dass die Bewegungen im richtigen Tempo erfolgen und Ihren Rapport nicht brechen.

Zu Anfang werden Sie auch schon gute Fortschritte machen, wenn Sie den Atemrhythmus Ihres Gesprächspartners nicht exakt imitieren, sondern einfach sein *Grundtempo* erfassen und selbst in diesem Tempo atmen, ohne zu überlegen, ob Sie nun jedes Mal synchron atmen oder nicht. Es ist sehr gut möglich, dass Sie nach einer Weile tatsächlich exakt im gleichen Rhythmus atmen, aber selbst wenn nicht, haben Sie das Wichtigste schon erreicht: Sie haben Ihr Grundtempo synchronisiert.

Die Beobachtung und Nachahmung der Atmung ist auch eine gute Methode, die Stimmung Ihres Gegenübers rasch zu erfassen. So etwas ist nützlich in Situationen, in denen Sie spüren, dass Sie Rapport haben, aber irgendetwas in der Luft liegt, was den anderen stört. In diesem Fall beginnen Sie sich einfach der Atmung Ihres Gesprächspartners anzupassen. Wenn Sie merken, dass er beispielsweise hastig in den oberen Brustkorb atmet, obwohl er ansonsten ruhig und sicher wirkt, wissen Sie, dass er sich irgendwelche Sorgen macht, es aber verbergen will. Dieses Wissen kann in vielen Situationen äußerst hilfreich sein. Das Gute daran: Sie brauchen sich nicht zu merken, welche Stimmung an welche Art von

Atmung gekoppelt ist, denn sobald Sie selbst so atmen wie der andere, werden Sie diese Stimmung sowieso selbst empfinden. Und schon wissen Sie, wie es um die Gefühlslage Ihres Gegenübers bestellt ist.

Kuschelübung

Wenn Sie jemand haben, beispielsweise Ihren Partner zu Hause, den Sie einfach so umarmen können – ohne ihm groß erklären zu müssen, dass das jetzt eine Übung sein soll –, dann nehmen Sie diese Person in den Arm, so dass Sie ihre Atmung ganz deutlich fühlen können. Beobachten Sie zunächst, was für ein großer Unterschied es ist, ob Sie synchron atmen oder nicht. Folgen Sie der Atmung des anderen ein paar Minuten. Dann ändern Sie vorsichtig Ihren Atemrhythmus. Wenn Ihr Partner diese Veränderung unbewusst mitvollzieht, ist es Ihnen gelungen, durch Atmung Rapport herzustellen.

Martin Nyrup und Ian Harling schlagen in ihrem Buch vor, dass Sie das Ganze einmal unbekleidet ausprobieren. Sollten Sie in der glücklichen Lage sein, jemand zu haben, den Sie nackt umarmen können (vorzugsweise jemand, den Sie kennen), beispielsweise Ihren Partner vorm Einschlafen, dann versuchen Sie, Ihre Atmung zu synchronisieren beziehungsweise asynchron zu atmen. Sie werden einen deutlichen Unterschied erleben – auf einer Seite das Gefühl totaler Zusammengehörigkeit, auf der anderen Seite Lustlosigkeit und Entfremdung.

Duracellhase vs. Schildkrötenmann
Denken Sie an das Energieniveau

Wir treten nun einen Schritt zurück und nehmen eine breitere Perspektive auf die Person ein, zu der Sie Rapport aufbauen wollen. Es ist natürlich wichtig zu wissen, wo diese Person gefühlsmäßig und – in Ermangelung eines besseren Wortes – energiemäßig steht. Später werden Sie mit diesem Buch lernen, wie Sie verschiedene Gemütslagen identifizieren können, und zwar wesentlich detaillierter, als es nur über die Atmung möglich ist. Aber das Energieniveau einer Person können Sie hauptsächlich an ihrer Haltung ablesen, an ihrer Atmung und Ihren *bisherigen Kenntnissen von dieser Person.*

Manche Menschen halten sich am Vormittag lieber ein wenig bedeckt. Sie kommen morgens in die Arbeit, murmeln irgendetwas in ihren Bart, was ansatzweise nach »Moin« klingt, und lassen sich auf ihren Stuhl plumpsen. Auf der Stirn ein unsichtbares »Lass mich bloß in Ruhe«. So geht das bis elf Uhr, und erst beim Mittagessen, so ungefähr bei der fünften Tasse Kaffee, machen sie die Augen richtig auf und kommen unter ihrem Schildkrötenpanzer hervor. Das bedeutet nicht, dass sie schlechtere Arbeit leisten. Es bedeutet nur, dass ihr soziales Ich eine etwas längere Anlaufzeit hat. So ein Mensch hat selten ein hohes Grundtempo – nicht mal nach der fünften Tasse Kaffee. (Irgendwann kriegt er dann eben zittrige Hände.) Er ist ein Schildkrötenmann. Wir alle haben ab und zu mal so eine Stimmung, aber bei manchen ist es ein Dauerzustand.

Dann gibt es Leute, die sind genau umgekehrt. Sie strotzen nur so vor Energie, Tatendrang und Schmackes. Die laufen jeden Morgen die zwei Kilometer zur Arbeit, tauchen mit einem breiten Grinsen eine halbe Stunde vor allen anderen im Büro auf und lassen sich in der Mittagspause nur ungern ihre Runde Squash entgehen. Und abends rennen sie wieder nach Hause.

Ich hatte mal so einen Kollegen. Er war beziehungsweise ist außerdem noch Vater von sechs Kindern. Die Stunde am Morgen, die er vor allen anderen am Arbeitsplatz ist – nachdem er im Laufschritt oder auf dem Fahrrad in die Firma gedüst ist –, verbringt er damit, die Heimvideos zu schneiden, die er am Wochenende mit seinen Kindern gedreht hat, inklusive DVD-Menü und Extra-Tonspur. Er ist kein Schildkrötenmann. Er ist ein Duracellhase.

Zwischen Schildkrötenmann und Duracellhase sind die Konflikte geradezu vorprogrammiert.

Vielleicht gehören Sie zu denen, die munter und voller Energie am Arbeitsplatz eintreffen. Wenn Sie dort auf Ihren müden, schlaftrunkenen Kollegen treffen, auf dessen Mitarbeit Sie leider dringend angewiesen sind, könnte es ganz sinnvoll sein, sich erstmal ein bisschen zurückzunehmen. Versuchen Sie, Ihren Enthusiasmus ein bisschen zu zügeln. Zumindest zu Anfang. Wenn Sie übermütig krähend ins Zimmer dieses Kollegen stürzen und ihm so kräftig auf den Rücken hauen, dass er die Kaffeetasse erstmal über sein Outlook ausleert, haben Sie sich seine Ablehnung schon gesichert. Dasselbe gilt auch umgekehrt. Wenn Sie der schwerfällige, langsame

Typ sind, dann lassen Sie sich irgendwas einfallen, um Ihre Laune ein bisschen aufzupeppen. Denn höchstwahrscheinlich gehen Sie Ihren muntereren Zeitgenossen leicht auf die Nerven. Gott sei Dank können Sie das ganz leicht bewerkstelligen:

Die Sache mit dem Energieniveau kann man sich sehr plastisch vorstellen. Hier geht es mehr um gesunden Menschenverstand als um detaillierte Analyse und anschließende Anpassung der Kommunikationswerkzeuge. Auch wenn es natürlich auf dasselbe hinausläuft. Denken Sie an alles, was Sie bereits über das Beobachten, Nachahmen und das Herstellen von Rapport gelernt haben. Ist acht Uhr morgens wirklich die günstigste Zeit, um Ihre neuesten Ideen zu präsentieren? Können Sie die Besprechung nicht auf einen Zeitpunkt nach dem Mittagessen legen, wenn der andere gnädiger gestimmt ist? Wenn das nicht möglich ist, müssen Sie sorgfältig darauf achten, sich an die Gefühlslage Ihres Gegenübers anzupassen. Sonst können Sie auf erbitterten Widerstand stoßen. Nicht weil Ihre Ideen schlecht sind. Sondern weil Ihr Energieniveau zu stark von dem Ihres Gesprächspartners abweicht.

Gute-Laune-Übung

Können Sie sich noch an die Übung erinnern, bei der Sie durch Einsatz von Körpersprache positive Veränderungen bei einem niedergeschlagenen Freund bewirken konnten? Sie funktioniert, weil unser körperlicher Zustand an unseren geistigen gekoppelt ist. Dasselbe Prinzip können Sie anwenden, um eine Veränderung Ihrer eigenen Stimmung oder Ihres Energieniveaus zu erreichen. Sie fangen einfach an, so zu handeln, als *wären* Sie munterer oder fröhlicher. Überlegen Sie sich, was für ein Gesicht Sie aufsetzen würden, wie Sie sitzen, stehen und sich bewegen würden, wenn Sie viel energiegeladener wären als momentan. Zu Anfang kann sich das ein bisschen seltsam anfühlen, aber Sie werden bald tatsächlich mehr Energie und positive Stimmung an sich feststellen. Aktivieren Sie Prozesse in Ihrem Gehirn durch die körperlichen Prozesse, die Sie selbst steuern können, durch Ihre Muskeln und Gesten. Fake it 'til you make it.

Oder, wie es der amerikanische Psychologe William James um die letzte Jahrhundertwende etwas sperriger ausdrückte: »Die Handlung scheint dem Gefühl zu folgen, aber eigentlich gehen Handlung und Gefühl Hand in Hand. Indem man die Handlung steuert, die der direkten willentlichen Kontrolle unterworfen ist, kann man indirekt das Gefühl steuern, das sich sonst jeder willentlichen Kontrolle entzieht.«

Die beste Art, gute Laune zu bekommen, besteht also darin, sich mit fröhlichem Gesichtsausdruck umzusehen und so zu handeln und zu reden, als wäre man bereits gut gelaunt!

Sagen Sie, was Sie meinen
Seien Sie konsequent in Wort und Tat

Wenn wir mit jemand kommunizieren, rufen wir verschiedene Gefühle bei ihm hervor, ob wir nun wollen oder nicht. Das kann natürlich beabsichtigt sein, wenn wir beispielsweise etwas erzählen, um den anderen froh oder böse zu machen. Typische Sätze, mit denen wir eine Gefühlsreaktion hervorrufen wollen, lauten beispielsweise:

»Kennen Sie den?«
»Mel Gibson, dieser Spacken!«
»Weißt du, was mir gestern passiert ist?«
»Ich liebe dich.«

Es kann aber auch unbeabsichtigt geschehen, wenn wir mit unseren Äußerungen eine Assoziationskette bei unserem Gegenüber auslösen, ohne es zu ahnen. »Wie geht's, wie steht's?«, fragen wir oft, ohne damit mehr als Höflichkeit signalisieren zu wollen. Aber so eine triviale Frage kann Ihr Gegenüber auch zum Weinen bringen, wenn es ihm gerade schlecht genug geht.

Wir beeinflussen die Stimmungen der Menschen auch, indem wir unsere eigene Stimmung zeigen und projizieren. Wenn wir fröhlich sind, färbt das auf unsere Umgebung ab. Wenn wir traurig sind, schlägt sich das auch auf die anderen nieder. Selbst wenn wir gar nichts sagen. Oft bitten wir Personen ganz bewusst, eine andere Stimmung anzunehmen:

»Na komm, jetzt reiß dich mal wieder zusammen!«
»Beruhig dich doch wieder.«

Um uns dem anderen wirklich verständlich zu machen und glaubwürdig zu wirken, müssen wir gleichzeitig mit solchen Worten auch die Gefühlslage projizieren, um die wir ihn bitten. Wenn Sie wollen, dass sich jemand wieder beruhigt, ist es sicher keine gute Idee, ihn bei den Schultern zu packen, ordentlich durchzuschütteln und ihm »JETZTKOMMMAL-WIEDERRUNTERMANN!« ins Gesicht zu schreien. Wenn Sie wollen, dass sich jemand beruhigt, müssen Sie selbst ruhig sein. Als Vater kleiner Kinder weiß ich, wie wahnsinnig schwer einem das manchmal fallen kann. Aber es ist nicht weniger wichtig. Denn wenn Ihr Gegenüber in die Stimmung kommen soll, um die Sie es bitten, müssen Sie selbst erst einmal zeigen, was Sie meinen. »Bist du auch so fertig?« sollte man eher mit einem Gähnen vorbringen als mit wildem Rumgehampel, jedenfalls, wenn man dem anderen wirklich erfolgreich Müdigkeit suggerieren will.

Wenn Sie also wollen, dass der andere sich beruhigt, müssen Sie selbst Ruhe ausstrahlen: Sprechen Sie nicht zu laut, vermeiden Sie abrupte Bewegungen und hektisches Gefummel, und achten Sie auf tiefe Atemzüge, und zwar nicht zu weit oben im Brustkorb. Wollen Sie jemand Selbstvertrauen einflößen, reicht es nicht, darüber zu sprechen – Sie müssen sich auch so verhalten, als wären Sie selbstsicher. Dadurch machen Sie dem Unterbewusstsein Ihres Gegenübers einen Vorschlag oder geben ihm eine Anleitung, welche Prozesse es in Gang setzen sollte. (Aber zu solchen Feinheiten kommen wir später.) Sie müssen nicht nur zeigen, was Sie meinen, Sie müssen auch ein unmittelbares Verständnis auf Gefühlsebene erzielen und demonstrieren, dass die gewünschte Stimmung ganz leicht zu erreichen ist. Indem Sie dieses gefühlsmäßige Verständnis herbeiführen, schaffen Sie auch ein intimes, persönliches Erleben bei der Person, mit der Sie kommunizieren. Wenn man nur über etwas redet, bleibt man auf einem externen, analytischen Level. Sobald der Gegenstand gefühlsmäßig erfasst wird, tritt die innerliche, persönliche Erfahrung dazu. Und innerliche Erfahrungen sind immer die stärksten. Stellen Sie sich vor, Sie würden über eine liebevolle Umarmung sprechen beziehungsweise eine bekommen. Was wäre Ihnen lieber?

Wenn Ihre Worte nicht mit der Aussage Ihrer Körpersprache und Stimmlage übereinstimmen, wird sich Ihr Gegenüber der nonverbalen Aussage anschließen. Wenn jemand Sie anbrüllt, Sie sollen sich endlich beruhigen, werden zwei Stimmungen vermittelt. Die äußerliche (verbale) und die innerliche (gefühlsmäßige). Welche Stimmung wird sich auf Sie übertragen? Entspannen Sie sich in diesem Moment, oder empfinden Sie eher Stress? Man braucht kein Experte für Gedankenlesen zu sein, um zu begreifen, dass Letzteres eintreten wird.

Meinungs-Aikido
Die edle Kunst der Zustimmung

Ein anderes wirksames Mittel, um Rapport herzustellen, ist die Zustimmung. Ich weiß, das klingt jetzt nach dem totalen Selbstverrat, aber ich sage es trotzdem: Versuchen Sie einfach, irgendeine Einstellung oder Meinung bei Ihrem Gegenüber zu entdecken, der Sie sich anschließen können. Das ist besonders wichtig, wenn Sie seine Meinung später ändern wollen. Wenn Sie den anderen gleich mal aufklären, wie der Hase wirklich läuft, laufen Sie Gefahr, auf Widerstand zu stoßen. Sobald Sie Ihrem Gesprächspartner ins Gesicht sagen, dass er sich irrt, geht er nämlich in die Defensive, statt Ihnen zuzuhören. (Man sollte immer im Hinterkopf behalten, dass der Mensch als einziges Lebewesen auf diesem Planeten für die Verteidigung seiner Meinungen stirbt.) Der ungeschickteste Weg, den Sie einschlagen können, wenn Sie jemand von Ihrer Meinung überzeugen wollen, ist also eine Konfrontation. Beim Aufbauen von Rapport geht es darum, den anderen davon zu überzeugen, dass Sie ihn verstehen, dass Sie wie er sind. Und das muss auch für Ihre Meinungen gelten.

Natürlich brauchen Sie nicht so weit zu gehen, Ihre eigenen Werte und Prinzipien völlig zu verraten. Aber höchstwahrscheinlich finden Sie doch irgendetwas, dem Sie zustimmen können. Wenn Sie in einer Verhandlung einem Menschen gegenüberstehen, der eine völlig entgegengesetzte Position vertritt, könnte es vielleicht immer noch sein, dass Sie beide ein Faible fürs Segeln haben. Oder für »World of Warcraft«. Auch wenn Sie finden, dass der andere die Frage total missverstanden hat oder einfach geistig minderbemittelt ist, können Sie immer noch zustimmen, dass Sie *genau so wie diese Person denken würden, wenn Sie an ihrer Stelle wären* (sprich: wenn Sie die Frage auch total missverstanden hätten, aber das sagen Sie natürlich nicht). Selbst wenn Sie mit Pol Pot höchstpersönlich verkehren würden, dieser Gedanke behält seine Gültigkeit: *Wenn ich an deiner Stelle wäre, würde ich genau so handeln.* Die Worte »Wäre ich an Ihrer Stelle, würde ich dasselbe tun« können Wunder wirken, wenn Sie versuchen, Rapport zu schaffen. Im Grunde sagt man damit ja nur, dass man sich wie der andere verhalten würde, wenn man in seiner Haut steckte. Aber so wird es eben nicht aufgefasst, sondern eher im Sinne von »Hier ist jemand, der mich versteht.«

Indem man etwas findet, dem man zustimmen kann, folgt man dem Prinzip der Kampfsportart Aikido. Wenn Sie sich dem anderen in den Weg stellen, indem Sie sagen »Sie irren sich«, kommt es zu einem mentalen Ringkampf zwischen Ihnen. Das ist für beide Seiten ermüdend und unproduktiv. Statt sich der Person entgegenzustellen, stellen Sie sich neben sie, indem Sie sagen: »Ich denke wie Sie.« Die Energie, mit der der andere seine Meinung ins Feld führt und die Sie mit enormem Kraftaufwand hätten bremsen wollen, können Sie jetzt so umlenken, dass der andere zu einem anderen, nämlich Ihrem gewünschten Ziel gesteuert wird. Statt ein Hindernis zu errichten, übernehmen Sie die Rolle des Anführers. Ihr Gesprächspartner hat gar nichts dagegen, weil Sie ja beide ein gemeinsames Ziel anstreben, und so wird der leidige Streit vermieden, wer von Ihnen beiden denn nun Recht hat. Sie haben Rapport. Sie haben denselben Ausgangspunkt und dasselbe Verständnis der Dinge. Beim Aikido stellt man sich der Bewegungsenergie des Gegners nicht in den Weg. Im Gegenteil, man nützt sie für die eigenen Zwecke, um den anderen zu Fall zu bringen, wenn nötig.

Shakespeare for President

Die so genannte Wirklichkeit fußt zum Großteil, oder vielleicht sogar komplett, auf unserer Auffassung von Wahrheit. Wenn wir also die Auffassungen eines anderen manipulieren, dann beeinflussen wir seine Wirklichkeit. Geschickte Politiker wissen das schon lange. Wenn man in der Opposition ist, empfiehlt es sich immer, sich anfangs der populären Auffassung der Dinge anzuschließen. Danach kann man formulieren, welche Verbesserungen man hier vornehmen könnte. In Shakespeares *Julius Caesar* wird Brutus, der dem römischen Diktator von allen am nächsten stand, angeklagt, Caesar ermordet zu haben. Was er ja auch getan hat. *Et tu, Brute.* Aber bei Caesars Begräbnis hält Brutus eine leidenschaftliche Rede und macht dem Volk weis, dass er ihm einen Gefallen getan hat. Wie sehr Brutus Caesar auch liebte, hatte er doch erkannt, dass Caesars Herrschaft Rom ins Verderben führte, und er wusste, dass das Attentat die einzige Lösung war, obwohl er mit ernsten Konsequenzen rechnen musste. Also beging er die schändliche Tat nicht aus Hass auf Caesar, sondern aus Liebe zu Rom.

So einen Kerl muss man doch einfach lieben! Und das Volk lässt sich tatsächlich nicht lange bitten und verzeiht ihm. Doch in den Kulissen lauert Marcus Antonius. Er soll auch eine Rede an Caesars Grab halten. Und seiner Ansicht nach muss Brutus wegen Mordes verurteilt werden. Daher beschließt er, als Letzter zu reden, so dass er sich zuerst anhören kann, was Brutus vorbringt. Als Antonius an der Reihe ist, beginnt er seine Ausführungen wider Erwarten damit, dass er sich der allgemeinen Meinung anschließt und Brutus als ehrenwerten Mann preist. Nun, da alle wissen, dass Antonius so denkt wie sie, hat er freie Bahn, seine Rhetorik zu entfalten. Nun führt er in seiner Rede raffinierte, emotionale Argumente ins Feld, die die Zuhörer davon überzeugen, dass der Mord ungerechtfertigt war und der Mörder verbannt werden soll. Hätte er mit dieser Forderung begonnen – die ja seiner eigentlichen Meinung entsprach –, hätte ihm niemand Gehör geschenkt. Deswegen ging er nicht in Opposition zur öffentlichen Meinung, sondern begann mit Zustimmung. Um anschließend bestimmen zu können, wie es weitergehen sollte. Marcus Antonius hatte den schwarzen Gürtel im Meinungs-Aikido. Und William Shakespeare, der das alles geschrieben hat, hätte mit seinen rhetorischen Fähigkeiten wirklich Politiker werden sollen.

Denken Sie ähnlich, und übernehmen Sie dann die Führung
Wir fassen noch einmal zusammen: Wenn Sie das Meinungs-Aikido anwenden, sollen Sie Ihre eigenen Werte und Meinungen nicht vergewaltigen. Sie brauchen nicht mal zu lügen. Rapport muss immer auf Ehrlichkeit aufbauen. Manchmal ist es gar kein Problem, gemeinsame Meinungen oder Werte zu finden, aber in manchen Situationen kann es bedeutend schwerer fallen. Bei Verhandlungen und Debatten wird erwartet, dass die Parteien gegensätzliche Standpunkte vertreten.

Wenn Sie bei dem fraglichen Thema zu sehr von der allgemeinen Meinung abweichen, könnte es ganz geschickt sein, ein anderes Gebiet zu finden, auf dem Sie sich den allgemeinen Ansichten eher annähern können. Und sollten Sie überhaupt keine Gemeinsamkeiten feststellen können – wenn Sie beispielsweise mit jemand diskutieren, der einen Hut aus Alufolie auf dem Kopf hat –, können Sie immer noch sagen: *»Wenn ich Sie wäre, würde ich genauso denken. Ich wäre auch schwer beunruhigt über die Radiosendungen in meinen Zahnplomben.«* Das ist immer die Wahrheit. Wenn Sie tatsächlich die andere Person *wären,* würden Sie genauso denken.

Wenn jemand also wutschnaubend auf den Tisch haut und brüllt: »Das ist ja wohl das Allerletzte!«, müssen Sie aufstehen, auch irgendwas auf den Tisch knallen und laut ausrufen: »Das finde ich aber auch!! Ich verstehe wirklich, dass Sie das für das Allerletzte halten! Wenn ich Sie wäre, würde ich ganz genauso empfinden!« Sie wenden also Meinungs-Aikido an, passen sich dem anderen in Körpersprache, Tonfall und Energieniveau an. Dann senken Sie die Lautstärke und Sprechgeschwindigkeit, setzen sich vielleicht schon mal auf die Tischkante und fahren fort: »Aber wissen Sie, ich glaube doch, dass sich hier eine Lösung finden lässt.« Sie beginnen ihn zu führen, einerseits zu einer gesünderen Stimmung und andererseits zu einer neuen Perspektive oder dem Gedanken, der sein Bild von der Gesamtsituation ändern wird. Außerdem legen Sie den Grundstein für die gemeinsame Lösung eines Problems. Hiermit haben Sie also eine ausgezeichnete Methode, um wütenden Mitmenschen gleich den Wind aus den Segeln zu nehmen. Wer zornig ist, sucht nämlich eigentlich Widerstand, er will einen Ringkampf, einen Gegner, der sich ihm in den Weg stellt und auf den er dann noch böser werden kann. Indem Sie seinen Zorn bekräftigen und ihm Recht geben, lassen Sie ihm effektiv die Luft raus.

Ihr Ziel muss es sein – wie immer, wenn Sie Rapport aufbauen wollen –, dem anderen zu zeigen, dass Sie ihn verstehen. Dass Sie denken wie er. Dass Sie so sind wie er. Dann wird es ihm auch wesentlich leichter fallen, sich Ihre Vorschläge anzuhören. Wenn es so aussieht, als würden Sie vom selben Standpunkt ausgehen, wird er sich mehr anstrengen, das Wertvolle in Ihren Ideen zu sehen, denn auf diese Art kann er den Rapport aufrechterhalten. *Wenn ich in Ihrer Situation wäre, würde ich ganz genauso denken.* So einfach ist das.

Meinungs-Kung-Fu
Unterschiedliche Behauptungen verknüpfen

Eine einfache Technik, der Meinung seines Gegenübers scheinbar zuzustimmen und seine Zuhörer auch mit einer zweifelhaften Argumentation zu überzeugen, besteht darin, dass Sie anstelle des Wörtchens »aber« einfach »und« benutzen. »Aber« signalisiert einen Vorbehalt, während »und« Sätze und Behauptungen verbindet. Diese verbindende Funktion ist so stark, dass es keine Rolle spielt, ob die beiden verbundenen Sätze sich inhaltlich widersprechen. Geschickte Politiker haben gelernt, ihre Sätze mit »und« zu verbinden. Vergleichen Sie die folgenden beiden Situationen, in denen eine Politikerin populistisch punkten will, indem sie von Dingen spricht, die alle für wichtig halten:

Situation 1:
A: »Wir wollen das Gesundheitswesen verbessern, also müssen wir die Steuern erhöhen.«
B: »Wir wollen das Gesundheitswesen auch verbessern, *aber* wir wollen die Steuern senken.«

Situation 2:
A: »Wir wollen das Gesundheitswesen verbessern, also müssen wir die Steuern erhöhen.«
B: »Ich stimme Ihnen zu, wir müssen das Gesundheitswesen verbessern, *und* dafür wollen wir die Steuern senken.«

In der ersten Debatte stellt sich B auf die andere Seite, indem Sie das Wort »aber« benutzt und damit A widerspricht, woraufhin B jede Menge Stimmen verliert. In der zweiten Debatte punktet B genauso leicht wie A, obwohl ihre Aussage sich nicht verändert hat und immer noch im Gegensatz zu A's Ankündigung steht. »Und« verleiht einer Behauptung fast schon einen Ursache-Wirkung-Effekt, denn was nach einem »und« kommt, wird als unvermeidliche Folge des vorher Gesagten betrachtet. Der Vorbehalt »aber« funktioniert genau andersrum. Im esoterischen Kampfsport Meinungs-Kung-Fu birgt also ein scheinbar harmloses »und« die Gefahr eines »aber«, das einen Einwand bedeutet.

… wünscht Brieffreundschaft mit Gleichgesinnten
Rapport per E-Mail

Dieselben Prinzipien, die bei einer persönlichen Begegnung oder einem Telefongespräch zum Einsatz kommen, gelten auch für die schriftliche Kommunikation, die immer wichtiger wird. Dazu gehören auch die neueren Errungenschaften wie E-Mail, SMS und Chats. Der Unterschied liegt darin, dass Sie sich nicht mehr an Faktoren wie Körpersprache oder Sprechgeschwindigkeit anpassen können. Aber Sie können sich immer noch den Meinungen Ihres Gegenübers anschließen, seinen Ansichten und Erwartungen. Auch beim Schreiben können Sie versuchen, einen »Tonfall« oder eine Stimmung zu spiegeln: Ist die Person seriös, unkompliziert, formell oder zwanglos? Schreibt sie in kurzen oder langen Sätzen? Wie sieht es mit ihrem persönlichen Sprachgebrauch aus, wie beispielsweise Fachausdrücken oder Lehnwörtern? Können Sie irgendwelche Trance-Wörter ausfindig machen? Finden Sie die Art und Weise, in der der andere sich am liebsten ausdrückt, und gleichen Sie sich so gut wie möglich daran an. Angenommen, Sie erhalten folgende Mail:

Hallo … wollte mal kurz nachfragen wg. Freitag … steht das noch? Isa

Dann sollten Sie eher nicht so antworten:

Hallo Sammy!

Ich habe über die Sache nachgedacht und bin zu dem Schluss gekommen, dass es am effektivsten wäre, wenn wir das Treffen auf den Nachmittag verlegen. Sei so gut und gib mir schnellstmöglich Rückmeldung, inwiefern sich das in Deinen Terminplan integrieren lässt.
Mit freundlichen Grüßen
Henrik Fexeus

Wesentlich passender wäre einfach folgende Antwort:

selber hallo – freitag nachmittag auch ok? hf

Das ist besonders wichtig, wenn wir von der Kommunikation per E-Mail reden. E-Mails sind nämlich nicht, wie man meinen möchte, an die Stelle des geschriebenen Briefs getreten, sondern ersetzen vielmehr das Telefongespräch. Wenn wir mailen, drücken wir uns viel eher umgangssprachlich aus. Das Problem dabei ist, dass unsere gesprochene Sprache von unserer Stimme und unserem Gesicht (wenn nicht sogar dem ganzen Körper) abhängt, und daher schriftlich nicht vollends verständlich ist. Wir brauchen Hinweise durch Tonfall, Tempo, Heben und Senken der Stimme am Satzende, Lächeln, Signale mit den Augenbrauen, Kopfbewegungen usw., um zu verstehen, was man uns sagen will. (Später werde ich noch näher darauf eingehen, wie wir einen gewissen Gesichtsausdruck einsetzen, um Wörter zu markieren.) All das fehlt uns beim Mailen. Wir verwenden die Worte so,

als würden wir eine mündliche Mitteilung machen – aber uns
fehlt der Bezugsrahmen. Daher auch das Aufkommen der
Emoticons, beispielsweise Smileys. Die häufigsten sind :-) und
:-(. Aber es gibt auch ;-) und :-P und massenweise andere.
Nur am Rande: 8=B-(I) braucht man sicher nicht so häufig,
denn das wäre eine Person mit Brille und aufgespritzten Lippen mit Kochmütze. Notgedrungen musste ein ganz neues
Alphabet abstrakter Zeichen geschaffen werden, um zu zeigen, was wir wirklich meinen. Und damit nicht genug – wir
vervollständigen es noch mit kryptischen Abkürzungen wie
imho, lol oder rotfl (für die Uneingeweihten: »in my humble opinion«, »laughing out loud« und »rolling on the floor
laughing«) usw., um zu vermeiden, dass jemand etwa einen
Witz ernst nimmt oder wir arrogant wirken. Dieselben Wörter, Sätze und Beschreibungen zu benutzen wie der andere,
ist entscheidend, um sich verständlich zu machen und Rapport herzustellen.

Eine bewährte Abkürzung
Bringen Sie Ihr Gegenüber dazu,
über sich selbst zu reden

Es ist eine alte Weisheit, dass die meisten am liebsten über
sich selbst reden wollen. Schon unser Oldschool-Profi in Sachen Rapport, Dale Carnegie, hat in seinem Buch *Wie man
Freunde gewinnt und Menschen beeinflusst* beschrieben, wie Sie
Ihr Gegenüber davon überzeugen können, ein phantastischer Gesprächspartner zu sein. Sie müssen ihn nur dazu

bringen, über sich selbst zu reden. Dann brauchen Sie nur noch dazusitzen und zu nicken und ihn mit einem Lächeln zum Weiterreden zu ermuntern!

Es ist natürlich auch eine gute Methode, um das Gegenüber in einen Zustand zu versetzen, in dem es nicht mehr bewusst wahrnimmt, was Sie tun. Das ist praktisch, wenn Sie beispielsweise das Nachahmen der Körpersprache üben wollen. Aber in erster Linie haben Sie mit dieser Methode eine einfache Abkürzung, die Sie rasch zum Rapport bringt.

Haben Sie sich schon getestet?
Kontrollieren Sie, ob Sie Rapport hergestellt haben

Es gibt mehrere Möglichkeiten festzustellen, ob Sie Rapport zu jemand hergestellt haben. Wenn Sie sich darum bemüht haben, war eines Ihrer Ziele, den anderen führen zu können – also prüfen Sie doch einfach mal nach, ob Sie das schon können. Nehmen Sie eine Veränderung in Ihrer Körpersprache oder Ihrer Sprechgeschwindigkeit vor, und beobachten Sie, ob der andere Ihnen folgt. Wenn ja, wird er selbst auch die entsprechenden Veränderungen zeigen. Wenn die Person Ihnen nicht folgt, gehen Sie zurück und bauen erneut Rapport auf. Dann warten Sie die nächste Gelegenheit ab und versuchen nochmals, Ihren Gesprächspartner zu führen. Bei den meisten Interaktionen wechselt man ständig zwischen Führen und Folgen hin und her, bis beide Seiten sich einig sind, dass das Gespräch beendet ist. Das Modell sieht folgendermaßen aus:

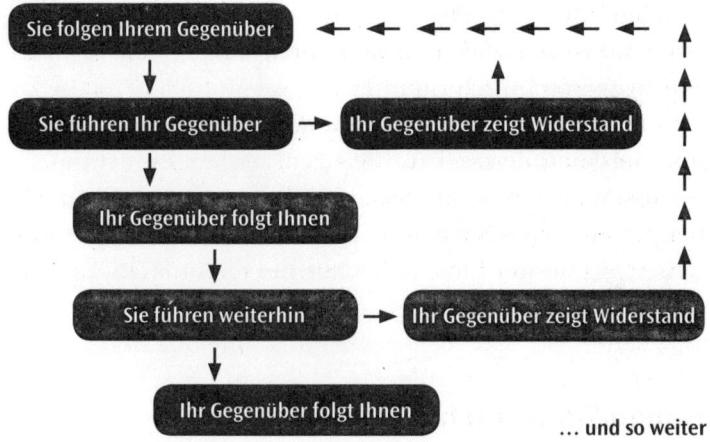

... und so weiter

Worauf konzentriert sich Ihr Gegenüber?

Es ist immer nützlich zu erspüren, worauf der andere sein Hauptaugenmerk richtet, wenn Sie sicher sein wollen, dass Sie seine Aufmerksamkeit haben. Sie wollen, dass er bequem sitzt, mit beiden Füßen auf dem Boden oder mit übereinandergeschlagenen Beinen, damit Sie sehen können, dass er nicht schon wieder halb auf dem Sprung woandershin ist. Die Füße Ihres Gegenübers sollten optimalerweise direkt in Ihre Richtung zeigen. Ob die Beine übereinandergeschlagen sind oder nicht, ist egal. Eine breitbeinige Position, oftmals noch mit den Daumen in der Hosentasche, signalisiert Selbstsicherheit – eine Macho-Pose, die man vor allem bei Männern sieht. Eine Person, die ihre Beine einfach parallel nebeneinander stellt, fühlt sich Ihnen gegenüber in puncto Status neutral. Verschränkte Beine bedeuten entweder, dass

81

Ihr Gesprächspartner auf die Toilette muss oder dass er sich Ihnen unterlegen fühlt. All diese verschiedenen Beinhaltungen bedeuten jedoch auch, dass dieser Mensch bereit ist, Ihnen zuzuhören, die Varianten zeigen bloß an, wo er sich auf der sozialen Rangleiter glaubt.

Nur die »Cowboy-Position«, bei der ein Bein leicht angewinkelt und der Fuß nach außen gedreht ist, signalisiert, dass diese Person innerlich schon auf dem Sprung ist. Es sieht aus wie ein eingefrorener Tai-Chi-Moment. Auf dem letzten Bild sehen Sie, wie der Schwerpunkt langsam auf ein Bein verlagert und fast schon der erste Schritt getan wird – doch dann ist dieser Mensch mitten in der Bewegung erstarrt. Verwechseln Sie das nicht mit der Position, bei der einfach ein Bein vor das andere gestellt wird. Das tun wir oft, aber dabei liegt der Schwerpunkt auf dem hinteren Bein. In diesem Fall liegt er auf dem vorderen. Vorerst ist die Bewegung zum Stillstand gekommen, aber sobald sie weiterläuft, wird der Schwerpunkt über das Bein wandern, das Bein wird sich strecken – und schon marschiert Ihnen Ihr Gegenüber davon. Das bedeutet nicht unbedingt, dass diese Person Ihre Gesellschaft leid ist, auch wenn es das natürlich bedeuten *kann*. Meistens heißt es eher, dass derjenige bereits daran denkt, was er als Nächstes vorhat. Vielleicht muss er einen Termin einhalten, oder er hat jemand anders entdeckt, mit dem er reden muss, usw. Egal wie sich Ihr Gesprächspartner bemüht, Ihnen weiter zuzuhören, Sie haben nicht mehr seine ungeteilte Aufmerksamkeit. Tun Sie ihm den Gefallen, und sehen Sie zu, dass Sie das Gespräch so rasch wie möglich zum Abschluss bringen. Versuchen Sie keinesfalls, ein paar letzte, unheimlich wichtige Gesichtspunkte unterzubringen, bevor Sie das Gespräch beenden. Das Risiko ist zu groß, dass der andere sich später sowieso nicht mehr daran erinnern wird. Wenn es noch etwas Wichtiges zu sagen gibt, was Sie nicht zur Sprache bringen konnten, dann sparen Sie sich das am besten für die nächste Begegnung auf. Kommen Sie schnell zum Ende, und machen Sie aus, wann Sie sich wieder treffen können.

Um sich zu vergewissern, ob Ihnen seine ungeteilte Aufmerksamkeit gehört, sollten Sie beobachten, ob er Ihnen in die Augen blickt, während Sie sprechen. Oder schaut er an Ihnen vorbei, auf Ihre Ohren oder lässt die Blicke gar durch den Raum schweifen, um nach Notausgängen zu suchen (konkreten wie psychologischen). Wenn Sie sitzen, wird sich eine Person, die an Ihnen interessiert ist, sogar leicht zu Ihnen vorbeugen.

 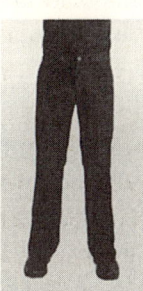  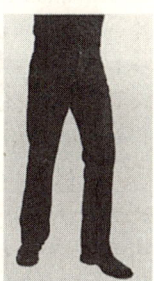

Der Selbstsichere …   *Der Neutrale …*   *Der Unterlegene …*   *Auf dem Sprung …*

Beobachten Sie die Pupillen

Sie können auch die Größe der Pupillen beobachten. Es kommt Ihnen vielleicht abwegig vor, dass man so etwas wahrnehmen soll, aber es ist leichter, als Sie glauben. Sie müssen einfach nur nach eventuellen Veränderungen der Pupillen Ausschau halten. Wenn wir uns für etwas interessieren, erweitern sich unsere Pupillen. Daneben wird ihre Größe natürlich auch von Faktoren wie Licht und Dunkelheit beeinflusst. In dunklen Räumen brauchen wir mehr Licht, um gut sehen zu können, und entsprechend bekommen wir größere (offenere) Pupillen. Es reicht schon, dass Sie dunkle Sachen tragen, damit sich die Pupillen Ihres Gegenübers erweitern. Große Pupillen bedeuten also nicht unbedingt, dass Sie Rapport haben oder dass sich Ihnen jemand mit Interesse zuwendet. Es kann auch eine Reaktion auf die Lichtverhältnisse sein oder ein Zeichen, dass die Person völlig stoned ist. Zum Beispiel. Wonach Sie also suchen müssen, ist eine Veränderung während des Gesprächs. Wenn Sie bemerken, dass sich die Pupillen erweitern, während die äußeren Verhältnisse (wie das Licht) dieselben bleiben, ist das ein Signal dafür, dass Ihr Gegenüber sich für den Gesprächsgegenstand plötzlich mehr interessiert oder emotional beteiligt ist.

Ich weiß nicht, ob es stimmt, aber ich habe schon in vielen Büchern gelesen, dass die Jadehändler im alten China damit begannen, rußgeschwärzte Sonnenbrillen zu tragen, um ihre Pupillen zu verbergen. Traditionellerweise wurde um die Steine gehandelt und gefeilscht. Wenn sich der Käufer besonders interessiert zeigte, ging der Preis natürlich nach oben. Deswegen versuchte man, seine Reaktionen so gut wie möglich im Griff zu behalten, aber eines verriet das Interesse des Kaufmanns doch jedes Mal: seine Pupillen. Als man dahinterkam, wurden die schwarzen Brillen unter den chinesischen Jadehändlern bald Usus.

Heutzutage sind es die professionellen Pokerspieler, die diese Lektion verinnerlicht haben. Wenn Sie das nächste Mal ein großes Pokerturnier im Fernsehen verfolgen, beobachten Sie, wie fast alle Spieler, die beim Finale noch am Tisch sitzen, Sonnenbrillen tragen. Andere beliebte Attribute sind Halstuch und Hut. Wie gut Ihr Pokerface auch sein mag, Ihr vegetatives Nervensystem können Sie eben doch nicht kontrollieren. Ob Sie wollen oder nicht, Ihre Pupillen reagieren – abgesehen von Pulsbeschleunigung und Schweißabsonderung –, wenn Sie besonders aufgeregt sind.

Eine interessierte Person hat erweiterte Pupillen, und für eine Person, die sich interessiert zeigt, interessieren Sie sich wiederum genauso. Versteht sich irgendwie von selbst, oder? Wer uns nett findet, den finden wir auch netter als andere. Die Veränderung der Pupillen ist in diesem Zusammenhang ein unglaublich starkes Signal, auf das unser Unterbewusstsein stark reagiert. In einem berühmten Test zeigte man zwei fast identische Bilder von einem Frauengesicht, die sich nur dadurch unterschieden, dass auf einem Foto die Pupillen vergrößert worden waren. Dann legte man diese Aufnahmen einer Gruppe von heterosexuellen Männern vor, die angeben sollten, welches Bild sie am attraktivsten fanden. Das Foto mit den größeren Pupillen wurde durchgehend als anziehender eingestuft – obwohl die Testpersonen nicht angeben konnten, warum sie das so empfanden. Sie selbst konnten gar keinen Unterschied zwischen den beiden Aufnahmen entdecken. Jedenfalls nicht bewusst. Aber auf dem manipulierten Bild signalisierte die Frau mit ihren Pupillen, dass sie sich mehr für den Betrachter interessierte als auf dem ersten Foto. Das machte sie in den Augen der Testpersonen attraktiver.

Schönheit liegt definitiv im Auge des Betrachters. Und hängt auch von der Chance ab, die wir uns bei unserem Gegenüber ausrechnen.

Wo ist die Grenze?
Wann Sie Ihr Gegenüber lieber nicht nachahmen sollten

Selbstverständlich gibt es Situationen, in denen Sie sich nicht an das Verhalten Ihres Gegenübers anpassen sollten. Ich würde Ihnen davon abraten, Eigenheiten nachzuahmen, bei denen Sie davon ausgehen können, dass die Person sie selbst lästig findet, beispielsweise körperliche Behinderungen, Humpeln etwa. Auch Stottern und asthmatische Atmung sollten Sie besser nicht imitieren. Vermeiden Sie überhaupt alle Arten von Tics oder nervösen Verhaltensauffälligkeiten.

Viele sprechen den breitesten Dialekt, ohne dass es ihnen sonderlich auffällt. Vor allem, wenn sie aus dem eigentlichen Dialektgebiet weggezogen sind. Es ist nicht ungewöhnlich, dass sich manche für ihren Dialekt schämen, vor allem in der Großstadt. Vermeiden Sie also, Dialekt zu benutzen, wenn Sie das sonst auch nicht tun.

Pupillenübung

Unterhalten Sie sich mit jemand über irgendetwas schrecklich Langweiliges – beispielsweise über den miesen Bürokopierer. Beobachten Sie bei Ihrem Gegenüber die Größe der Pupillen in dieser Situation. Das ist die neutrale Größe, die auf die Lichtverhältnisse Ihrer Umgebung zurückzuführen ist. Wechseln Sie dann das Thema und reden Sie über etwas, was den anderen Ihres Wissens sehr interessiert: seine Kinder oder sein Motorboot. Achten Sie darauf, wie deutlich Sie die Erweiterung der Pupillen sehen können, wenn er plötzlich ganz engagiert ist. Es sieht aus wie bei einer Kameralinse, die plötzlich aufgeht.

Und wie gesagt – Sie müssen nicht mit Meinungen konform gehen, die Sie gar nicht teilen. Setzen Sie sich nicht über Ihre eigenen Einstellungen hinweg. Wenn Ihr Gesprächspartner voll starker negativer Gefühle ist, etwa Wut oder Trauer, sollten Sie sich nicht ebenso wütend oder traurig geben wie er. Aber Sie können Ihr Engagement und Ihr Energieniveau auf ihn abstimmen – damit zeigen Sie Ihr Verständnis für seine Situation und seine Leiden und können Rapport herstellen.

Der alte Hypnose-Hase Milton H. Erickson hat etwas Gutes gesagt, das sich sowohl auf Situationen anwenden lässt, in denen Sie Rapport aufbauen wollen, als auch auf das Leben im Allgemeinen: Wann immer Sie etwas tun, was nicht funktioniert – hören Sie damit auf. und tun Sie etwas anderes. Wenn

Sie keine Resultate erzielen, indem Sie die Körpersprache Ihres Gegenübers imitieren – versuchen Sie etwas anderes. Folgen Sie seiner Stimme. Schließen Sie sich seinen Meinungen an. Oder (damit werden wir uns im nächsten Kapitel beschäftigen) folgen Sie seiner Denkweise.

Mit den beschriebenen Methoden lässt sich schon sehr gut Rapport herstellen. Aber sie bauen alle darauf auf, dass Sie das Verhalten Ihres Gesprächspartners nachahmen, ohne zu wissen, was diesem Verhalten zugrunde liegt. Im nächsten Kapitel werden wir nachsehen, was hinter der Stirn unseres Gegenübers vorgeht, und begreifen, wie der andere wirklich denkt – und wie Sie das erkennen können.

Wann immer Sie etwas tun, was nicht funktioniert – hören Sie damit auf, und tun Sie etwas anderes.

Wenn Sie sich verschiedene Situationen Ihres Lebens ins Gedächtnis rufen, in denen Sie sich hoffnungslos festgefahren hatten, werden Sie die Ursache wahrscheinlich darin erkennen können, dass Sie stur am gleichen Lösungsansatz festhielten, obwohl er nicht funktionierte. Auf die einfachsten Lösungen kommt man oft am schwersten. Ericksons Worte sind eine unheimlich nützliche Faustregel fürs Leben. Deshalb gleich noch mal:

Wann immer Sie etwas tun, was nicht funktioniert – hören Sie damit auf, und tun Sie etwas anderes.   Milton H. Erickson

Viertes Kapitel

In dem Sie Zitronen essen müssen, am Strand spazieren gehen und begreifen, wie unsere Sinneseindrücke unsere Gedanken und unser Verhalten bestimmen.

Der volle Einsatz Ihrer Sinne
Wie unsere Gedanken von verschiedenen Sinneseindrücken bestimmt werden

Bis jetzt haben Sie gelernt, wie Gedanken, Gefühle und mentale Zustände uns physisch beeinflussen – und dass das Ganze auch umgekehrt funktioniert. Nun müssen wir aber doch noch einmal zurück zum Anfang – sogar ganz zum Anfang, denn um ehrlich zu sein, sind wir ziemlich mittendrin eingestiegen. Wenn Sie Gedankenlesen lernen wollen, müssen wir uns doch noch kurz ansehen, was Gedanken eigentlich sind. Aber keine Sorge, das wird jetzt keine theoretische, streng akademische Wissenschaft. Wie im restlichen Buch werde ich Ihnen Wissen vermitteln, das Sie in der Praxis sehr leicht anwenden können.

Wenn wir denken, setzen wir in erster Linie zwei Prozesse in Gang. Entweder erinnern wir uns an etwas, das heißt, wir wiederholen Gedanken, die wir schon einmal hatten, oder wir konstruieren neue Gedanken, die wir so noch nie hatten. In beiden Fällen sind unsere Sinneseindrücke ein wichtiger Teil unserer gedanklichen Tätigkeit. Gehör-, Gesichts-, Geschmacks-, Geruchs- und Gleichgewichtssinn sind nicht nur wichtig, wenn wir durch unsere Umgebung navigieren, sondern auch dann, wenn wir an Dinge denken, die nichts mit unseren unmittelbaren Sinneseindrücken zu tun haben. Wir benutzen *unsere Erinnerungen an verschiedene Sin-*

neseindrücke, um denken zu können. Wenn wir uns eine Erinnerung ins Gedächtnis rufen, beispielsweise einen wunder-
schönen Urlaub, dann sehen wir wieder, wie unser Ferienort
aussah, wir hören die entsprechenden Geräusche, vielleicht
riechen wir sogar die Gerüche usw. Wenn wir uns an etwas
erinnern, schaffen wir Sinneseindrücke, die wir schon einmal gehabt haben, ein zweites Mal. Aber Sinneseindrücke
sind auch wichtig, wenn wir neue Gedanken bilden. Lesen
Sie den folgenden Text, und versuchen Sie sich, so gut wie
möglich hineinzuversetzen.

*Stellen Sie sich vor, Sie gehen am Strand entlang. Sie sind barfuß und
spüren, wie der Sand unter Ihren Füßen nachgibt. Es ist Abend, deswegen fühlt sich der Sand schön kühl zwischen Ihren Zehen an. Die Sonne steht schon tief am Horizont, so dass Sie blinzeln müssen, um nicht
geblendet zu werden. Das einzige Geräusch, das Sie hören, ist die Bran-
dung, und ab und zu der Schrei einer Möwe, die übers Wasser gleitet.
Sie bleiben stehen und atmen tief ein, Sie riechen Tang. Sie entdecken
eine Muschel im Sand und heben Sie auf. Sie halten sie in der Hand
und streichen mit dem Daumen über die leicht raue, weiße Oberfläche.
Sie stecken die Muschel in die Tasche und gehen weiter. Jetzt hören Sie
plötzlich Gelächter und Stimmengewirr, und in der Ferne sehen Sie im
Gegenlicht Silhouetten von Menschen, die auf einer Caféterrasse sitzen.
Sie riechen den Duft von Essen und merken, wie hungrig Sie sind. Ihnen läuft das Wasser im Mund zusammen, und je stärker der Geruch
und die Geräusche werden, umso schneller gehen Sie.*

Wenn Sie sich wirklich so richtig in die Geschichte hinein-
versetzt haben, dann konnten Sie quasi das Rauschen der

Wellen hören, den Sand zwischen den Zehen fühlen und den Geruch von Tang wahrnehmen. Vielleicht ist Ihnen gegen Ende sogar das Wasser im Mund zusammengelaufen. Wahrscheinlich haben Sie aber noch nie haargenau dieses oben beschriebene Erlebnis gehabt. Also konnten Sie sich auch nicht daran erinnern, sondern mussten es konstruieren. Um die Erzählung zu verstehen, haben Sie ein Puzzle zusammengesetzt, und zwar aus Stückchen anderer, ähnlicher Erinnerungen. Sie hatten schon mal eine Muschel in der Hand, deswegen wissen Sie, wie sie sich anfühlt. Sie wissen, wie Tang riecht. Aber vielleicht waren Sie noch nie bei Sonnenuntergang am Strand und konnten daher keine entsprechende Erinnerung abrufen. Deswegen haben Sie sie aus Bildern geformt, die Sie schon einmal gesehen haben, aus Erzählungen anderer, Filmszenen oder anderen Eindrücken, die Ihnen halfen, dieses Erlebnis nachzubilden. So haben Sie ein neues Erlebnis in Ihrem Kopf zusammengebaut, das genauso real geriet, als hätten Sie es wirklich so gehabt. Und auf diese Art verwenden wir unsere Sinneseindrücke immer, wenn wir denken. Manchmal tun wir das nur intern, gedanklich, wie Sie es gerade bei unserer Erzählung gemacht haben. Manchmal verwenden wir unsere Sinneseindrücke auch extern, wenn wir unsere Umwelt wahrnehmen. Wir pendeln die ganze Zeit zwischen dem internen und externen Gebrauch unserer Sinne. Je mehr wir uns darauf konzentrieren, was man uns sagt oder was wir lesen, umso mehr verlagert sich der Prozess auf den internen Gebrauch, und Sie vergessen externe Reize, beispielsweise was gerade mit Ihrem großen Zeh los ist.

Doch jetzt, wo ich Ihren großen Zeh erwähnt habe, sind Sie sich seiner bewusst geworden und haben Ihren Zoom nach außen gerichtet, um nachzuspüren, was gerade mit Ihrem Zeh los ist. Großer Zeh? Natürlich, so einen hab ich doch auch!

Unser Hirn unterscheidet nicht groß zwischen dem internen und externen Gebrauch unserer Sinne, wir aktivieren dabei ungefähr dieselben Regionen im Gehirn.

Wir bevorzugen verschiedene Sinneseindrücke

Ich will Ihnen vor allem klarmachen, dass unsere Sinneseindrücke einen großen Teil unserer Gedankenwelt ausmachen. Außerdem bevorzugen wir verschiedene Sinneseindrücke. Welche wir vorziehen, ist von Person zu Person verschieden, aber die meisten Menschen benutzen am liebsten ihren Gesichtssinn, wenn sie an ihre Umgebung denken (intern) oder sie sinnlich wahrnehmen (extern). Andere bevorzugen den Gehörsinn. Eine weitere Gruppe gibt den so genannten kinästhetischen Sinneseindrücken den Vorzug. Dazu gehören alle physischen Eindrücke wie Berührung, Temperatur usw. Die internen Entsprechungen kinästhetischer Sinneseindrücke sind unsere Gefühle. Gefühlsmenschen gehören also zu dieser Gruppe. (Die Frage »Wie fühlt sich das an?« kann sich sowohl auf die Gemütslage beziehen als auch auf einen verstauchten Fuß.) Eine kleine Gruppe zieht Geschmacks- und Geruchseindrücke vor. Aus Gründen der Bequemlichkeit fasst man sie jedoch oft mit der vorherigen Gruppe zusammen, den kinästhetischen Personen.

Schließlich gibt es noch eine Gruppe von Menschen, die

keinen der oben angeführten Sinne vorziehen, wenn sie über die Welt nachdenken. Stattdessen benutzen sie logische Schlussfolgerungen und Prinzipien und argumentieren mit sich selbst. Diesen Typus bezeichnet man oft als (auditiv-)digitalen oder binären Menschen, denn für sie gibt es nur Ja oder Nein, Schwarz oder Weiß, An oder Aus. Einen Mittelwert gibt es selten. Ich bezeichne sie am liebsten als neutrale Menschen, denn sie hängen nicht so sehr von äußeren Stimuli ab wie visuell, auditiv oder kinästhetisch veranlagte Personen.

Natürlich verwerten wir all unsere Sinneseindrücke, aber eben in verschiedenem Maße. Wir haben immer einen Sinn, der die anderen dominiert, den wir am häufigsten einsetzen. Anschließend benutzen wir die anderen Sinne, um die Information unseres dominanten oder Primärsinnes zu bestätigen beziehungsweise um zu überprüfen, ob die erhaltenen Informationen stimmen. Wie wir die Prioritäten bei unseren restlichen Sinnen setzen, ist ebenfalls unterschiedlich. Manche Menschen etwa sind extrem visuell veranlagt, das heißt, sie verlassen sich fast ausschließlich auf ihre Augen und benutzen kaum andere Sinneseindrücke. Andere sind hauptsächlich auditiv, d. h. sie verlassen sich vor allem auf ihr Gehör, lassen aber auch visuelle Eindrücke zum Zuge kommen. Wieder andere sind in erster Linie visuell, benutzen aber erst ihre Gefühlseindrücke und dann die auditiven, um ihre visuellen Erfahrungen zu untermauern. Und so weiter.

Saure Übung oder eine billige Halluzinationsdroge

Stellen Sie sich vor, Sie haben eine geschälte Zitrone in der Hand. Spüren Sie richtig auf der Handfläche, wie schwer und weich sie ist. Vor lauter Saft ist sie schon ganz glitschig. Der Geruch des Zitronensafts steigt Ihnen in die Nase. Dann beißen Sie hinein. Der saure Zitronensaft füllt Ihren Mund und rinnt Ihnen die Kehle hinunter.

Wenn Sie sich die Zitrone wirklich richtig plastisch vorgestellt haben, dann haben Sie eine körperliche Reaktion erlebt: In Ihrem Mund hat sich alles zusammengezogen, und Sie haben verstärkt Speichel abgesondert. Obwohl das alles nur ein Phantasiekonstrukt war und Sie nur interne Sinneseindrücke eingesetzt haben. Ihr Gehirn hat reagiert und dieselben Signale an Ihren Körper geschickt (in diesem Fall an Ihren Mund), wie er es bei einem externen Sinneseindruck getan hätte, wenn Sie also tatsächlich in eine Zitrone gebissen hätten.

Eine interessante Frage: Wenn unser Gehirn sich so schwertut, zwischen unseren Phantasien und unserem tatsächlichen Erleben der Welt zu unterscheiden, wie können wir da noch sicher sein, was Wirklichkeit ist und was nur eine Halluzination? Gibt es überhaupt einen Unterschied? Denken Sie selbst drüber nach.

Verschiedene Sinne führen zu verschiedenen Denkweisen
Das ist wirklich interessant. Je nachdem, welchem Sinn wir den Vorzug geben, verstehen wir die Welt auf eine ganz bestimmte Weise. Wir halten unterschiedliche Sachen für wichtig und kommunizieren unterschiedlich, je nachdem, mit welchem Sinneseindruck wir unsere Umwelt bevorzugt wahrnehmen und interpretieren. Wenn Sie feststellen können, welchen Sinneseindruck ein Mensch vorzieht, können Sie zum Großteil verstehen, wie er denkt, wie er am liebsten kommuniziert und was wichtig beziehungsweise uninteressant für ihn ist. So etwas über andere Menschen zu wissen, steigert natürlich Ihre Gedankenlesefähigkeiten enorm, ganz zu schweigen von Ihrer Fähigkeit, Rapport herzustellen. Und so verschaffen Sie sich dieses Wissen:

Guck mal hier
Augenbewegungen und Sinneseindrücke

Gehirnforscher wissen schon lange, dass wir verschiedene Regionen des Gehirns aktivieren, wenn wir an etwas denken, und dass sich unsere Augen entsprechend bewegen, je nachdem, welches Areal gerade angesprochen wurde. Diesen Zusammenhang bezeichnet man als LEM (= Lateral Eye Movement). Ende der Siebzigerjahre formulierten der Psychologiestudent Richard Bandler und der Linguist John Grinder die EAC (= Eye Accessing Cues), also Augenzugangshinweise. Sie hatten bereits erkannt, dass unsere Sinneseindrücke äußerst wichtig für unsere gedanklichen Aktivitäten sind, und sie meinten, dass man bestimmen kann, welcher Sinneseindruck gerade aktiviert wird, indem man nämlich die Augenbewegungen beobachtet.

Das Modell auf S. 99 gilt für die meisten Menschen, aber es gibt Ausnahmen, beispielsweise bei Linkshändern. Wer sich nicht in dieses System einordnen lässt, folgt jedoch immer konsequent einem eigenen Modell, das sich durch Kontrollfragen leicht herausfinden lässt. Aber dazu später mehr. Bitte nehmen Sie zur Kenntnis, dass ich das Wort »Modell« verwende, denn es geht um eine Vereinfachung und Verallgemeinerung. Wenn Sie nach ein paar Kontrollfragen feststellen, dass Ihr Gegenüber nicht nach diesem Modell arbeitet, müssen Sie es eben fallen lassen. Denken Sie immer an Ericksons Worte: Wenn etwas nicht funktioniert, tue etwas anderes. Aber meistens lässt sich das Modell der Augenzugangshinweise sehr gut anwenden. (Ob es wirklich wahr ist, ist eine andere Frage, die uns jetzt nicht interessiert. Wichtig ist, dass es funktioniert.) Anscheinend ist tatsächlich etwas an der Behauptung, dass die Augen der Spiegel unserer Seele sind. Oder zumindest unserer Gedanken. Das Modell behauptet Folgendes: Personen, die in Bildern denken, richten den Blick nach schräg links oben, wenn sie dazu eine Erinnerung abrufen, beziehungsweise nach schräg rechts oben, wenn sie ein neues Bild konstruieren. Ein Beispiel für einen neuen, konstruierten bildlichen Gedanken wäre, dass Sie sich die Mona Lisa vorstellen, allerdings gemalt von der Hand eines Fünfjährigen. Der Blick für auditive Gedanken geht waagrecht zur Seite: nach links, wenn Sie sich erinnern (beispielsweise was jemand zu Ihnen gesagt hat), nach rechts, wenn Sie sich etwas Neues ausdenken (wenn Sie etwa daran denken, was jemand zu Ihnen sagen sollte). Körperliche Empfindungen liegen schräg links unten. Leider gibt es für diese Art von Sinneswahrnehmung keine Aufteilung in erinnerte und konstruierte. Der Blick für den inneren Dialog, wenn man mit sich selbst redet und logische Probleme löst (die neutrale oder auditiv-digitale Person), liegt schräg links unten.

Wenn Sie einen Bekannten fragen, wie sein Urlaub war, und er richtet seinen Blick vor der Antwort zuerst nach links oben, dann rasch nach rechts unten, wissen Sie mit anderen Worten, dass er erst daran gedacht hat, *wie es aussah,* und dann seine Erinnerung damit bestätigte, *wie es sich anfühlte.*

Der amerikanische Experte für Körpersprache Kevin Hogan hat in jüngster Zeit seine Zweifel an der Gültigkeit des dreißig Jahre alten, aber mehr als etablierten Modells der Augenzugangshinweise formuliert. In einer Studie kam er zu dem Ergebnis, dass es sich nicht auf die tatsächlichen Augenbewegungen anwenden lässt. Ich persönlich kann nur von meinen eigenen Erfahrungen mit dem Modell ausgehen, die durchweg hervorragend waren. Kann sein, dass Hogan trotzdem Recht hat. Das spielt jedoch keine Rolle. Wie ich schon zu Anfang erklärt habe, brauchen wir uns keine Gedanken darüber zu machen, ob etwas wahr ist oder nicht. Wir interessieren uns nur dafür, ob es funktioniert.

Folgendermaßen sieht das Modell für die Augenzugangshinweise aus:

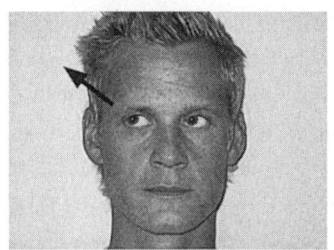

Visuell konstruiert

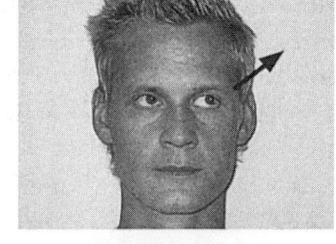

Visuell erinnert

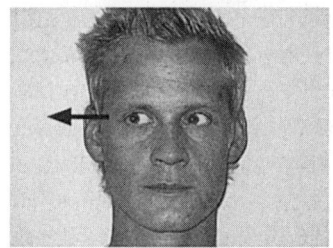

Auditiv konstruiert

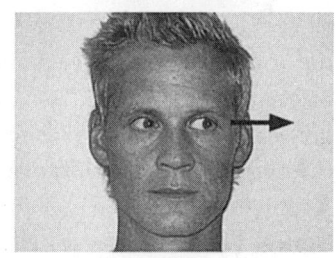

Auditiv erinnert

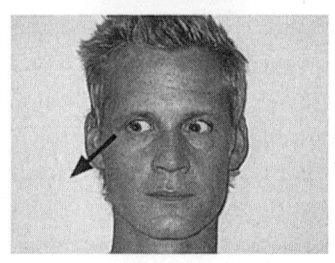

Körperliche Empfindungen

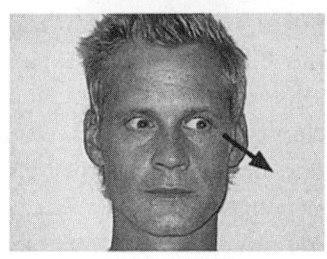

Neutraler/innerer Dialog

Der Da-Vinci-Check (Übung)

Probieren Sie selbst aus, ob das Modell der Augenzu-
gangshinweise funktioniert – am besten jetzt gleich. Richten Sie den Blick nach schräg links oben und versuchen
Sie, sich die Mona Lisa vorzustellen. Dieses Gemälde haben
Sie schon unzählige Male gesehen, auch wenn Sie ihm keine
unmittelbare Aufmerksamkeit geschenkt haben. Versuchen
Sie sich so viele Details wie möglich ins Gedächtnis zu rufen.
Ihr Gesicht, ihre Kleidung, die Farben, den Hintergrund usw.
Geben Sie sich zwanzig bis dreißig Sekunden. Fertig? Gut. Lö-
schen Sie das Bild wieder. Jetzt richten Sie Ihren Blick nach
rechts unten und wiederholen die Übung. Versuchen Sie, sich
die Mona Lisa vorzustellen.

Obwohl Sie sich das Bild kurz zuvor noch detailliert vor Ihr inneres Auge geholt haben und es daher eigentlich keine Probleme geben dürfte, ist es beim zweiten Mal viel schwerer. Oder?
Das liegt daran, dass Sie Ihre linke Gehirnhälfte nicht so gut
aktivieren. Vereinfacht ausgedrückt: Rechts unten haben wir
keine Bilder. Bilder sind links oben.

Kontrollfragen

Um zu überprüfen, ob jemand wirklich dem Modell der Augenzugangshinweise folgt, können Sie Kontrollfragen stellen, mit denen Sie ihn zwingen, an bestimmte Sinneseindrücke zu denken. Wenn die Person antwortet, beobachten Sie
ihre Augen. Beispiele für solche Kontrollfragen:

Visuell erinnert:
• Wie sieht der Teppich in Ihrem Wohnzimmer aus?
• Welche Farbe hat Ihr Auto?
• Beschreiben Sie das Aussehen Ihres besten Freundes.

Visuell konstruiert:
• Wie sähen Sie mit langen/kurzen Haaren aus?
• Stellen Sie sich vor, dass Sie Ihr Haus mit Streifen bemalen.
• Wie sieht Ihr Name aus, wenn man ihn auf den Kopf gestellt schreibt?

Auditiv erinnert:
• Wie klingt der Anfang Ihres Lieblingslieds?
• Stellen Sie sich das Klingeln Ihres Weckers vor.
• Erinnern Sie sich Wort für Wort, was sie gesagt hat, als sie ging?

Auditiv konstruiert:
• Können Sie sich vorstellen, wie Angela Merkel klingt, wenn sie Helium eingeatmet hat?
• Stellen Sie sich vor, was Karl der Große für eine Stimme gehabt haben könnte.
• Wie klingt Herbert Grönemeyer unter Wasser?

Kinästhetische Erinnerung:
• Können Sie sich erinnern, wie warm es letzten Sommer war?
• Wie riechen getragene Socken?
• Stellen Sie sich vor, Sie essen eine Zitrone …

Innerer Dialog:

- Können Sie sich selbst fragen, ob Sie manchmal Selbstgespräche führen?
- Was sagen Sie, wenn Sie allein sind und etwas geht Ihnen daneben?

Ihre Wortwahl entspricht Ihrer bevorzugten Sinneswahrnehmung
Wie unsere Sinne unsere Sprache beeinflussen

Um herauszufinden, welchen Sinneseindruck jemand bevorzugt, kann man ihm auch einfach gut zuhören. Unsere Sprache ist voller Adjektive, also Wörtern, die die Eigenschaften unserer Umwelt näher beschreiben, und Metaphern, also Vergleichen, mit denen wir unsere Umwelt bildlich verdeutlichen wollen. Unser primärer Sinn beeinflusst unsere Wortwahl.

Visuelle Vokabeln

Eine visuell veranlagte Person verwendet Wörter, die aus der Welt des Sehens stammen. Sie bevorzugt Vokabeln wie:

schauen, Fokus, bilden, vorstellen, Einsicht, visualisieren, Perspektive, sehen, voraussehen, verdeutlichen, illustrieren, zeigen, Vision, Licht.

Sie verwendet gerne Wendungen wie:

Das muss ich mir noch mal näher ansehen.
Ich sehe schon, worauf Sie hinauswollen.
Wir müssen uns mal wieder sehen.

102

Zeigen Sie doch mal, wie Sie das genau meinen.
In zehn Jahren blicken Sie zurück und lachen drüber.
Die Zukunft sieht viel versprechend aus.
Sie ist eine sehr schillernde Persönlichkeit.
Das wirft einen Schatten auf die Ereignisse.
Das färbt auf die Umgebung ab.
Wie ein Blitz aus heiterem Himmel.

Auditive Vokabeln

Eine auditiv veranlagte Person verwendet stattdessen Wörter, die für sie wahr klingen:

sagen, Betonung, Rhythmus, marktschreierisch, Ton, monoton, dumpf, klingeln, fragen, erzählen, diskutieren, kommentieren, laut, zuhören, stumm, schreien, dissonant, Stimme, harmonisch.

Sie sagt gerne Sachen wie:

Hören Sie sich zuerst an, was ich zu sagen habe.
Er verschafft sich Gehör.
So eine schreiende Farbe!
Wir liegen auf derselben Wellenlänge.
in Harmonie leben
Bei dem Namen klingelt's irgendwie.
So etwas hab ich ja noch nie gehört.
Ich glaube, ich spreche für uns alle, wenn ich sage …
sozusagen

Kinästhetische Vokabeln

Eine kinästhetisch veranlagte Person (oft ein Berührungs-/ Gefühlsmensch, aber in diesem Fall auch Personen, für die

Geschmack und Geruch die dominierenden Sinneseindrücke sind) fühlt sich am wohlsten mit Ausdrücken wie:

berühren, bedienen, drücken, fest, warm, kalt, Kontakt, Spannung, Stress, konkret, zart, halten, greifen, solide, schwer, leicht, hart, glatt, sauer, saftig.

Sie hat ein Faible für Wendungen wie:

Das schmeckt mir ganz und gar nicht.

Das stinkt doch zum Himmel.

Jetzt ist der Groschen gefallen.

zwischen zwei Stühlen sitzen

Das hab ich doch in den Fingerspitzen.

Wir haben nur an der Oberfläche gekratzt.

Ich kann den Finger nicht recht drauflegen.

Da ist er empfindlich.

fester Boden unter den Füßen

Sie ist süß.

Neutrales Vokabular

Schließlich die Menschen, die neutral sind oder bevorzugt den inneren Dialog anwenden – sie mögen Wörter wie:

beschließen, entscheiden, denken, sich erinnern, wissen, vorhaben, bemerken, verstehen, beurteilen, aufmerksam, Prozess, motivieren, lernen, ändern, können, statistisch, logisch.

Diese Menschen drücken sich mehr oder weniger so aus, als würden sie einen akademischen Text verfassen. Ausgerechnet diese Menschen, die sich so bemühen, nicht missverstanden zu werden, setzen sich den meisten Deutungen aus. Da ihre Zuhörer die Welt durch andere Sinneseindrücke verstehen, wird die ursprüngliche Bedeutung oft ein wenig verändert. Da neutrale Personen Wörter verwenden, die nicht an Sinneseindrücke gekoppelt sind, ist ihre Botschaft oft schwerer zu verstehen, denn ohne sinnlich geprägtes Vokabular bleibt eine Aussage reichlich abstrakt.

Wir verwenden Wörter, die sich auf Sinneseindrücke beziehen, weil wir die Dinge dadurch leichter verstehen können – wir können sie mit Bekanntem vergleichen, zu dem wir einen direkten Bezug haben, etwas, was wir sehen, fühlen oder hören können.

Wahrscheinlich beginnen Sie langsam zu ahnen, dass unser primärer Sinn nicht nur unseren Sprachgebrauch beeinflusst, sondern auch darüber entscheidet, worauf wir unsere Aufmerksamkeit am ehesten richten und was wir für wichtig erachten. Wenn ein visuell, ein auditiv und ein kinästhetisch veranlagter Mensch in ein Konzert gehen und hinterher gefragt werden, wie es war, dann könnten sich die Antworten folgendermaßen anhören:

»Die haben alles umarrangiert, total spannend. Aber mussten die unbedingt so laut spielen?«

»Ich konnte von meinem Platz aus nicht so gut sehen, aber die Bühnenshow war echt klasse. Die letzte Nummer war das reinste Feuerwerk.«

»Ich fand es extrem eng und heiß, aber trotzdem, das Konzerterlebnis hat mich tief beeindruckt.«

Können Sie erraten, welche Antwort von wem stammt?

(Auf die Frage, warum er eigentlich nicht mitgegangen ist, murmelte ihr auditiv-digitaler Freund in sich hinein: »Das hab ich mich auch schon gefragt.«)

Unsere Sinne bestimmen, wer wir sind

Selbst so grundlegende Dinge wie unsere Berufswahl hängen mit davon ab, welche Sinneseindrücke wir bevorzugen. Architekten müssen komplizierte, dreidimensionale Modelle im Kopf erschaffen. Dafür braucht man gut entwickelte visuelle Fähigkeiten. So gut wie alle Menschen, die beim Radio arbeiten, sind auditiv veranlagt. Ein guter Sportler muss kinästhetisch veranlagt sein, um seinen Körper perfekt steuern zu können. Neutrale Personen, die die Dinge gern innerlich mit sich ausdiskutieren, werden gute Juristen. Untersuchungen zur Berufswahl haben gezeigt, dass diese interessante Theorie den Tatsachen entspricht.

Für eine visuell veranlagte Person können ganz andere Dinge im Leben wichtig sein als für eine kinästhetisch oder auditiv veranlagte Person. Wenn Sie erst einmal wissen, welchem Sinn Ihr Gegenüber den Vorzug gibt, werden Sie ganz andere Dinge zu ihm sagen. Finden Sie heraus, welche Sinneseindrücke für ihn entscheidend sind, und benutzen Sie dann das entsprechende Vokabular. Eine visuell veranlagte Person fragen Sie, ob sie die Möglichkeiten gesehen hat, die auditiv veranlagte muss alle Vorteile zu hören bekommen, die kinästhetisch veranlagte muss sichergehen, dass sich alles richtig für sie anfühlt. Verwenden Sie auch Metaphern oder Beschreibungen entsprechend, und reden Sie über Sachen, von denen Sie wissen, dass sie Ihren Gesprächspartner am meisten ansprechen. Mit anderen Worten, über die Dinge, die er hören will und denen er großes Gewicht beimisst. Mit dem Augenmenschen sprechen Sie in Bildern und malen Szenarien von einer glänzenden Zukunft, wie Sie sich auf Ihre Vision konzentrieren sollen und nicht die Perspektive verlieren dürfen. Bei so einem Menschen brauchen Sie nicht davon anzufangen, dass die Dinge auf solidem Boden stehen müssen, um eventuelle Fallgruben zu umgehen. Das sind nämlich kinästhetische Wörter. Der andere würde nicht verstehen, was Sie damit sagen wollen. Sie sind sicher schon einmal in einer Situation gewesen, in der Sie mit jemand diskutierten, der eigentlich dasselbe zu meinen schien, und dennoch konnten Sie irgendwie nicht auf einen gemeinsamen Nenner kommen. Das hört sich dann oft so an:

Er: Aber sehen Sie denn nicht, was ich meine?

Sie: Doch, ich höre, was Sie sagen, aber ich kann dem Argument nicht folgen.

Sie sprechen einfach verschiedene Sprachen. Aber jetzt wissen Sie ja, wie Sie Ihren Sprachgebrauch an Ihren Gesprächspartner anpassen müssen, wie er denkt, die Umwelt versteht und mit ihr kommuniziert.

Er: Aber sehen Sie denn nicht, was ich meine?

Sie: Okay, ich muss mir das wohl mal näher angucken.

Ausweitung der Kampfzone
Rapport mit mehreren Personen gleichzeitig

Wenn Sie mit mehreren Personen gleichzeitig kommunizieren müssen, beispielsweise bei einer Besprechung, sorgen Sie dafür, dass Sie alle Sinneseindrücke bedienen. Sagen Sie, dass Sie eine Präsentation halten werden. Zum einen müssen Sie natürlich über Ihr Thema sprechen (für die auditiv veranlagten Zuhörer), aber benutzen Sie auch ein Flipchart oder eine PowerPoint-Präsentation (für die visuellen Typen) und teilen Sie Kopien des Dokuments aus (damit die kinästhetisch veranlagten Teilnehmer etwas zum Anfassen haben). Auf diese Weise erzielen Sie optimales Verständnis für alle Anwesenden. Auch Ihre Formulierungen sollten zwischen verschiedenen Typen von sinnlichem Vokabular wechseln. Gehen Sie Ihre wichtigsten Punkte durch und schreiben Sie sich vorher ein Manuskript. Wenn Sie sich einfach nur so ausdrücken wie immer, wird ein Großteil Ihrer Zuhörerschaft Probleme haben, Ihnen zu folgen, und zwar diejenigen, deren dominanter Sinn ein anderer ist als Ihrer. Wenn Sie etwas Wichtiges zu sagen haben, sagen Sie es viermal: einmal für jede Gruppe von Sinneseindrücken. »Ich hoffe, Sie sehen selbst, wie wichtig es ist, sich auf diesen Punkt zu konzentrieren. Wenn Sie zuhören, was ich Ihnen sage, werden Sie sicher das Gewicht meiner Argumente erkennen! Nur so können wir das Fundament für eine vernünftige Entscheidung legen!«

Dominierender Sinn gesucht
Wie Sie den primären Sinn Ihres Gegenübers herausfinden

Manchmal kann es ziemlich schwierig sein, den dominierenden Sinn nur durch Augenzugangshinweise oder die Wortwahl eines Menschen herauszufiltern. Manche setzen ihre
Sinne gleichmäßiger ein und verwenden auch das Vokabular
entsprechend. Daneben gibt es auch Leute, die man einfach
schwer deuten kann.

Stellen Sie Fragen
Sie können Ihren Zuhörer einfach fragen: »Wie möchten
Sie die Präsentation am liebsten?« Oft sind sich die Leute
ihrer Vorlieben hinreichend bewusst, so dass sie Ihnen eine
brauchbare Antwort auf diese Frage geben können. Manche
werden Sie bitten, ihnen einfach zu erzählen, was Sie sagen
wollen. Andere werden Sie bitten, es schriftlich zu präsentieren, vielleicht mit Diagrammen oder Bildern. Wieder andere
werden Ihnen erklären, dass sie vor allem ein gutes Gefühl
für die Situation bekommen wollen.

Sie können auch den alten Gebrauchtwagenverkäufer-
Trick anwenden, indem Sie Kontrollfragen stellen und bei
der Antwort gut hinhören. Beginnen Sie mit der Frage: »Finden Sie, dass das gut aussieht?« Wenn Sie keine sinnvolle Antwort bekommen, wechseln Sie die Taktik: »Welche Fragen
haben Sie in diesem Zusammenhang bereits besprochen?«
oder »Ich würde gerne wissen, was Sie dabei für ein Gefühl
haben.« Beobachten Sie, welche Art Frage funktioniert, und
verlegen Sie sich dann auf diese Art von Ausdrücken.

Einer der häufigsten Fehler, die wir bei der Kommunikation begehen, besteht darin, dass wir fehlendes sinnvolles Feedback als Widerstand gegen unsere Botschaft deuten. Dabei verhält es sich vielmehr so, dass wir sie nicht auf eine Weise vermittelt haben, die der Zuhörer verstehen konnte.

Körperliche Eigenschaften

Es gibt auch einen Zusammenhang zwischen bestimmten körperlichen Eigenschaften und unseren bevorzugten Sinneseindrücken. Am auffälligsten ist dieses Phänomen bei Menschen ausgeprägt, die stark visuell veranlagt sind. Um Ihnen das deutlich zu machen, werde ich Ihnen jetzt ein paar sehr pauschale Aussagen zu lesen geben. Wenn Sie sich ein erstes Bild von Ihrem Gegenüber machen wollen, kann das eine ganz gute Grundlage sein.

Für stark *visuell* geprägte Personen ist es wichtig, wie die Dinge – und vor allem sie selbst – aussehen. Sie legen sehr großes Augenmerk auf Farben, Formen und Licht. Ein sehr visuell veranlagter Mensch ist schnell. Da Bilder schneller kommen als Worte, muss der Visuelle schnell reden, um mit seinen Gedanken Schritt zu halten, und das tut er oft mit einer klaren, festen Stimme. Die hohe Sprechgeschwindigkeit führt dazu, dass die Atmung rasch geht und eher oben im Brustkorb stattfindet, weil sie nicht richtig in den Körper vordringen kann. Die Körpersprache folgt den Worten, daher bewegt sich die Person schnell und ruckartig. Da erinnerte Bilder aktiviert werden, indem man den Blick ein wenig nach oben richtet, lässt sich oft beobachten, dass der visuelle Typ nach oben sieht – doch genauso oft achtet er sorgfältig darauf, Blickkontakt mit seinem Gesprächspartner zu halten.

Wenn visuelle Kinder in der Schule die Antwort auf eine Frage erst überdenken müssen, bekommen sie von unwissenden Lehrern oft zu hören: »Die Lösung steht sicher nicht an der Decke!« Doch sobald sie den Blick von der Decke lösen, können solche Kinder erst recht keine Antwort mehr geben.

Ein stark *auditiv* veranlagter Mensch denkt im selben Tempo, in dem er spricht. Daher ist er etwas langsamer als der visuell veranlagte. Seine Bewegungen sind konzentriert, aber entspannt. Die Gestik findet oft auf Zwerchfellhöhe statt. Da solche Leute beim Denken ihr auditives Gedächtnis einsetzen, sind sie durch Geräusche auch sehr leicht abzulenken. Wenn Sie einen auditiven Typ beim Nachdenken ansprechen, bringen Sie ihn damit leicht aus dem Konzept. So wie mich. Wenn jemand das Wort an mich richtet, während ich mitzähle, wie viele Löffel Kaffeepulver ich gerade in den Filter schaufle, fliege ich sofort aus der Kurve. Die auditiv veranlagte Person legt beim Nachdenken gern den Kopf schräg, als würde sie auf irgendetwas lauschen. Sie atmet ins Zwerchfell und spricht mit melodiöser, rhythmischer Stimme.

Ein stark kinästhetisch veranlagter Mensch ist sich immer sehr stark bewusst, wie sich die Dinge anfühlen, innen wie außen. Dieser Typus legt sein Augenmerk darauf, dass die Sonne ihn blendet und der Stuhl zu hart ist, aber dafür ist der Pullover schön weich. Oder es ist ihm ein bisschen zu warm, aber im Großen und Ganzen fühlt er sich wohl. Sein Tempo ist eher langsam. Bevor er etwas sagt, muss er sicher sein, dass sich alles richtig anfühlt. Er spricht langsam, mit weicher und tiefer Stimme, eventuell aber auch mit dünner und heller. Die Körpersprache ist oft minimal. Was an Körpersprache stattfindet, ist langsam und bleibt in Bauchhöhe. Er atmet mit dem Bauch – wie es eigentlich alle Menschen tun sollten. Der Augenkontakt ist ihm nicht so wichtig bei der Wahrnehmung anderer Menschen, viel wichtiger ist die Berührung. Der Archetyp des kinästhetisch veranlagten Menschen ist der Weihnachtsmann: ein leicht übergewichtiger Mann mit dickem Mantel und Bart. Oder die Mama, die einem morgens schon Eier und Speck brät und immer so guten Kuchen backt.

Für die neutralen/auditiv-digitalen Personen hat man noch keine entsprechenden Charakteristika finden können. Viele von ihnen wirken äußerlich wie der kinästhetische Typ, aber keineswegs alle. Es gibt eine Theorie, die diesen Zusammenhang vielleicht erklären kann: Da unsere kinästhetischen Sinne, also die körperlichen, gefühlsmäßigen, zu den ersten gehören, die wir überhaupt entwickeln, während das abstrakte Denken (der Sinn der digitalen Menschen) erst wesentlich später auftaucht, können gewisse auditiv-digitale Personen ursprünglich kinästhetisch veranlagt gewesen sein, haben jedoch in ihren ersten Lebensjahren so starke Gefühlstraumata erlebt, dass sie diese Veranlagung hinter abstraktem, streng logischem Denken verbergen. Doch soviel ich weiß, ist noch nicht geklärt, ob diese Theorie den Tatsachen entspricht.

Beobachten Sie das Tempo

Um das Tempo eines Menschen zu erfassen, müssen Sie darauf achten, welche Geschwindigkeit er beim Sprechen oder bei seiner Körpersprache an den Tag legt. So bekommen Sie erste Fingerzeige, welche Art Sinneseindruck diese Person offensichtlich bevorzugt – noch bevor Sie ihrem Blick gefolgt sind oder auf ihre Wortwahl geachtet haben. Umgekehrt gilt dasselbe. Wenn Sie wissen, welcher Sinn bei Ihrem Gegenüber der dominierende ist, haben Sie schon ein gutes Gefühl dafür, in welchem Tempo derjenige atmen, sprechen und sich bewegen wird. Eine visuell veranlagte Person hat ein hohes Grundtempo, eine kinästhetisch veranlagte ein niedriges. Der auditive Typ liegt in der Mitte. Und dann wissen Sie auch schon, wie Sie sich verhalten müssen. Mit ein bisschen Übung können Sie auch die Augenbewegungen des anderen mitverfolgen, während er nachdenkt. Wenn der visuelle Mensch seinen Blick nach links oben richtet, während er Ihnen etwas beschreibt, können Sie seinen Gedankenverlauf spiegeln und Ihre Blicke ebenfalls dort hinwenden. Das vermittelt ihm das Gefühl, dass Sie dasselbe Bild sehen wie er. Entsprechend können Sie auf dieselben Klänge horchen oder dasselbe spüren wie Ihr Gesprächspartner. Das denkt er zwar nicht bewusst, aber unterbewusst wird es registriert und stärkt das Gefühl von Zusammengehörigkeit und Rapport.

Wenn Sie herausgefunden haben, welchen Sinneseindruck Ihr Gegenüber vorzieht, wissen Sie auch, was er Ihnen mitzuteilen versucht. Indem Sie Ihre Wortwahl an die Gedankenläufe und die Wahrnehmungsweise Ihres Gesprächspartners anpassen, können Sie Ihre Botschaft so formulieren, dass Missverständnisse von vornherein vermieden werden. Aber vor allem drücken Sie sich so aus wie er und reden über die Themen, die er für wichtig erachtet. Sie zeigen, dass Sie denken wie er. Gleichzeitig haben Sie unglaublich genaue Kenntnisse davon, was in seinem Kopf abläuft.

Sie haben bereits gelernt, äußerliche Verhaltensweisen nachzuahmen, unter anderem Körpersprache, Tonfall, Tempo und Energieniveau, um Rapport aufzubauen. Aber mit Hilfe Ihrer neuen Kenntnisse des primären Sinnes und der Augenzugangshinweise können Sie sich sogar der Denkweise Ihres Gegenübers anpassen. Man kann sich kaum vorstellen, wie man solche Gedankenlesefähigkeiten noch toppen könnte. Aber wir sind noch nicht fertig. Unsere mentalen Prozesse werden auch noch von etwas anderem beeinflusst, nämlich unseren Gefühlen. Was wir gerade fühlen, färbt auf unsere Gedanken ab und hat großen Einfluss darauf, wie wir unsere Erfahrungen deuten, beispielsweise unsere Begegnungen mit anderen Menschen. Glücklicherweise kann man – genau wie bei der Körpersprache und dem primären Sinn – durch Beobachtung herausfinden, was der andere fühlt – egal was er tut, um es zu verbergen. Im nächsten Kapitel werden Sie lernen, wie das geht, was die verschiedenen Ausdrücke bedeuten und was Sie machen müssen, wenn Sie sie bemerken.

Fünftes Kapitel

In dem Gefühle ihr romantisches Flair verlieren, wir von einem Tiger angegriffen werden und aufmerksam Squillionen von gerade noch wahrnehmbaren Muskelbewegungen beobachten.

Gefühlvoll
Wir zeigen immer, was wir fühlen

Jeder weiß, was ein Gefühl ist – bis man ihn um eine Definition bittet.   Beverly Fehr und James Russell

Unsere Gefühle sind ein wichtiger Teil unseres Selbst. Oftmals lassen wir uns bei unseren Entscheidungen und Taten von unseren Gefühlen leiten. Wir tun etwas nicht, weil wir es vielleicht sollten, sondern weil ein Gefühl es uns eingibt. (Anschließend rationalisieren wir unsere Handlung und erfinden einen Grund, der im Nachhinein plausibel klingt.) Manchmal sind wir uns gar nicht bewusst, was für Gefühle wir gerade haben. Aber zum Glück für uns Gedankenleser zeigt ein Mensch immer, ob bewusst oder unbewusst, was er gerade fühlt. Ein Großteil der Gedankenleserei beruht auf dem Wissen, wie andere ihre Erfahrungen und Sinneseindrücke filtern oder interpretieren. Der primäre Sinn ist einer der Schlüssel zu dieser Tür. Wenn wir ausmachen können, wie die Gefühlslage unseres Gegenübers aussieht, haben wir einen weiteren Schritt auf dem Weg zum Verständnis unseres Gesprächspartners gemacht.

Noch einmal mit Gefühl
Was genau sind eigentlich Gefühle?

Bevor wir den Gesichtsausdruck unter die Lupe nehmen, glaube ich, sollten wir erst noch das Phänomen Gefühl an sich klären. Was ist ein Gefühl eigentlich? Es gab schon viele Theorien über unsere Gefühle und ihren Ursprung. Man weiß auf jeden Fall, dass die Basisemotionen bei allen Menschen gleich sind. Und dass sie von denselben Faktoren ausgelöst werden.

Gefühle als Rettungsmechanismus

Sehr oft befällt uns ein Gefühl, wenn wir wissen oder glauben, dass uns etwas bedroht – unsere Sicherheit oder unser allgemeines Wohlbefinden. Eine populäre Theorie erklärt Gefühle daher als biologischen Abwehrmechanismus, der unser rationales Denken umgeht und uns aus Situationen befreit, in denen wir keine Zeit haben, die Ereignisse zu reflektieren. In gewissen Momenten müssen wir einfach unmittelbar und automatisch reagieren, um zu überleben. Wenn Sie als Steinzeitmensch erst mal analysiert hätten, was es bedeutet, wenn ein Säbelzahntiger auf Sie zugaloppiert, und welche Alternativen Sie haben, um sich aus dieser Lage zu befreien, dann hätten Sie schnell ein unrühmliches Ende als Säbelzahntigerabendbrot genommen. Unbewusst scannen wir die ganze Zeit unsere Umgebung nach gewissen Geschehnissen und Signalen ab. Ein bestimmtes Signal löst dann ein Gefühl aus. Sofort geht eine Nachricht an unser vegetatives Nervensystem, dass gewisse Prozesse in Gang zu setzen sind, während die gleiche Botschaft an unser Bewusstsein weitergeleitet wird, damit es ebenfalls darüber unterrichtet ist, was gerade geschieht. Genau gesagt funktioniert das so:

Es gibt zwei Wege, auf denen Gefühlsinformationen ins Gehirn kommen. Beide haben ihren Ausgangspunkt an derselben Stelle – nämlich dort, wo unsere Rezeptoren ein Signal empfangen und es an einen Teil des Gehirns weitergeschickt haben, der sich Thalamus nennt. Von dort geht das Signal weiter zur Amygdala, einem kleinen, mandelförmigen Teil des Gehirns, dem man eine Beteiligung an emotionalen Reaktionen zuschreibt und der in Kontakt mit den Gehirnregionen steht, die Puls, Blutdruck und andere Reaktionen des vegetativen Nervensystems steuern. Doch die Wege zur Amygdala unterscheiden sich. Der eine ist die reinste Schnellstraße. Rums, in die Amygdala, die sofort reagiert und das vegetative Nervensystem anfunkt – aber ohne groß zu kontrollieren, worauf sie hier eigentlich reagiert. Der andere Weg führt erst mal durch ein dicht besiedeltes Gebiet, was natürlich etwas länger dauert. Er geht zuerst zu dem Teil des Gehirns, der mit Aufmerksamkeit und Denktätigkeit zu tun hat (die Hirnrinde), bevor er bei der Amygdala endet. Dauert zwar länger, verschafft uns aber bessere Erkenntnisse darüber, was das Signal bedeutet.

Rein praktisch bedeutet das, wenn irgendein großes Objekt in hohem Tempo auf uns zurast, löst dieses Signal das Gefühl Angst aus. Angst bedeutet unter anderem, dass der Puls steigt und Blut in die großen Beinmuskeln gepumpt wird, damit wir im Bedarfsfall fliehen können. Da der Körper schneller reagiert als unser Bewusstsein, springen Sie erst in die Rabatte, und anschließend können Sie denken: »Verdammte Hacke, der LKW-Fahrer hat ja wohl die Straßenseiten verwechselt!« Oder vielleicht erkennen Sie in dem Moment auch, dass es kein LKW war, sondern nur ein Schatten, und dass Sie jetzt ganz unnötig bis zu den Knien im Lehm stehen.

Ihr Körper braucht jedoch länger, bis er wieder seinen Normalzustand erreicht hat. Bis dahin haben sich Ihre Gefühle bereits beruhigt. Obwohl die Gefahr vorbei ist, sitzen Sie noch ein Weilchen mit Herzklopfen und trockenem Mund da, auch wenn es ganz unnötig ist.

Mit anderen Worten, Gefühle entstanden zuerst als ein System, das uns automatisch aus bedrohlichen Situationen rettete. Es schafft die notwendigen Voraussetzungen in unserem Gehirn und beeinflusst unser vegetatives Nervensystem, das wiederum Funktionen wie Atmung, Transpiration und Herzschlag kontrolliert. Aber Gefühle sorgen auch für Veränderungen in unserem Gesichtsausdruck, unserer Stimme und unserer Körpersprache. Allerdings sind wir nicht die ganze Zeit gefühlsbestimmt. Gefühle kommen und gehen, manchmal löst eines das andere ab. Manche Personen sind gefühlsbetonter als andere, aber auch sie haben Momente, in denen sie nicht vor Gefühl überströmen. Das ist der Unterschied zwischen einem Gefühl und der gefühlsmäßigen Grundstimmung eines Menschen: Ein Gefühl ist kürzer und intensiver, während eine bestimmte gefühlsmäßige Grundstimmung das ganze Leben über andauern kann und als »Hintergrund« für die anderen Gefühle dient.

Früher hielt man Gefühle in der Psychologie für irrelevant. Darwin stellte fest, dass viele unserer Gefühle eigentlich keine Funktion mehr haben, denn sie sind ein Überrest aus der Zeit, als wir uns noch von Ast zu Ast schwangen, ein Atavismus aus der Zeit des Urmenschen. Man vertrat die Meinung, dass Gefühle an Wichtigkeit verlieren und allmählich verschwinden, während der Mensch sich immer weiter entwickelt. Klingt ganz schön öde, oder? Gott sei Dank hat sich diese Auffassung so nicht gehalten. Heute weiß man, dass unsere Gefühle im Zentrum des menschlichen Lebens stehen. Denn mit unseren Gefühlen verknüpfen wir alles, was für uns wichtig ist im Zusammenhang mit Mitmenschen, Ereignissen und unserer Umwelt im Allgemeinen.

Wenn wir ein Gefühl empfinden, sagen wir, dass wir etwas »fühlen«. Was wir eigentlich »fühlen«, sind die physischen Veränderungen, die in uns ausgelöst wurden. Manche dieser Veränderungen sind anstrengend und unangenehm für uns, vor allem solche, die den Körper rasch erschöpfen. Andere Veränderungen erleben wir als wesentlich angenehmer. Diese bezeichnen wir als positive Gefühle. Aber das Erlebnis, das wir eigentlich meinen, wenn wir sagen, wir »fühlen« Freude oder Wut, ist unser Erleben der automatischen, biologischen Veränderungen, die sich in uns abspielen. Das mag sich jetzt armselig und unromantisch anhören, und es tut mir ja auch leid, wenn ich hiermit schon wieder ein Wort entmystifiziert habe. Erst »Gedankenlesen«, jetzt »Gefühle«. Aber wenn man mal genauer drüber nachdenkt, stellt man fest, dass die beiden Begriffe alles andere als reduziert sind. Gefühle sind genauso phantastisch wie vorher (und Gedankenlesen übrigens auch). Denn auch wenn Sie nun wissen, warum es im ganzen Körper kribbelt, wenn Sie Ihren Schatz ansehen, und dass das nur ein Nebeneffekt einer automatischen biologischen Reaktion ist, ändert das nichts an der Tatsache, dass Sie dieses warme, herrliche Kribbeln jedes Mal mit jeder Faser Ihres Körpers *fühlen!*

Ursprünglich waren unsere Gefühle Mechanismen, die das vegetative Nervensystem des Körpers aktivierten, ohne dass wir über die Geschehnisse in unserer Umwelt nachdenken mussten. Auf diese Weise haben sie das Überleben gesichert, während wir uns zu kurzsichtigen, weichhäutigen und langsamen Zweibeinern entwickelten.

Andere Auslöser von Gefühlen

Heutzutage geht es natürlich nicht jedes Mal ums Überleben, wenn wir ein Gefühl empfinden. Unsere Gefühle haben sich weiterentwickelt, sind raffinierter und differenzierter geworden. Nicht alle Gefühle sind universell, manche von ihnen teilen wir nur mit den Menschen, die unserer Kultur angehören. Gefühle können auch anders geweckt werden als durch eine rein automatische Reaktion. Für gewöhnlich unterscheidet man neun verschiedene Arten, wie ein Gefühl ausgelöst werden kann:

AAAH! Tiger voraus!

In den meisten Fällen wird ein Gefühl automatisch ausgelöst, wenn wir das richtige Signal von unserer Umwelt empfangen. Das Problem ist, dass uns keine Zeit zum Überlegen bleibt, ob dieses Gefühl richtig ist. Wir könnten uns ja auch getäuscht haben. Vielleicht war der Tiger in Wirklichkeit nur ein Felsblock. Und wir haben gerade unseren besten Speer dagegengepfeffert.

Warum hat er das eigentlich getan?

Wir können auch Gefühle auslösen, indem wir über unsere Erlebnisse nachdenken. Sobald wir alles kapiert haben, macht es klick!, und die Automatik übernimmt wieder das Kommando. Das reduziert die Fehlerquote, dauert aber länger. (A-ha! Es war also doch ein Tiger. Und jetzt kaut er auf meinen Knochen rum.)

Weißt du noch, Liebling ...?

Wir können auch einfach an eine Situation zurückdenken, in der wir ein starkes Gefühl empfunden haben. Entweder fühlen wir dann, was wir damals fühlten, oder wir empfinden neue Gefühle als Reaktion auf das, was wir damals fühlten. Vielleicht sind wir enttäuscht von uns, weil wir vorhin so aufbrausend waren. Das nennt sich »Anker«, wir werden später noch einmal auf dieses Phänomen zurückkommen.

Wäre es nicht schön, wenn …
In unserer Phantasie können wir Szenen oder Gedanken erschaffen, die auch Gefühle in uns wecken können. Man kann sich beispielsweise wunderbar vorstellen, wie es wäre, wenn man so richtig Hals über Kopf verliebt wäre. Versuchen Sie es mal. Sie wissen schon, wenn man sich so … so … Fühlen Sie schon was?

Puh, ich will eigentlich gar nicht drüber reden. Davon krieg ich bloß wieder schlechte Laune.
Manchmal reicht es schon, dass wir darüber sprechen, wie wütend wir waren – und schon sind wir wieder wütend. Von erlebten Gefühlen zu reden, kann diese Gefühle wieder wecken, auch wenn man das gar nicht möchte.

HAHAHAHA!!
Es ist immer lustiger, sich eine Komödie mit jemand anzusehen, der lauthals lacht, als mit einem niedergeschlagenen Menschen. Wir empfinden Gefühle auch durch Empathie, das heißt, wenn wir jemand sehen, der ein bestimmtes Gefühl hat, färbt es auf uns ab. Das Gefühl unseres Gegenübers kann auch andere Gefühle bei uns auslösen – wir reagieren vielleicht mit Angst, wenn der andere wütend wird.

Finger weg vom Herd!
Wenn unsere Eltern oder andere Autoritätspersonen uns im Kindesalter sagen, was wir fürchten und was wir mögen sollen, empfinden wir im Erwachsenenalter immer noch so. Als Kinder können wir auch Gefühle durch Imitation überneh-

men, wenn wir nachahmen, wie Erwachsene in verschiedenen Situationen reagieren.

Hinten anstellen!

Leute, die gegen soziale Normen verstoßen, lösen starke Gefühle aus. Solche Normen variieren natürlich von Kultur zu Kultur, und wenn sie gebrochen werden, kann man bei den anderen alle möglichen Gefühle auslösen, von Ekel bis Freude – je nachdem, worum es sich handelt und wer gegen die Konventionen verstoßen hat.

Guck doch mal ein bisschen netter!

Da Gefühle sich körperlich deutlich manifestieren, können wir das innere, mentale Erleben auslösen, indem wir unsere Muskeln (vor allem die im Gesicht) bewusst so einsetzen, als verspürten wir das entsprechende Gefühl *tatsächlich*. Diesen Trick haben Sie doch gleich zu Anfang dieses Buches ausprobiert, indem Sie ein grimmiges Gesicht zogen und Ihre mentale Reaktion beobachteten – können Sie sich erinnern? Die Gute-Laune-Übung, die Sie vorhin gemacht haben, funktionierte nach demselben Prinzip, obwohl da der ganze Körper beteiligt war.

Was ist das für eine Miene?
Unser unbewusster Gesichtsausdruck

In dem Film *Prestige – Die Meister der Magie* ist der Charakter der Schauspielerin Rebecca Hall mit einem Zauberer verheiratet, den Christian Bale spielt. Manchmal sagt er die Wahrheit, wenn er behauptet, dass er sie liebt, manchmal nicht. Und indem sie seinen Blick genau beobachtet, kann sie immer herausfinden, ob er gerade lügt.

Wenn wir nicht ganz sicher sind, was unser Gegenüber uns gerade sagen will, sehen wir ihm in die Augen. Das lernen wir noch vor dem Laufen. Im Grunde achten wir dabei nicht nur auf die Augen, obwohl wir das glauben. Tatsächlich betrachten wir das ganze Gesicht. Dort sitzen nämlich mehr als vierzig Muskeln, die wir benutzen, um sehr detaillierte Informationen über uns selbst mitzuteilen. Außerdem können wir viele von diesen Muskeln gar nicht willentlich steuern, so dass sie Dinge über uns verraten, die wir eigentlich gar nicht preisgeben wollten. Eigentlich ist es absurd, dass wir noch nicht gelernt haben, diese Signale besser zu lesen.

Die verwirrende Vielfalt der Gefühlsäußerungen

Wir können ganz gut feststellen, ob jemand fröhlich oder stinkwütend ist. Aber oft entgeht uns die wahre Sachlage vollkommen, und wir merken überhaupt nicht, wie traurig unser Gesprächspartner ist, bis er plötzlich vor uns in Tränen ausbricht. Oft verwechseln wir auch einen Gesichtsausdruck mit einem anderen und meinen Angst an jemand zu beobachten, der in Wahrheit nur total überrascht ist, oder halten jemand für wütend, der sich eigentlich nur auf ein Problem konzentriert. In vielen Fällen setzen die Menschen einen bestimmten Gesichtsausdruck bewusst ein, um ihre Worte zu illustrieren, während derselbe Gesichtsausdruck, unbewusst benutzt, etwas ganz anderes bedeutet – das macht die Sache natürlich auch nicht leichter. Wenn ich Ihnen etwas erzähle und Sie heben die Augenbrauen, kann das bedeuten, dass Sie mir Ihre Zweifel kundtun wollen. Aber es könnte auch aus echter Überraschung geschehen sein. Wenn ich einen Mundwinkel zu einem Lächeln verziehe, will ich Ihnen damit vielleicht signalisieren, dass ich Ihren Witz verstanden habe. Aber es kann auch ein unbewusstes Zeichen dafür sein, dass ich Sie verachte. Und so richtig stressig wird es dann, wenn wir mehrere Empfindungen gleichzeitig auf unserem Gesicht zum Ausdruck bringen.

Oft zeigen wir zwei Gefühle zugleich. Wenn wir überrascht sind, dann aber bemerken, dass der Grund der Überraschung ein freudiger ist, werden wir erst ein erstauntes und dann ein frohes Gesicht aufsetzen. Dazwischen gibt es ein Stadium, in dem wir beide Gefühle zeigen. Wir sehen gleichzeitig erstaunt und froh aus. Oder wir haben ein richtiges Mischgefühl, wie beispielsweise das erschrockene Vergnügen, das wir in einer guten Achterbahn empfinden. Oftmals versuchen wir zu verbergen, was wir fühlen, und zeigen stattdessen etwas anderes: Wenn wir traurig sind, aber ein fröhliches Gesicht aufsetzen. In einem solchen Fall wird das versteckte Gefühl sich fast immer trotzdem zeigen, was bedeutet, dass sich in unserer Miene sowohl das aufgesetzte als auch das unterdrückte Gefühl spiegeln. Manchmal setzen wir unseren Gesichtsausdruck jedoch auch als Kommentar ein, und zwar nicht nur zu unseren Worten, sondern auch zu unserem anderen Gesichtsausdruck! Beispielsweise wenn wir wissen, dass uns die anderen unsere Traurigkeit ansehen, wir uns aber trotzdem ein Lächeln abringen, um ihnen zu zeigen, dass wir schon klarkommen. Also ist es wohl gar nicht so verwunderlich, dass wir die Dinge manchmal ein bisschen durcheinanderbringen.

Gefühle machen uns menschlich

Wie gesagt, die Idee, unserem Gegenüber in die Augen zu schauen, ist gut. Trotz allem zeigen wir uns ja menschlich durch unseren Gesichtsausdruck. Ich bin nicht der Erste, der darauf hinweist, dass George Lucas seinen Soldaten in *Star Wars* (oder *Krieg der Sterne,* wie das noch hieß, als ich klein war) undurchsichtige Plastikhelme aufsetzte, um sie unmenschlicher aussehen zu lassen – so war ihr Gesicht nämlich nicht zu sehen, nicht einmal die Augen. Diese Plastikhelme haben eine moderne Entsprechung, die sich momentan wachsender Popularität erfreut, nämlich das Nervengift Botox. Immer mehr Menschen, die das mittlere Lebensalter überschritten haben, injizieren sich dieses Gift – und zwar ins Gesicht. Botox führt zu lokalen Lähmungen (wie gesagt, es ist ein Nervengift), was dazu führt, dass sich beispielsweise Stirnfalten glätten. Leider führt es auch dazu, dass man gewisse Gesichtsmuskeln nicht mehr bewegen kann. Dann bekommt man nicht nur eine Haut wie eine Barbiepuppe, sondern hat auch genauso viele mimische Ausdrucksvarianten.

Ich habe mich neulich mit einem Geschäftsmann aus den

USA unterhalten, der mir erklärte, dass die Botoxinjektionen langsam zu einem echten Problem für ihn werden. Er muss nämlich ständig Verhandlungen führen, und mittlerweile kann er am Gesicht seiner Kunden nicht mehr ablesen, was sie von den Vorschlägen in seinen Präsentationen halten, denn zu einem nuancierten Mienenspiel sind sie ja nicht mehr in der Lage. Er hat mir erzählt, dass es ziemlich unangenehm ist, sich mit solchen Leuten zu unterhalten: Sie wirken künstlich, nicht ganz menschlich, denn ihre Gesichter sehen immer gleich aus, egal, ob sie grade böse oder glücklich sind. Ich würde ja wahnsinnig werden! Und die ganze Zeit nur darauf warten, dass sie sich ihre Masken vom Gesicht reißen, um ihre wahren Molchgesichter zu zeigen, wie in der Serie *V – Die außerirdischen Besucher kommen.* »They trust me completely, Diana. MUAHAHAHAHA!« Widerlicher Molchabschaum! Fresst nur weiter eure Mäuse, ich habe schon eine Widerstandsbewegung organisiert …

Kleiner Tipp: Vermeiden Sie es tunlichst, sich Nervengift ins Gesicht zu injizieren.

Wie auch immer. Wenn wir die Veränderungen im Gesicht unseres Gesprächspartners aufmerksam verfolgen, können wir nicht nur Informationen darüber gewinnen, wie er sich gerade fühlt, sondern auch, welches Gefühl er *demnächst* empfinden wird. Da unsere Muskeln schneller reagieren als unser Bewusstsein, können Sie das nächste Gefühl auf seinem Gesicht bereits sehen, bevor er sich dessen selbst bewusst ist. Also bevor er tatsächlich anfängt, sich so zu fühlen. Das kann eine sehr nützliche Information sein, wenn dieses Gefühl in Ihrer Situation abträglich wäre, beispielsweise Wut oder Angst. Wenn Sie bemerken, wie sich die ersten Anzeichen dieses Gefühls zeigen, können Sie Ihrem Gegenüber immer noch helfen, diese negativen Empfindungen zu vermeiden. Sobald es aber einmal voll aufgeblüht ist, ist es bedeutend schwerer, wenn nicht unmöglich, noch etwas dagegen zu tun.

Der Othello-Fehler

Das große Problem mit den Gefühlen liegt darin, dass wir kaum noch einen Gedanken denken können, der unser bestehendes Gefühl nicht bekräftigen würde. Wir sagen, dass uns ein Gefühl »beherrscht«. Das ist gar nicht so dumm ausgedrückt. Unsere Erinnerung und unser Eindruck von der Welt werden plötzlich furchtbar selektiv. Wenn ein Gefühl Sie ganz erfüllt, hindert es Sie daran, sich an Dinge zu erinnern, die Sie eigentlich ganz genau wissen, die Ihrem Gefühl in dieser Situation aber widersprechen würden. Und das, woran Sie sich noch erinnern können, wird oftmals verzerrt. Sie sehen Ihre Umwelt quasi durch den Filter Ihres momentanen Gefühls – wenn es ein negatives Gefühl ist, übersehen Sie eventuelle positive Möglichkeiten und neue Wege. Umso besser sehen Sie alles, was Ihre Empfindungen bestätigt. Plötzlich erinnern Sie sich an Dinge, die Sie längst vergessen glaubten, die Ihr Gefühl aber noch verstärken: »Und überhaupt, weißt du noch, was du mir vor acht Jahren angetan hast?« Kommt Ihnen das bekannt vor? Wenn wir ein starkes Gefühl empfinden, möchten wir es auf keinen Fall in Frage stellen – sondern sind sogar sehr darauf bedacht, es zu stärken und zu behalten. Manchmal hilft uns das. Aber oft führt dieses Verhalten auch zu Problemen. Der Gefühlsforscher Paul Ekman hat dieses Phänomen »Othello-Fehler« getauft, nach dem Eifersuchtsdrama *Othello* von William Shakespeare (hallo, da ist er ja wieder!)

Othello tobte vor Wut, weil seine geliebte Desdemona ihn betrogen hatte – sie hatte mit einem Typen namens Cassio rumgemacht, Othellos bestem Freund. Doch das Ganze war eine einzige Lüge, die der niederträchtige Jago in die Welt gesetzt hatte – Othellos anderer bester Freund. Othello war also außer sich vor Eifersucht und drohte, Desdemona zu erschlagen. Sie meinte, er solle doch zu Cassio gehen und ihn fragen, dann würde er schon erfahren, dass es nicht so war, wie er glaubte. Aber das ging nicht mehr, denn Othello hatte Cassio bereits erschlagen. Als Desdemona aufging, dass sie nun keine Möglichkeit mehr hatte, ihre Unschuld zu beweisen, bekam sie buchstäblich Todesangst. Da Othello völlig in der Raserei seiner Gefühle gefangen und daher nur noch zu sehr selektiver Wahrnehmung seiner Umwelt fähig war, deutete er ihre erschrockene Reaktion ausschließlich aus der Perspektive des eifersüchtigen Mannes. Ihm fiel gar nicht ein, dass auch ein unschuldiger Mensch in so einer Situation mit Stress und Angst reagieren würde. Othello betrachtete ihre Gefühle als Beweis dafür, dass sie wirklich etwas zu verbergen hatte. Woraufhin er sie mit einem Kissen erstickte.

Jetzt können wir uns natürlich leicht hinstellen und Othello als dumpfen Schläger oder romantischen Vollidioten bezeichnen, aber in Wahrheit ist er in dieselbe Falle getappt wie wir, wenn wir starken Gefühlen ausgesetzt sind. Es ist extrem schwer, sich selbst und seine Handlungen »von außen«

zu betrachten, wenn ein Gefühl uns so erfüllt. Das erfordert viel Übung. Deswegen ist es eine wertvolle Fähigkeit, wenn Sie erkennen können, dass jemand gerade dabei ist, ein negatives Gefühl zu entwickeln. Dann können Sie es nämlich bremsen, bevor es zur vollen Entfaltung kommt.

Erinnern Sie sich, wie Sie jemand mit Ihrer Körpersprache führen können, bis er wieder bessere Laune bekommt? Wenn Sie die Gefühle Ihres Gesprächspartners verändern, helfen Sie ihm auch, seine selektiv negative Wahrnehmung gegen eine positivere Haltung auszutauschen. Weg mit den Scheuklappen! So hat man gleich einen viel besseren Blick auf sich selbst und seine Situation.

> Starke Gefühle verzerren Ihre Wahrnehmung der Umwelt. Negative Gefühle blockieren potentielle positive Erfahrungen und rufen stattdessen schon fast vergessene, negative Gedanken auf den Plan. Wenn Sie in so einem starken Gefühl befangen sind, dann tun Sie nichts, was Sie später bereuen könnten. Versuchen Sie abzuwarten, bis sich das Gefühl gelegt hat, bevor Sie handeln. Auch wenn es schwerfällt.

Unbewusste Informationen

Wenn Sie den Gesichtsausdruck Ihres Gesprächspartners aufmerksam beobachten, können Sie entdecken, ob er traurig oder böse, ängstlich oder verächtlich wird, bevor er selbst es weiß. Das ist schon Gedankenlesen auf hohem Niveau. Gehen Sie aber vorsichtig mit den gewonnenen Erkenntnissen um, denn diese Informationen hat Ihnen Ihr Gegenüber ja nicht bewusst gegeben. Nur weil Sie Einblicke in sein Gefühlsleben nehmen können, bedeutet das noch lange nicht, dass Sie sich jetzt in seine intimsten Sphären drängeln dürfen. Wenn Sie ihm also auf den Kopf zusagen, was Sie bemerkt haben, kann er das Gefühl haben, dass Sie eine sehr private Grenze überschritten haben, und das kann den Rapport, den Sie aufgebaut haben, in Sekundenschnelle zunichtemachen. Deswegen ist es meist am besten, wenn Sie mit Hilfe dieser Information die erfolgversprechendste Art der Kommunikation wählen, statt Ihr Gegenüber explizit mit Ihren Erkenntnissen zu konfrontieren.

Die sieben Samurai
Sieben universelle Gefühle

Paul Ekman ist ein berühmter amerikanischer Psychologe und Wissenschaftler, der untersucht, wie wir von verschiedenen mentalen Zuständen beeinflusst werden und wie sie sich in unserem Körper und auf unserem Gesicht widerspiegeln. Als er um die Welt reiste, um den Ausdruck menschlicher Gefühle zu erforschen, fand er heraus, dass es sieben grundlegende Gefühle gibt, die wir auf dieselbe Weise zeigen, egal ob wir in Papua-Neuguinea wohnen oder in Bad Tölz. Diese sieben Basisemotionen sind:

Überraschung
Trauer

Wut
Angst
Freude
Ekel
Verachtung

Natürlich gibt es mehr Gefühle als diese sieben, beispielsweise ist Freude weniger ein spezifisches Gefühl als vielmehr
ein Sammelbegriff für eine ganze Menge positiver Gefühle.
Aber die Gefühle, die nicht auf dieser Liste auftauchen, drücken wir auf verschiedene Weise aus, und sie können von verschiedensten Faktoren ausgelöst werden, je nachdem, welcher Kultur wir angehören und wo auf diesem Planeten wir
wohnen. Für unsere Bedürfnisse reichen jedoch diese sieben erst mal aus.

Ekman führte eine systematische Analyse durch, um zu klären, wie jedes dieser Gefühle unsere Gesichtsmuskeln beeinflusst, das heißt, wie wir aussehen, wenn wir dies oder jenes
empfinden. Ich bin bei den folgenden Bildern von Ekmans
Modell ausgegangen und habe zum Zweck der Deutlichkeit
sehr starke Mimik eingesetzt. In Wirklichkeit sehen Sie diese
Art von Gefühlen gar nicht so oft. Normalerweise zeigen wir
nur einen Teil des jeweiligen Gesichtsausdrucks, und das wesentlich diskreter als auf den Fotos auf den nächsten Seiten.
Aber wenn Sie wissen, wonach Sie suchen müssen, werden
Sie keine Probleme haben, auch subtilere Gefühlsregungen
richtig zu erkennen.

Diskrete Veränderungen im Gesicht können verraten, was
für ein Gefühl eine Person demnächst haben wird, bevor sie

es selbst weiß. Und sie wird sich dessen vielleicht nie bewusst
sein. Doch es kann auch sein, dass sie sehr genau weiß, was
sie fühlt, und alles tut, um es zu verbergen, indem sie beispielsweise versucht, ein ganz anderes Gefühl vorzuspielen
oder ihre Gefühlsregungen ganz zu unterdrücken. Der subtile, unbewusste Ausdruck ist Ihr Wegweiser zum wahren Gefühl Ihres Gegenübers. Daher werde ich Ihnen auch erklären, was sich in einem Gesicht abspielt, wenn man zu verbergen versucht, was man eigentlich empfindet.

Drei Arten von diskretem Gesichtsausdruck

Es gibt drei Arten von diskretem Gefühlsausdruck im Gesicht. Man nennt sie *schwach ausgeprägter, partieller* beziehungsweise *Mikroausdruck*.

Beim *schwach ausgeprägten Ausdruck* kommt das ganze Gesicht zum Einsatz, aber mit wenig Intensität. Sämtliche Bereiche des Gesichts sind beteiligt, aber die Veränderung insgesamt fällt nicht sehr groß aus. Dieser Gesichtsausdruck signalisiert, dass es sich entweder um ein schwaches Gefühl handelt, was wiederum bedeuten kann, dass es immer schwach ist
oder nur in diesem Moment. Vielleicht ist es ein starkes Gefühl, das gerade erst aufgekommen ist und sich daher noch
nicht komplett entfaltet hat. Oder vielleicht war es vorher
ein starkes Gefühl, ist jetzt aber schon im Abebben begriffen. Ein schwach ausgeprägter Ausdruck kann auch bedeuten, dass Sie gerade einen misslungenen Versuch sehen, ein
starkes Gefühl zu verbergen. Wie wenn die Zweitplatzierte in
Germany's Next Topmodel die Gewinnerin umarmt und sich
bemüht, fast gar nicht enttäuscht auszusehen.

Beim *partiellen Ausdruck* sind nur ein oder zwei Regionen des Gesichts im Spiel. Diese können entweder stark oder schwach eingesetzt werden, meistens eher schwach. Der partielle Ausdruck lässt ebenfalls zwei Deutungsmöglichkeiten zu. Entweder ist es wirklich ein schwaches Gefühl – generell schwach oder gerade am Verschwinden. Oder es handelt sich um einen misslungenen Versuch, ein starkes Gefühl zu verbergen.

Der *Mikroausdruck* zeigt sich nur für den Bruchteil einer Sekunde, ist aber ein vollständiger Gesichtsausdruck, mit dem die Person zeigt, was sie wirklich fühlt. Da er manchmal gerade eine Fünfundzwanzigstelsekunde dauert, kann es schwer sein, ihn bewusst wahrzunehmen. Wir beginnen beispielsweise Angst zu empfinden oder zu zeigen, bemerken es, versuchen den Gesichtsausdruck schnell auszuradieren und ihn hinter dem Ausdruck eines anderen Gefühls zu verstecken. Dennoch war für einen Augenblick der vollständige Ausdruck von Angst auf unserem Gesicht zu sehen. Den Mikroausdruck beobachtet man oft in der Bewegung, in den Gesichtsbewegungen beim Sprechen, wenn wir uns vorbeugen etc. Darauf folgt unmittelbar der Versuch, ihn zu maskieren. Die meisten bemerken den Mikroausdruck nicht, zumindest nicht bewusst, aber wer gute Augen hat, kann ihn auch wahrnehmen, das muss man nur ein bisschen trainieren. Der Mikroausdruck signalisiert immer, dass hier ein Gefühl unterdrückt wird, bewusst oder unbewusst.

Der Gesichtsausdruck lässt keine Rückschlüsse auf die Ursache zu

Denken Sie immer daran, dass Sie an Ihrem Gegenüber zwar ein Gefühl beobachten können, Sie damit aber noch lange keine Rückschlüsse auf die Ursache dieses Gefühls ziehen können. Othello hat das vergessen und seine Wahrnehmung aus seiner Gefühlsperspektive gedeutet. Wenn Sie im Gesicht Ihres Gesprächspartners ablesen, dass er wütend ist, muss er noch lang nicht wütend auf Sie sein. Er kann auch wütend auf sich selbst sein. Oder er denkt an einen Vorfall in der Vergangenheit, bei dem er wütend war, was dasselbe Gefühl jetzt noch einmal auslöst. Bevor Sie den Gefühlen, die Sie an anderen wahrnehmen, erlauben, Einfluss auf Ihre eigenen Handlungen zu nehmen, müssen Sie sich zuerst vergewissern, dass Sie auch die Ursache dieser Gefühle kennen. Am besten kommentieren Sie nicht, was Sie beobachtet haben, sondern bedenken sorgsam sämtliche Deutungsmöglichkeiten. Ich werde später näher darauf eingehen, wie man jedem Gefühl begegnen kann, aber die meisten Methoden bauen darauf auf, dass Sie dem anderen eine diskrete Möglichkeit geben, sein Gefühl selbst auszudrücken, statt ihn mit Ihrer Beobachtung zu konfrontieren und das Gefühl direkt beim Namen zu nennen. »Ich habe den Eindruck, Sie haben noch mehr auf dem Herzen, als bisher zur Sprache gekommen ist?« Manchmal dürfen Sie jedoch überhaupt keinen Kommentar abgeben.

Es gibt drei Arten von subtilem Gesichtsausdruck, die alle darauf hindeuten können, dass Ihr Gegenüber einen bewussten Versuch unternimmt, ein starkes Gefühl zu verschleiern. Die ersten beiden lassen sich aber auch als ein offen gezeigtes schwaches Gefühl deuten oder als Anzeichen dafür, dass ein Gefühl (das sich noch stärker ausprägen kann) gerade erst ausgelöst worden ist:

Schwach ausgeprägter Ausdruck = Der ganze Ausdruck wird gezeigt, aber nicht sehr intensiv.

Partieller Ausdruck = Nur ein Teil des Ausdrucks wird gezeigt (beispielsweise eine Bewegung der Augenbrauen).

Mikroausdruck = Der ganze Ausdruck wird gezeigt, und zwar in seiner ganzen Intensität, jedoch nur für einen sehr kurzen Moment.

Neutraler Gesichtsausdruck

Abb. 1 Auf diesem Bild sehen Sie mich, fotografiert an einem grauen Novembermorgen. So sehe ich aus, wenn mein Gesicht ganz entspannt ist. Jedes Gesicht sieht anders aus, und manches besitzt Eigenschaften, die einen leicht vermuten lassen, dass sich ein gewisses Gefühl ausdrückt, das gar nicht vorhanden ist. Wie Sie sehen, habe ich ziemlich schmale Lippen und überhaupt einen recht kleinen Mund. Meine Mundwinkel zeigen von Natur aus leicht nach unten. Deswegen halten mich Leute, die mich nicht kennen, oft für

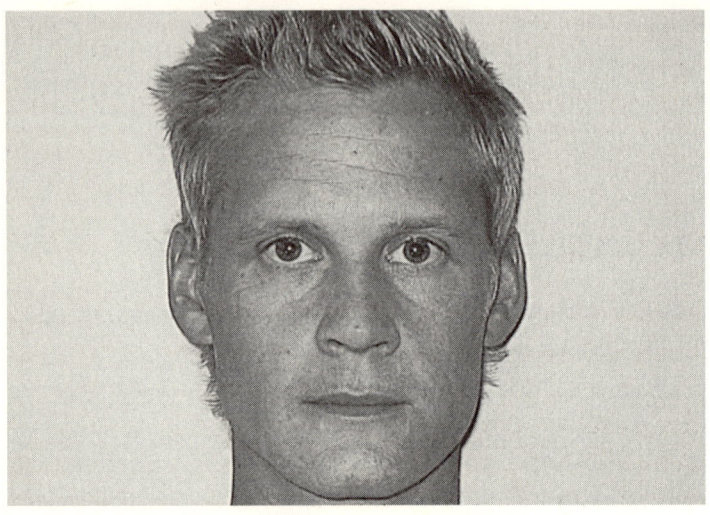

Abb. 1: Neutraler Gesichtsausdruck
»Wie, Oasis hat sich also wieder getrennt?«

verärgert, während ich in Wirklichkeit ganz entspannt bin, denn schmale Lippen zeigen wir normalerweise, wenn wir wütend werden. Deswegen dürfen Sie bei einer ersten Begegnung nie glauben, dass Sie die Person in einer bestimmten Gefühlslage antreffen (außer es ist völlig offensichtlich). Vielleicht sieht sie einfach nur so aus. Bevor Sie meine Gefühle lesen können, müssen Sie also erst wissen, wie ich in entspanntem Zustand aussehe. Sonst haben Sie keine Vergleichsmöglichkeit.

Jedes Gefühl wird mit einem Bild vorgestellt, indem ich einen vollständigen Gesichtsausdruck wiedergebe, bei dem sich das Gefühl in seiner reinen Form ausdrückt. Um es Ihnen ganz deutlich vor Augen zu führen, habe ich einen sehr starken Ausdruck aufgesetzt, wie Sie ihn im Alltag kaum sehen werden. Dieser vollständige Ausdruck wird dann in den folgenden Bildern in seine Bestandteile zerlegt.

Überraschung

Abb. 2 Überraschung ist das kürzeste Gefühl in der Skala unserer Emotionen. Wann sind wir überrascht? Wenn etwas Unerwartetes geschieht. Wenn wir gedacht haben, dass etwas passiert, sich die Dinge dann aber ganz anders entwickeln. Wir dürfen vorher nicht ahnen, was geschehen wird, sonst sind wir nicht überrascht. Die Überraschung währt nur wenige Sekunden, bis wir begriffen haben, was passiert ist. Dann geht sie in ein anderes Gefühl über, als Reaktion auf das Geschehen. Dann sagen wir vielleicht: »Das ist ja eine tolle Überraschung!«, obwohl die Überraschung an sich nicht positiv oder negativ belegt ist. Wenn wir Freude bemerken, ist das bereits das Gefühl, das sich im Nachhinein einstellt, wenn wir beispielsweise begriffen haben, dass wir tatsächlich unerwartet Besuch bekommen haben.

Da die Überraschung unerwartet kommt, ist es im Prinzip unmöglich, sie zu verbergen. Meist ist es aber kein Problem, wenn wir überrascht sind. Es sei denn, wir haben vorher behauptet, dass wir von dem eingetroffenen Ereignis schon gewusst hätten.

Es hat jedoch nichts mit Überraschung zu tun, wenn wir zusammenfahren, wenn uns etwas erschreckt, beispielsweise

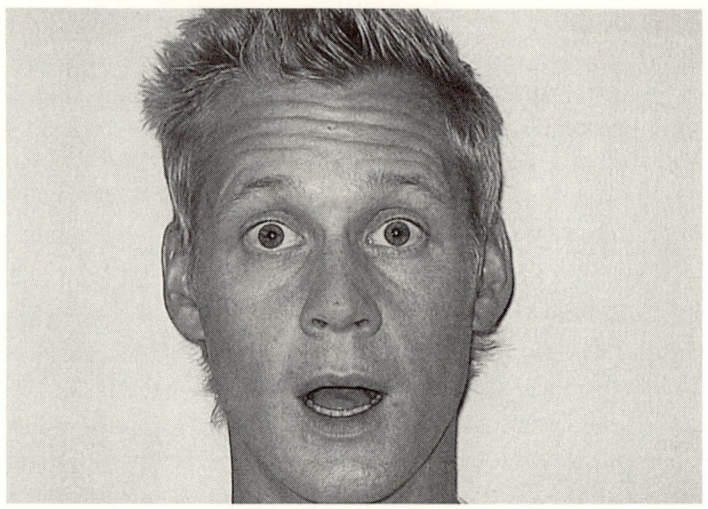

Abb. 2: Überraschung: vollständiger Gesichtsausdruck
»Hab ich vor unserem Fenster gerade Kerstin aus dem vierten Stock vorbeifliegen
sehen?«

ein lautes Geräusch. Das ist nur ein körperlicher Reflex, der ganz anders aussieht als Überraschung: Wir kneifen das Gesicht zusammen und ducken uns, um uns zu schützen. Wenn wir hingegen überrascht sind, öffnen wir das Gesicht so weit wie möglich. Drei Partien des Gesichts werden dabei auf ganz bestimmte Weise bewegt:

Abb. 3 Die Augenbrauen werden weit nach oben gezogen. Unter den Augenbrauen wird dabei mehr Haut sichtbar, und die Stirn bekommt horizontale Falten, wenn es sich nicht gerade um Kinder oder Jugendliche handelt. Wer solche Falten

Abb. 3: Überraschung: Augenbrauen und Stirn

bereits in entspanntem Zustand hat, bekommt nun noch tie-
fere und ausgeprägtere. Zeigt man nur die Augenbrauen, so
wie auf diesem Bild, ohne Beteiligung von Mund und Augen,
signalisiert man keine Überraschung mehr. Wenn die Augenbrauen zudem ein paar Sekunden in dieser Position bleiben,
gibt man zu verstehen, dass man Zweifel am Gesagten hegt.
Das kann ernst gemeint sein oder nicht, beispielsweise wenn
man einfach nicht glauben kann, was man gerade gehört hat.
Wie Sie auf dem Bild sehen, scheint sich dieser fragende Ausdruck auf meinem ganzen Gesicht zu spiegeln, obwohl nur
die Brauen beteiligt sind. Das Bild ist nämlich eine hinterlistige Fotomontage des neutralen Gesichtsausdrucks und
des Ausdrucks der totalen Überraschung. Augenbrauen und

141

Stirn stammen von *Abb. 2*, während der Rest aus *Abb. 3* genommen wurde. Alle Bilder auf den folgenden Seiten sind ebenso gemacht – das neutrale Bild als Ausgangspunkt und jeweils ein Gebiet des Gesichts abgeändert. Wie Sie sehen, funktioniert ein Gesichtsausdruck oft so – es muss nur ein Teil des Gesichts verändert werden, um den Eindruck zu erwecken, dass das ganze Gesicht einen bestimmten Ausdruck trägt.

Wenn eine Person eine Frage stellt, auf die sie selbst die Antwort bereits weiß, oder gleich eine rhetorische Frage, markiert sie dies durch ein Heben der Augenbrauen. Wenn sie die Antwort jedoch nicht kennt, signalisiert sie dies mit gesenkten, zusammengezogenen Augenbrauen, die für Konzentration stehen (aber oft mit Wut verwechselt werden). Probieren Sie es selbst – stellen Sie einer fiktiven Person die Frage: »Wie sollen wir das lösen?« Beim ersten Mal mit gesenkten Brauen, dann mit hochgezogenen. Spüren Sie, wie der Unterton der Frage sich verändert, von einer gemeinsamen Problemlösung (erster Gesichtsausdruck) zur wesentlich konfrontativeren Variante (zweiter Ausdruck).

Abb. 4 Wie Sie auf dem Bild sehen können, sind die Augen weit aufgerissen. Die Oberlider werden hochgezogen, während die Unterlider entspannt bleiben. Bei vielen Menschen sieht man oberhalb der Iris das Weiß in ihren Augen. Manchmal sieht man es sogar unterhalb der Iris, aber das hängt einfach davon ab, wie tief die Augen liegen und ob die Haut unter den Augen durch Öffnen des Mundes gestreckt wird. Die aufgerissenen Augen sieht man meist zusammen mit hochgezogenen Brauen oder offenem Mund, oder mit bei-

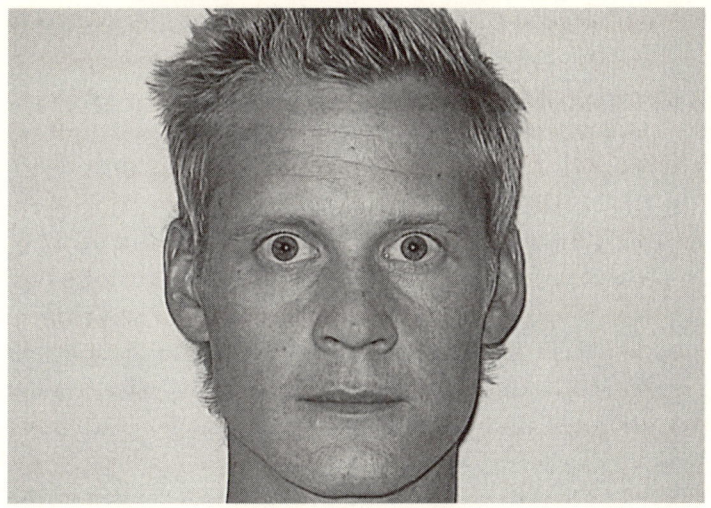

Abb. 4: Überraschung: Augen

dem, aber man kann sie auch isoliert beobachten. Dann wird
die Bewegung nur ganz kurz ausgeführt und signalisiert er-
höhtes Interesse, beispielsweise wenn wir »Wow!!« sagen.

Abb. 5 Wenn wir überrascht sind, fällt uns buchstäblich die
Kinnlade herunter. Der Unterkiefer sackt nach unten, und
unser Mund öffnet sich. Wie weit er aufgeht, hängt davon
ab, wie stark das Gefühl ist. Überraschung kann verschieden
intensiv ausfallen, und den Grad dieser Intensität kann man
am ehesten am Mund ablesen. Die Augen und die Augenbrauen sehen immer ungefähr gleich aus, aber je mehr der
Mund aufgeht, umso verblüffter ist die Person. Wenn nur
der offene Mund gezeigt wird, sehen wir einen sprachlosen

143

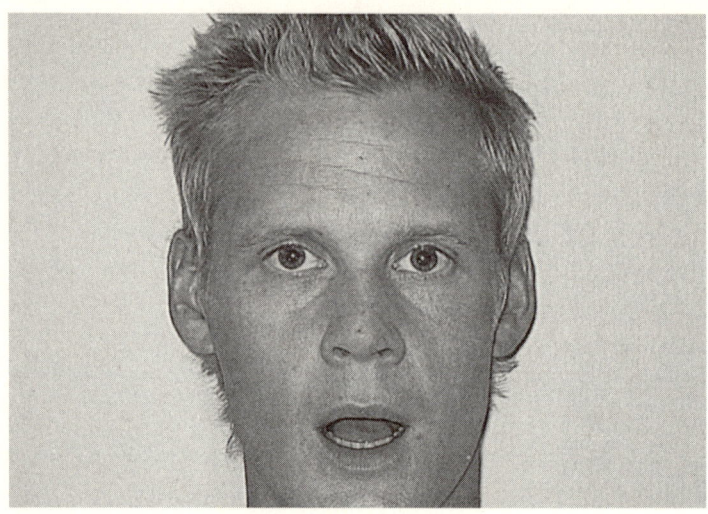

Abb. 5: Überraschung: Mund

Menschen. Das kann unbewusster Ausdruck eines echten Gefühls sein oder ein bewusstes Zeichen dafür, dass man sich gerade so fühlt.

Wenn wir verbergen wollen, was wir eigentlich fühlen, tun wir gerne überrascht. Aber der Gesichtsausdruck echter Überraschung ist so kurzlebig, dass man dahinter eigentlich gar nichts verbergen kann. Wenn Überraschung zu lange gezeigt wird, kann man davon ausgehen, dass sie nicht ganz echt ist, denn sie ist das kürzeste Gefühl und zeigt sich nur wenige Sekunden, bevor sie in ein anderes Gefühl übergeht.

Trauer

Abb. 6 Trauer ist eines der langlebigsten Gefühle. Wenn ich das Wort »Trauer« verwende, meine ich damit nicht die extreme Ausprägung, wie man sie beispielsweise auf Beerdigungen beobachten könnte. Alle Gefühle haben eine extreme Form (bei der Angst wäre das beispielsweise die Phobie). Ich spreche hier generell vom eher alltäglichen Mienenspiel.

Es gibt viele Faktoren, die uns unglücklich machen können, aber vor allem sind es Situationen, in denen wir etwas verlieren. Das kann unser Selbstvertrauen sein, weil uns im Job etwas danebengegangen ist, oder ein Körperteil, das wir bei einem Unfall verloren haben, oder sogar ein geliebter Mensch, der verstorben ist. Vielleicht hat uns aber auch die Zurückweisung eines Freundes oder unseres Partners so getroffen oder der Verlust irgendeiner Sache, die wir sehr geschätzt haben. Wir nennen diesen Zustand traurig, down, fertig, deprimiert, niedergeschlagen, enttäuscht, hilflos, verzweifelt. Wir werden passiv und ziehen uns zurück, wodurch wir die Gelegenheit bekommen, unsere Energie zu sparen und wieder neue Kraft aufzubauen. Aber wir mischen unsere Traurigkeit auch gern mit Wut und schützen uns, indem wir wütend auf den Menschen werden, der uns traurig gemacht hat.

Traurigkeit hat auch eine soziale Funktion, denn wer sie zeigt, kann Hilfe, Trost und Geborgenheit von anderen bekommen. Aus irgendeinem Grund sind wir Männer mit der seltsamen Tradition aufgewachsen, dass wir uns nicht traurig zeigen dürfen. Viele tun daher alles, um zu verbergen, was

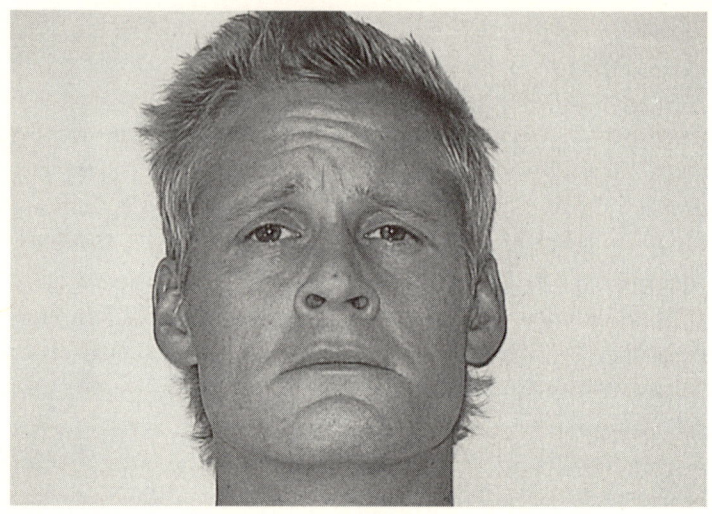

Abb. 6: Trauer: vollständiger Gesichtsausdruck
»Oh Nangilima! Ja, Jonathan, ja, ich sehe das Licht! Ich sehe das Licht!«

sie empfinden, sobald dieses Gefühl sie überkommt. Aber das bedeutet noch lange nicht, dass es ihnen auch gelingt – höchstwahrscheinlich nicht, denn unser Gesichtsausdruck lässt sich nicht willentlich steuern. Er zeigt sich auch, wenn wir das nicht wollen. Sobald jemand seine wahre Gemütslage leugnet, entstehen Risse in seiner Fassade, durch die das wahre Gefühl durchsickert.

Abb. 7 Bei Trauer in ihrer extremsten Form kann das einzige Zeichen von Trauer das Fehlen jeglicher Muskelspannung sein – das Gesicht ist völlig ohne Muskeltonus. Aber meistens sieht man zumindest eine geringfügige Reaktion bei den Au-

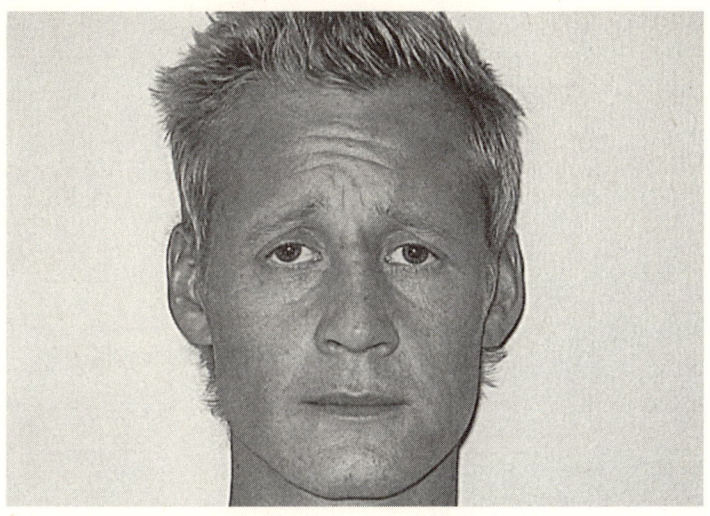

Abb. 7: Trauer: Augenbrauen und Stirn, mit Oberlid

genbrauen oder auf der Stirn. Die inneren Teile der Brauen
werden zusammen- und leicht nach oben gezogen. Achten
Sie darauf, dass nicht die ganze Augenbraue nach oben geht,
sondern nur ein Ende. Wenn man einen Ausdruck bewusst
aufsetzen will, ist dies einer der schwersten. Ich nenne ihn
die »Woody-Allen-Augenbraue«, denn der gute Junge scheint
diesen Ausdruck ja mehr oder weniger permanent auf dem
Gesicht zu haben …

Die Bewegung der Augenbrauen bringt es mit sich, dass
senkrechte Falten zwischen den Augenbrauen entstehen
oder verstärkt werden. Außerdem gehen die Innenseiten des
Oberlids ebenfalls nach oben und bekommen eine leicht
dreieckige Form. Manche Menschen können ihre Augen-

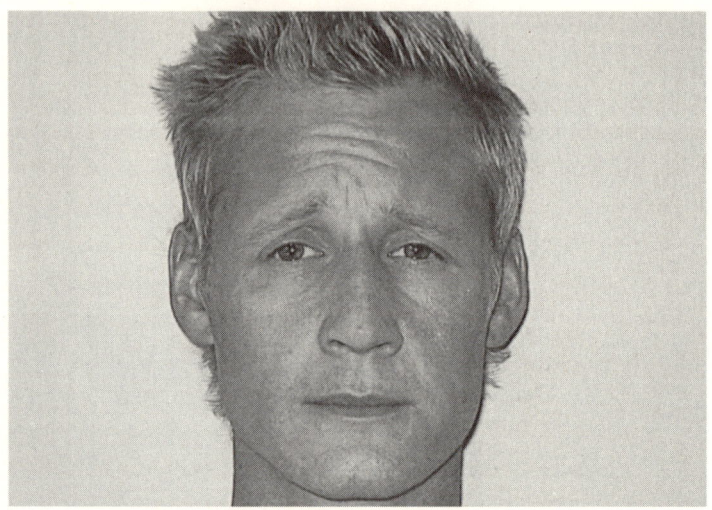

Abb. 8: Trauer: Unterlid

brauen ganz, ganz diskret hochziehen. So leicht, dass man es fast nicht sieht, besonders, wenn sie versuchen, diesen Ausdruck zu blockieren. Aber dieses kleine Dreieck am Augenlid entsteht eben trotzdem. Wenn Sie also unsicher sind, können Sie immer noch nach diesem Zeichen Ausschau halten. Und umgekehrt – wenn Sie das Dreieck auf dem Oberlid bei jemand auftauchen sehen, der ansonsten neutral scheint, ist das ein sicheres Anzeichen dafür, dass dieser Mensch gerade traurig wird, beziehungsweise er ist furchtbar traurig, versteckt es aber so gut er kann und kontrolliert seine Gesichtszüge. Ansonsten hängen die Oberlider bei einem traurigen Menschen auch weiter herab. Meist beobachtet man diese Bewegung in Kombination mit dem Ausdruck auf dem

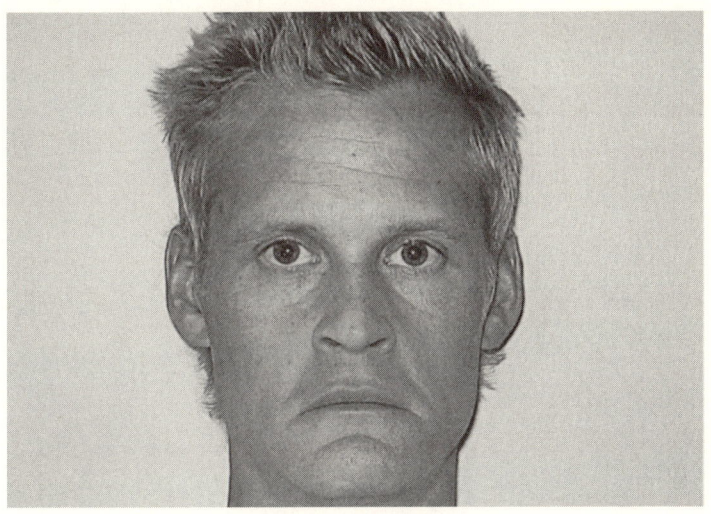

Abb. 9: Trauer: Mund

restlichen Gesicht, aber es kann auch nur so aussehen wie auf dem Foto.

Abb. 8 Wenn die Trauer stärker ist, wird auch das Unterlid angespannt.

Abb. 9 Ein trauriger Mund wird oft mit einer verächtlichen Miene verwechselt. Die Mundwinkel eines traurigen Mundes sinken nach unten und/oder die Unterlippe wird vorgeschoben wie bei einem Schmollmund. Die Haut auf dem Kinn kann sich leicht kräuseln. Im Unterschied zum Ausdruck von Ekel oder Verachtung ist die Oberlippe hier höher. Auch wenn die Mundwinkel nach unten zeigen, würden

149

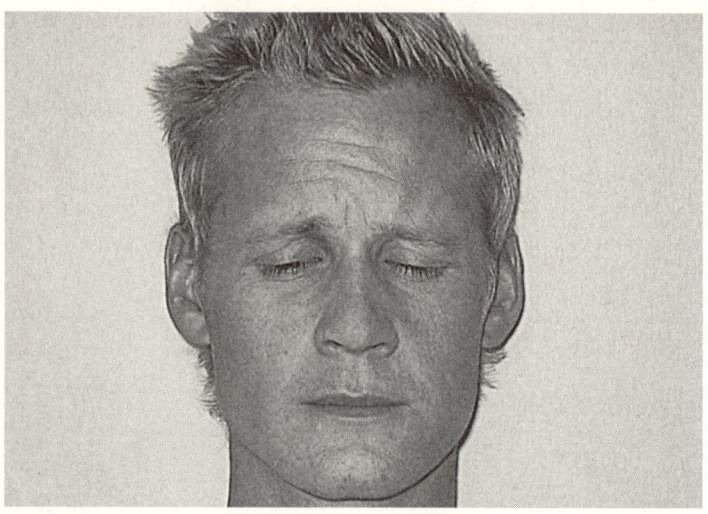

Abb. 10: Trauer: Blick

wir Verachtung nicht mit einem Schmollmund zeigen. Wenn
einfach nur ein trauriger Mund gezeigt wird, so wie hier, ist
es schwierig zu beurteilen, was die Person eigentlich fühlt.
Das ist eine der wenigen Gelegenheiten, bei der es zur kor-
rekten Deutung des Gefühls nicht ausreicht, wenn man nur
einen Teil des vollständigen Gesichtsausdrucks zu sehen bekommt.

Abb. 10 Dieses Bild zeigt eine neue Eigenschaft. Der Blick
nach unten tritt oft im Zusammenhang mit Trauer auf. Natürlich blicken wir mehrmals täglich nach unten, ohne deswegen traurig sein zu müssen, aber wenn wir das tun und
gleichzeitig die traurigen Augenbrauen zeigen wie auf dem

Bild, dann ist das Signal ziemlich eindeutig. Oftmals gehen die Wangen dabei leicht nach oben, was die Augen noch schmaler erscheinen lässt.

Wenn jemand nur so tut, als wäre er traurig, wird er das mit dem unteren Teil des Gesichts vorzuspiegeln versuchen, also mit dem Mund, und mit gesenktem Blick. Doch dann verrät der Mangel an Trauerausdruck in den Augen, Augenbrauen und auf der Stirn, dass es nur vorgespielt ist. (Es sei denn, Sie haben mit einem der wenigen Menschen zu tun, die diesen Teil des Gesichts bei Trauer nicht einsetzen. Solche gibt es zwar, aber es sind nicht viele.) Um sicherzugehen, dass der Ausdruck echt ist, müssen Sie vor allem nach dem Dreieck am Oberlid Ausschau halten.

Wenn jemand traurig ist, es aber zu verbergen versucht, wird er sich in erster Linie darauf konzentrieren, sich nicht mit dem Mund zu verraten. Die »Dreiecksaugen« und oft auch die Augenbrauen können Sie aber trotzdem noch beobachten.

Wut

Abb. 11 und 12 Am häufigsten werden wir wütend, wenn jemand oder etwas uns daran hindert, etwas zu tun, was wir tun wollen. Wenn sich uns jemand in den Weg stellt. Und am wütendsten werden wir, wenn das Hindernis sich gegen uns persönlich richtet. Aber wir können auch frustriert sein, wenn die Dinge einfach nicht so funktionieren, wie sie sollten, was ja auch eine Art Hindernis ist.

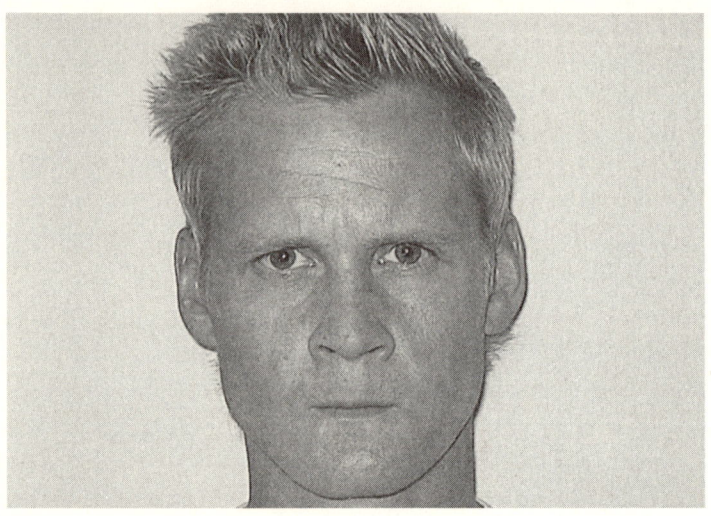

Abb. 11: Wut: vollständiger Ausdruck, Variante 1

Manchmal werden wir sogar wütend auf uns selbst. Ein anderer Auslöser ist Gewalt oder angedrohte Gewalt. Dann werden wir gleichzeitig wütend und ängstlich. Natürlich werden wir auch wütend auf die Leute, die uns unserer Meinung nach Unrecht getan oder enttäuscht haben. Reine Wut fühlen wir nicht besonders lang – sie mischt sich oft mit einem anderen Gefühl wie Angst oder Verachtung. Wut ist das gefährlichste Gefühl, denn manchmal versuchen wir dann, den Menschen, der uns wütend gemacht hat, körperlich oder psychisch zu verletzen. Der Impuls, einem anderen wehzutun, entsteht im frühen Kindesalter, und als Heranwachsende müssen wir lernen, diese Regung zu beherrschen.

Ist es denn überhaupt für irgendetwas gut, wütend zu wer-

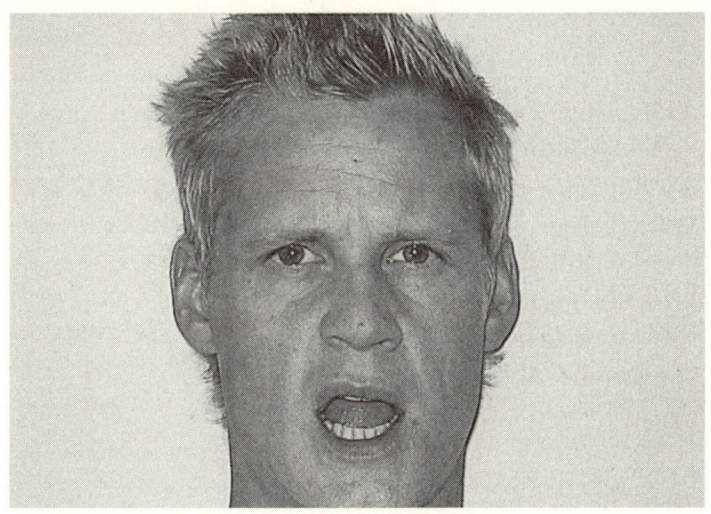

Abb. 12: Wut: vollständiger Ausdruck, Variante 2
»Schon WIEDER Werbepause?!«

den? Wut kann uns Beine machen und motivieren, den Zustand zu ändern, der uns so wütend gemacht hat. Wir müssen nur begreifen, was der Auslöser für dieses Gefühl war.
Oft lassen wir unsere Wut nämlich an ganz falschen Dingen
aus. Wenn man im Zorn handelt, macht man fast immer etwas Dummes, denn in solchen Momenten sehen und deuten
wir alles nur aus der Perspektive unserer Wut. Lieber sollten
wir den Mund halten und die Hände in den Schoß legen und
so lange nichts tun, bis das Gefühl sich wieder legt und wir
wieder zu einer differenzierteren Wahrnehmung der Dinge
gelangen.

Wenn wir irgendeiner Bedrohung ausgesetzt sind, ist Wut

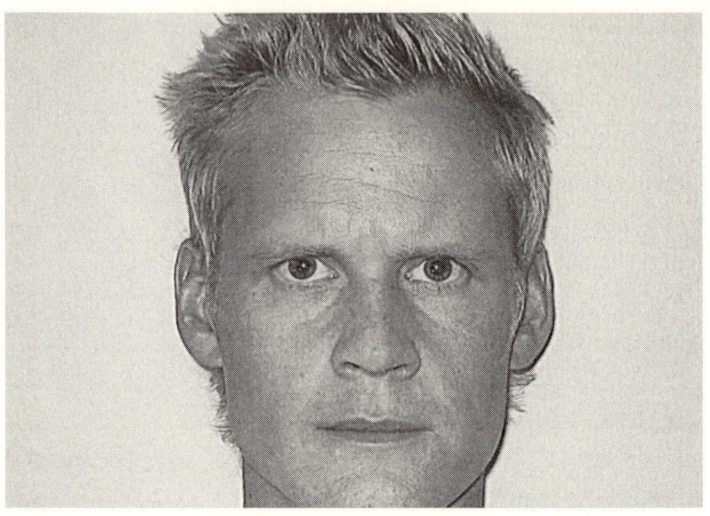

Abb. 13: Wut: Augenbrauen

eine gute Reaktion, denn sie kann unsere Angst vermindern, die uns sonst vielleicht lähmen würde. Stattdessen können wir uns mit der Bedrohung auseinandersetzen.

Wut ist ein Gesichtsausdruck, der eine Veränderung in allen drei Gesichtsbereichen verlangt. Sonst wissen wir nämlich nicht, ob unser Gegenüber böse ist oder ob es sich um ein anderes Gefühl handelt.

Abb. 13 Wenn wir wütend werden, ziehen wir die Augenbrauen zusammen und senken sie. Zwischen den Brauen können senkrechte Falten entstehen, aber die Stirn wird nicht gerunzelt. Wenn ausschließlich diese Bewegung durchgeführt wird, kann das mehreres bedeuten: Die Person ist wütend, versucht

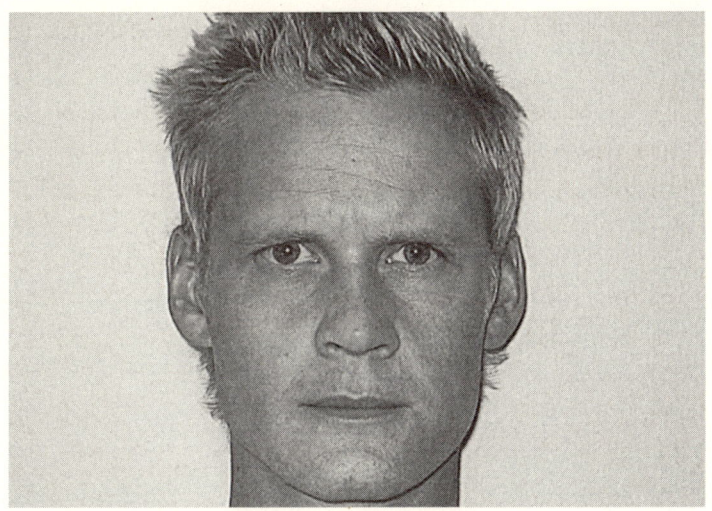

Abb. 14: Wut: Augen und Lider

es aber zu verschleiern, oder sie ist leicht gereizt oder wird gerade böse, oder sie ist ernst oder konzentriert oder verblüfft.

Wenn jemand diese Miene aufsetzt, während Sie mit ihm reden und Sie ihm in diesem Moment kein kniffliges Problem serviert haben, ist das ein Zeichen dafür, dass Sie sich verständlicher ausdrücken müssen, denn Ihr Gesprächspartner muss sich offensichtlich schwer konzentrieren, um Ihnen folgen zu können. Darwin nannte das unseren »Schwierigkeitsmuskel«. Den verwenden wir immer noch, wenn wir mit etwas schwer Verständlichem konfrontiert werden.

Abb. 14 Die Lider sind angespannt und die Augen fixieren ihr Gegenüber mit durchdringendem Blick. Das Unterlid

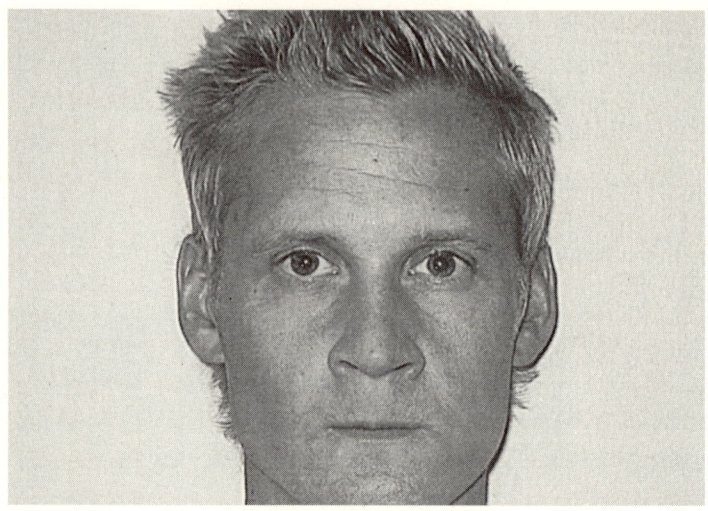

Abb. 15: Wut: wütender Mund, Variante 1

kann mehr oder weniger angehoben sein, je nachdem, wie wütend man ist. Da von oben die Augenbrauen drücken, senkt sich das Oberlid herab, so dass unsere Augen insgesamt schmaler aussehen. Wenn jemand nur solche Augen zeigt, kann das bedeuten, dass er sein Wutgefühl kontrolliert, aber auch, dass er versucht, sich zu konzentrieren. Wenn Augen und Augenbrauen zusammen gezeigt werden, kann dieser Ausdruck ebenfalls noch Konzentration bedeuten. Doch wenn die Muskulatur um die Augen stark angespannt ist, geht es um mehr visuelle Konzentration. Um sicherzugehen, dass es sich wirklich um Wut handelt, müssen wir auch den Mund sehen.

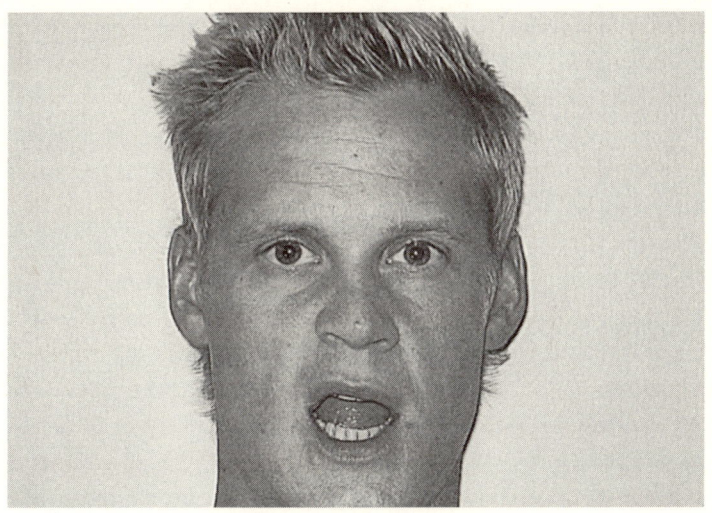

Abb. 16: Wut: wütender Mund, Variante 2

Abb. 15 und 16 Es gibt zwei Varianten des wütenden Mundes. Einmal den geschlossenen Mund, bei dem man die Lippen zusammenpresst wie bei einem körperlichen Angriff (einer Schlägerei) oder wenn man nicht sagen will, was einem schon auf der Zunge liegt. Und den offenen Mund, der vorkommt, wenn die Person einem mitteilt, wie wütend sie ist (oder einen anschreit).

Wenn nur der Mund gezeigt wird, ist nicht ganz klar, was ausgedrückt werden soll. Der geschlossene Mund kann für leichte oder kontrollierte Wut stehen, aber genauso wie die Augenbrauen kann auch er Konzentration oder Anstrengung signalisieren. Diesmal geht es jedoch nicht um eine geistige Anstrengung, sondern um eine körperliche, wie

157

wenn man etwas Schweres hochhebt. Der geschlossene, zusammengekniffene Mund ist allerdings das erste Zeichen, mit dem sich beginnende Wut ankündigt. Man sieht sehr gut, wie bei dieser »verbissenen« Miene die ganze Kieferpartie angespannt wird. Oft zeigen wir sie, bevor wir selbst merken, dass wir wütend werden.

Ob Wut nur gespielt ist, ist schwer zu entschlüsseln, denn bei diesem Gesichtsausdruck kommen Muskelpartien zum Einsatz, die sich sehr leicht willkürlich einsetzen lassen. Hier muss man daher genau aufs Timing achten: Kommt der Ausdruck gleichzeitig mit den Worten/Taten oder leicht verzögert? Wut ist eigentlich die beste Maskierung für ein anderes Gefühl, denn wir verschließen unser gesamtes Gesicht, und nur unsere Lider können noch einen Hinweis darauf geben, was wir eigentlich fühlen. Gott sei Dank leben wir in einer Kultur, in der es einen nicht sonderlich weiterbringt, tagaus, tagein mit wütendem Gesichtsausdruck herumzulaufen, auch wenn es so aussieht, als würden sich manche die größte Mühe geben. Wenn jemand wütend ist, es jedoch nicht zeigen will, erkennt man seinen Zorn an der Spannung der Augenlider, dem starren Blick und den zusammengezogenen Augenbrauen.

Angst

Abb. *17* Angst ist das Gefühl, über das wir am meisten wissen, ganz einfach weil es so leicht ist, Tieren in Experimenten Angst einzujagen. Furcht wird in Momenten ausgelöst, in denen uns körperlicher oder psychischer Schaden droht. Dinge, die automatisch Angst auslösen, sind beispielsweise Gegenstände, die schnell auf uns zukommen, oder Situationen, in denen wir den Halt verlieren – wenn uns der Teppich unter den Füßen weggezogen wird und wir fallen. Sowohl physisch als auch psychisch. Drohende Schmerzen, beispielsweise vor dem Zahnarztbesuch, setzen den Mechanismus eben-

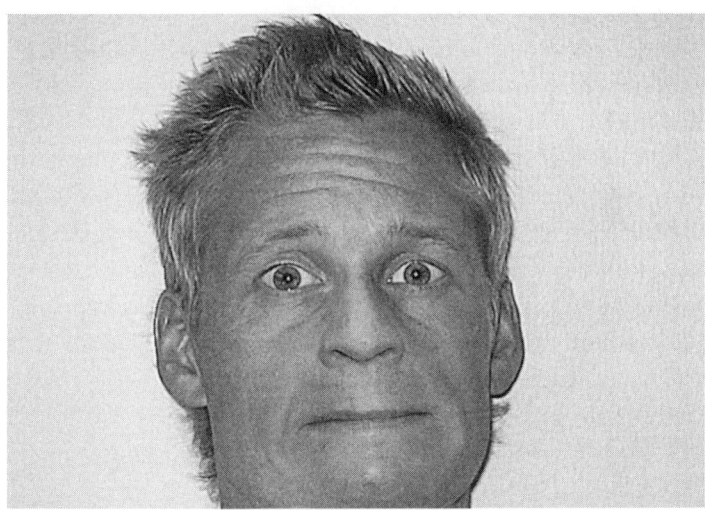

Abb. 17: Angst: vollständiger Ausdruck
»Wie? Lynyrd Skynyrd plant eine Revivaltour?«

falls in Gang. Viele Menschen bekommen auch leicht Angst vor Schlangen oder Reptilien oder davor, in schwindelnder Höhe auszugleiten, aber das sind nicht alle.

Biologisch gesehen bereitet uns die Angst darauf vor, uns entweder zu verstecken oder zu fliehen. Blut strömt in die größeren Beinmuskeln. Wenn wir nicht fliehen, versuchen wir uns zu verstecken. Aber sich verstecken bedeutet, dass wir es wie die Rehe tun, die im Scheinwerferlicht eines näher kommenden Autos wie angewurzelt stehenbleiben. Diese seltsame Reaktion ist darauf zurückzuführen, dass Raubtiere mit schlechten Augen sie nur sehen könnten, wenn sie sich bewegen. Wenn wir sagen, dass wir vor Schreck ganz erstarrt sind, bedeutet das im Grunde, dass wir uns gerade verstecken.

Wenn wir weder fliehen noch uns verstecken können, ist es äußerst wahrscheinlich, dass sich die Angst stattdessen in Wut verwandelt. Mit anderen Worten, wenn das erste Kommando unseres Nervensystems nicht produktiv scheint, tauschen wir es gegen eines aus, das uns handeln lässt. Wenn wir wütend auf die Bedrohung reagieren, können wir uns mit der Situation auseinandersetzen. Unser Gesichtsausdruck signalisiert zweierlei: »Vorsicht, da nähert sich eine Gefahr!« oder: »HILFE!! Hol mich hier raus!« Glücklicherweise haben wir den Gesichtsausdruck, da die Sprache uns manchmal im Stich lässt, wenn die Gefühle überhand nehmen. Oder wie Ferkel so schön sagt: »Hilfe! Hilfe! Hilfe! Ein Heffalump!«

Abb. 18 Wenn wir Angst zeigen, werden die Augenbrauen hochgezogen, bleiben aber gerade. Mit anderen Worten, ge-

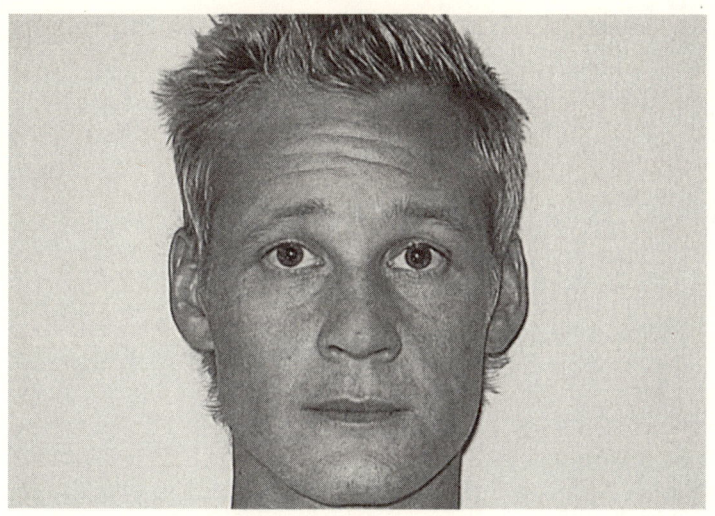

Abb. 18: Angst: Augenbrauen

nau wie beim überraschten Gesichtsausdruck werden die Augenbrauen hochgezogen, wenn auch nicht so stark, doch sie werden auch leicht zusammengezogen, so dass die inneren Enden einander näher kommen als bei Überraschung.

Es treten auch Falten auf der Stirn auf, obwohl sie sich bei Angst meistens nicht über die ganze Stirn ziehen. Werden nur die Augenbrauen gezeigt, signalisiert das Besorgnis oder kontrollierte Angst. Ich wiederhole es noch einmal – auf diesem Bild scheint mein gesamtes Gesicht Besorgnis auszudrücken, obwohl es nur eine Montage ist, auf der alle Mimik unterhalb der Augenbrauen vom neutralen Ausgangsbild stammt.

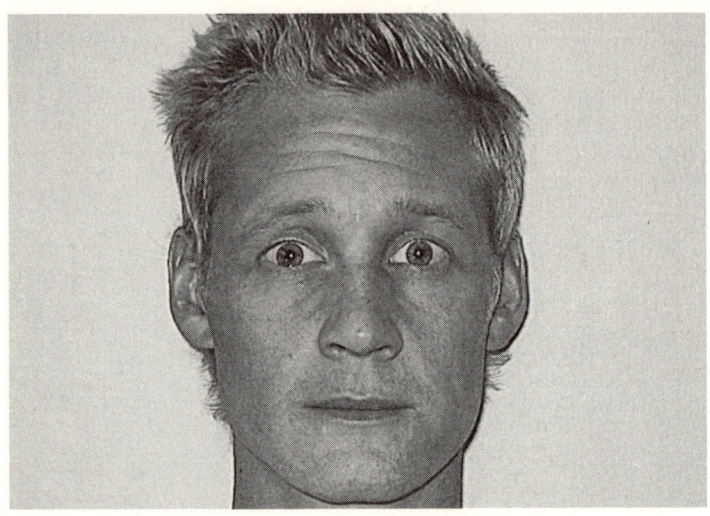

Abb. 19: Angst: Augen

Abb. 19 Die Augen sind offen und angespannt. Genau wie beim überraschten Gesichtsausdruck werden die Oberlider angehoben, so dass wir das Weiße in den Augen des Gegenübers erkennen können, aber in diesem Fall sind auch die Unterlider gespannt, so dass ein Teil der Iris bedeckt wird. Meistens sieht man diese Augen im Zusammenhang mit den hochgezogenen Augenbrauen (wie hier) oder mit Augenbrauen plus Mund. Wenn die ängstlichen Augen nur ganz kurz und obendrein sehr schnell gezeigt werden, haben wir es mit echter Angst zu tun, die entweder schwach ausgeprägt oder kontrolliert ist.

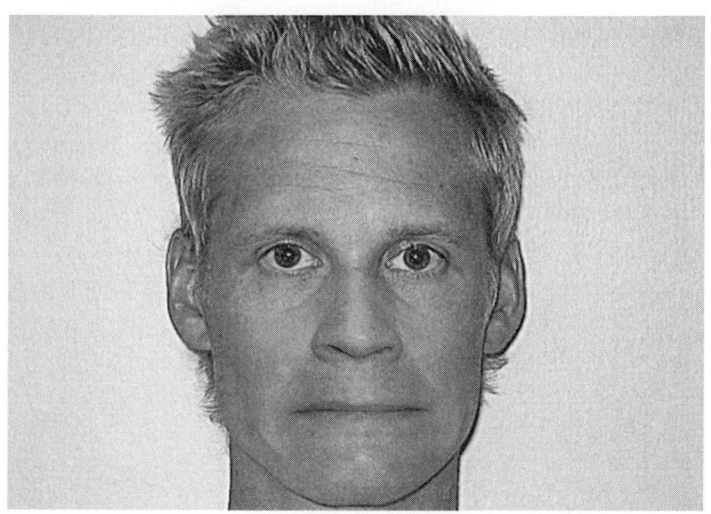

Abb. 20: Angst: Mund

Abb. 20 Der Mund ist offen oder halb offen. Die Lippen sind angespannt und können leicht zurückgezogen sein, im Unterschied zum entspannteren überraschten Mund. Wenn nur der ängstliche Mund gezeigt wird, bedeutet das Besorgnis oder Furcht. Wenn man den geschlossenen, ängstlichen Mund nur ganz kurz zu sehen bekommt, kann man darauf schließen, dass der andere Angst hat, sie aber nicht zeigen will, dass er sich an eine Situation erinnert, in der er Angst hatte, oder dass er in einem Gespräch einfach bewusst Angst signalisieren will. Als würde man sagen: »Puh! Das war ganz schön gruselig!«

Wenn jemand Angst heuchelt, wird er höchstwahrscheinlich Stirn und Augenbrauen vergessen und nur den Mund einsetzen. Vielleicht vergisst er sogar, die Augen am Gesichtsausdruck zu beteiligen.

Wenn Sie an jemand nur die ängstlichen Augenbrauen beobachten, vielleicht weil er auf dem restlichen Gesicht einen anderen Ausdruck zeigen will, können Sie das als Anzeichen echter Furcht werten. Das einzige Gefühl, bei dem Stirn und Augenbrauen nicht beteiligt sind, obwohl der Mensch sich wirklich fürchtet, ist die wirklich lähmende Angst, wie bei einem Schock. Da kommen tatsächlich nur Augen und Mund zum Einsatz.

Ekel

Machen Sie mal Folgendes: Schlucken Sie einmal – JETZT –, damit Sie einen trockenen Mund haben. Jetzt warten Sie einen Moment, bis sich wieder ein bisschen Speichel angesammelt hat. Wahrscheinlich geht das nicht gleich. Aber jetzt vielleicht? Okay? Und nun stellen Sie sich vor, dass Sie diesen Speichel in ein Glas spucken.

Und anschließend trinken Sie es aus.

Inspiriert von Paul Ekman bitte ich meine Zuhörer immer, dieses Gedankenexperiment zu machen. Dieser Vorschlag löst genau den Gesichtsausdruck aus, den Sie auf *Abb. 21* betrachten können. Gefühle wie Ekel und Abscheu zeichnen sich dadurch aus, dass der Mensch auf Distanz zu gehen versucht. Der Geschmack von etwas, was Sie am liebsten sofort wieder ausspucken würden – allein der Gedanke daran kann Ihnen Ekel verursachen. Ebenso gewisse Gerüche oder die Berührung einer schleimigen Masse. Gewisse Taten wecken ebenfalls Abscheu, wenn beispielsweise jemand sein Haustier quält oder Kinder missbraucht. Völlig universelle Auslöser für Ekel sind Körperausscheidungen: Exkremente, Körperflüssigkeiten, Blut und Erbrochenes. Aber das Gefühl wird erst ausgelöst, wenn diese Substanzen den Körper verlassen haben, wie beim Experiment mit dem Speichel. Solange Sie ihn noch im Mund hatten, war das Ganze kein Problem. Der einzige Unterschied zwischen dem ersten und dem zweiten Schritt bestand darin, dass sich der Speichel beim zweiten Mal einen Moment lang außerhalb Ihres Körpers befunden hatte. Und schwuppdiwupp – schon fanden Sie ihn eklig!

Ekelgefühle stellen sich erst im Alter von vier bis fünf Jahren ein, aber danach sind wir unglaublich fasziniert davon. Deshalb gibt es auch solche Scherzartikel wie die falsche Hundewurst oder Filme wie *Dumm und dümmer* oder *Verrückt nach Mary*. Und haben Sie schon mal gemerkt, wie viele Leute einen Blick in ihr Taschentuch werfen, nachdem sie sich geschnäuzt haben? Oder dass die Toiletten in Deutschland oft einen kleinen Porzellanabsatz haben, so dass nicht alles gleich ins Wasser plumpst? Was hat das wohl zu bedeuten? Extremes Kontrollbedürfnis? Schwere Trennungsängste? Oder sollen auch erwachsene Menschen in Jubel darüber ausbrechen, dass sie Kacka gemacht haben?

Als Erwachsene ekeln wir uns am meisten vor anderen Menschen: vor Leuten, die moralisch falsch handeln, Politikern, Tyrannen usw. Aber was moralisch falsch ist, unterscheidet sich natürlich von Kultur zu Kultur.

Ekel ist ein unglaublich starkes Gefühl. Der Psychologe John M. Gottman aus Washington hat vierzehn Jahre lang Videoaufnahmen von Ehepaaren angesehen, 650 insgesamt. In ihrem »Ehelabor« fanden seine Kollegen und er heraus, dass man schon nach drei Minuten Hinweise dafür erkennen kann, ob die Beziehung halten wird oder nicht. Und einer der stärksten Hinweise ist Ekel. Wenn jemand unbewusst subtile Anzeichen von Ekel zeigt, vor allem die Frauen, ist das Paar laut Statistik vier Jahre später nicht mehr verheiratet.

Der Zweck des Ekelgefühls liegt natürlich darin, dass wir uns vom Objekt des Abscheus entfernen sollen. Mann kann sich vorstellen, wie unser Ekel vor Blut und Körperausscheidungen geholfen hat, uns vor ansteckenden Krankheiten zu schützen, aber auf der anderen Seite hat er manches Mal auch Einfühlungsvermögen und soziales Verhalten verhindert. Dadurch, dass wir uns vor anderen Menschen ekeln, machen wir sie weniger menschlich – eine Taktik, die in politischer und religiöser Propaganda wirksam eingesetzt wurde (und wird), denn wen wir verabscheuen, den können wir leichter unmenschlich behandeln. Wie in *Star Wars*. Soldaten, deren Gesichter wir nicht sehen können, lassen sich natürlich viel leichter in die Luft jagen.

Abb. 21 und 22 Auf diesen beiden Bildern zeigt sich der Ekel durch die gerunzelte Nase und die hochgezogene Oberlippe. Die Unterlippe kann auch mit hochgezogen, vielleicht sogar leicht vorgeschoben werden, dann ist der Mund geschlossen, oder sie wird heruntergezogen und vorgeschoben, dann ist er offen. Zusätzlich können Fältchen neben und über der Nase entstehen. Je stärker unser Abscheu ist, umso mehr Fältchen bilden sich. Auch die Wangen werden nach oben gezogen, so dass die Unterlider hochgeschoben werden und die Augen schmaler erscheinen. Dadurch entstehen wiederum weitere Falten unter den Augen.

Die Augenbrauen werden bei starkem Ekel oft gesenkt, aber sie sind bei diesem Gesichtsausdruck eigentlich nicht besonders wichtig. Manche deuten die gesenkten Brauen als Wut, aber sie werden ja nicht zusammengezogen und die Oberlider gehen nicht nach oben – und das wäre ja der Fall, wenn der Mensch wütend wäre. Wenn wir zeigen wollen, dass wir etwas eklig finden, ohne das Gefühl in diesem Moment wirklich zu empfinden, zeigen wir nur Teile dieses Gesichtsausdrucks. Wie wenn wir die Nase rümpfen und dazu sagen: »Igitt, das stinkt ja vielleicht! Machen die diesen Hamsterkäfig eigentlich nie sauber?« Wenn wir den ganzen Ausdruck bewusst einsetzen, bleibt er länger auf dem Gesicht, weil wir verdeutlichen wollen, dass wir bewusst Abscheu ausdrücken wollen.

Ekel lässt sich leicht heucheln, denn der Gesichtsausdruck ist sehr ausgeprägt. Wir tun es also öfter, wenn wir unsere Worte untermalen wollen. Außerdem sind Stirn und Augenbrauen an einem angeekelten Ausdruck nur wenig beteiligt, so dass wir nicht am fehlenden Einsatz dieser Gesichtspartien merken können, ob jemand nur schauspielert. Aus diesem

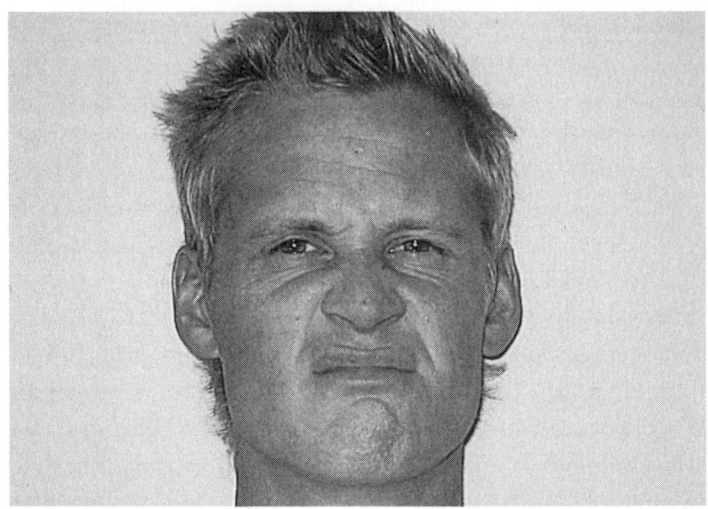

Abb. 21 und 22: Ekel: vollständiger Ausdruck in zwei Varianten

Grund ist es auch ziemlich leicht, seinen Abscheu zu verbergen, denn er drückt sich hauptsächlich in der unteren Gesichtshälfte aus.

Wenn Sie unsicher sind, halten Sie nach den Fältchen auf der Nase Ausschau. Die sind weit genug oben im Gesicht, um sich eventuellen Kontrollversuchen zu entziehen. Meistens wollen wir dieses Gefühl aber auch gar nicht verhehlen. Ich glaube, dass wir uns des Ekels oft gar nicht so bewusst sind wie anderer Gefühlsregungen. Bei dem Wort »Gefühle« denken die meisten an Trauer, Liebe, Wut oder ähnliches. Aber nur selten an Ekel. Wenn wir also mit dem Mund tapfer lächeln, hat der Ekel, den wir in Wirklichkeit empfinden, perfekten Spielraum im restlichen Gesicht, auch wenn wir das

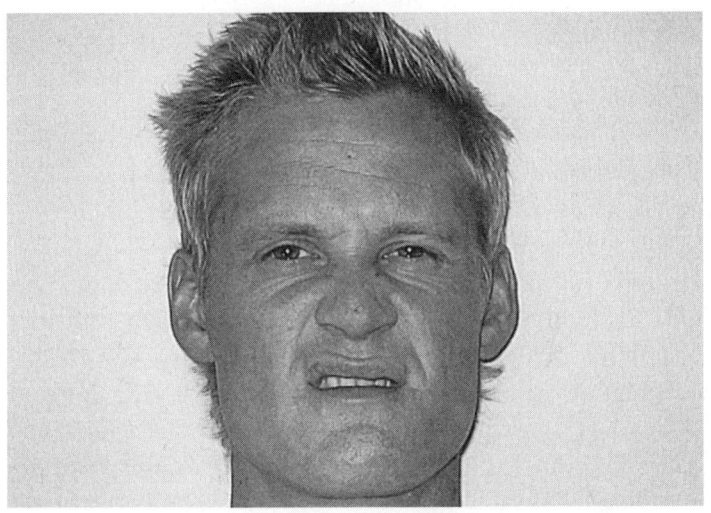

»Aber das macht doch nichts. Jeder hat mal so eine Magen-Darm-Grippe.«

nicht merken. Ich finde, das hätte man der schwedischen Starköchin Tina Nordström wirklich sagen sollen, bevor sie sich für den Umschlag ihres Kochbuchs fotografieren ließ!

Betrachten Sie die gerunzelte Nase, die nach oben geschobenen Wangen und die Form der Oberlippe. Da kann sie lächeln, so viel sie will – erdverschmierte, kalte Kartoffeln sind einfach nicht ihr Fall.

169

Verachtung

Verachtung ist dem Ekel nahe verwandt. Es gibt mehrere wichtige Unterschiede, im Ausdruck und in der Bedeutung. Verachtung empfinden wir für andere Menschen und ihre Taten. Im Gegensatz zum Ekel kann das verächtliche Gefühl jedoch nicht von Gegenständen ausgelöst werden. Der Gedanke an die Technoversion von »Macarena« kann Ekel hervorrufen (vielleicht sogar Angst, wenn ich länger drüber nachdenke), aber keine Verachtung. Hingegen können wir den Menschen verachten, der sich die Technoversion von »Macarena« als Klingelton heruntergeladen hat. Wir haben nicht unbedingt das unmittelbare Bedürfnis, uns vom Objekt unserer Verachtung zu entfernen. Wir fühlen uns der Person aber überlegen. Oft geht es bei diesem Gefühl um moralische Überlegenheit.

Es gibt auch eine klassische, soziokulturelle Form der Verachtung, die der Unterlegene empfindet, beispielsweise Teenager gegenüber Erwachsenen oder ungelernte Arbeiter gegenüber Akademikern. Diese Art der Verachtung bietet eine Möglichkeit, sich einem Menschen überlegen zu fühlen, obwohl er in der sozialen Hierarchie über einem steht. Menschen, die sich ihrer eigenen Position oder ihres Status nicht sicher sind, setzen Verachtung gern als Waffe ein. Viele kosten aber auch ihre Macht und ihren Status aus, indem sie Verachtung für Leute bekunden, die tiefer auf der sozialen Leiter stehen. Eine sehr effektive Methode – das Problem ist nur, dass man sich damit ganz schön einsam machen kann, denn zum Schluss mag einen keiner mehr.

Vorhin habe ich von Gottmans Experimenten mit den heimlichen Anzeichen von Ekel bei verheirateten Paaren berichtet. Dabei war es für die Beziehung am gefährlichsten, wenn die Zeichen von der Frau kamen. Gottman hat auch die Verachtung gemessen. Wenn der dominierende Partner einer Beziehung (meistens der Mann) Zeichen von Verachtung an den Tag legt, fühlt sich der andere (meistens die Frau) überfahren. Sie sind überzeugt, ein ernstes und unlösbares Beziehungsproblem zu haben, und werden sogar krank davon! Das galt jedoch nicht, wenn die subtilen Zeichen Wut oder Ekel ausdrückten, nur bei Verachtung. Es gibt also guten Grund, in jeder Art von Beziehung aufmerksam auf solche Signale zu achten.

Ich selbst befand mich vor ein paar Jahren in einer stagnierenden Beziehung. Über Monate hinweg hatte mich der Lebensstil meiner Partnerin immer mehr gestört. Eines Tages merkte ich, wie ich ganz bestimmte Gesichtsmuskeln aktivierte, wenn ich an sie dachte. Schockiert begriff ich, dass ich einen verächtlichen Ausdruck aufgesetzt hatte – was meine Einstellung zu ihr natürlich beeinflusst hatte. Sobald ich mir dessen bewusst geworden war, konnte ich diese Reaktion meiner Muskeln leichter vermeiden, und ich merkte, dass mein Blick auf sie und unsere ganze Beziehung gleich viel positiver wurde. Doch es war zu spät, unsere Beziehung war bereits am Ende. Selbstverständlich hatte es mehrere Gründe, dass sie zerbrach, aber meine unbewusst demonstrierte Verachtung hatte sicherlich ihren Teil dazu beigetragen.

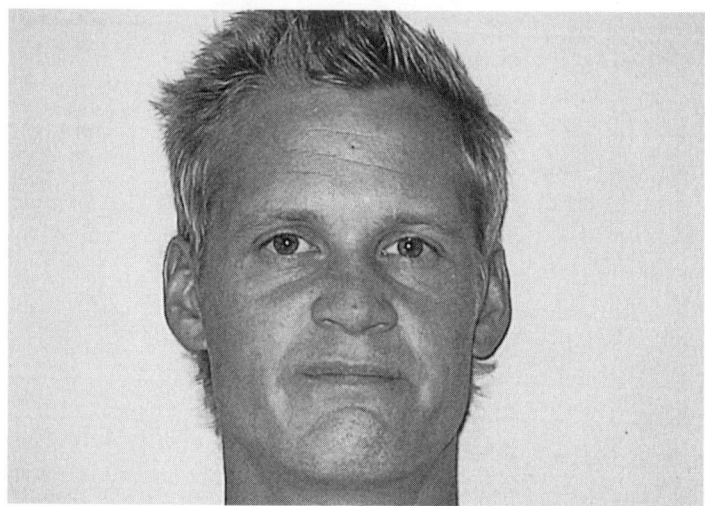

Abb. 23: Verachtung: vollständiger Ausdruck
»Wie – du liest keine Bücher ohne Bilder?«

Abb. 23 Verachtung zeigt sich im Gesicht, wenn ein Mundwinkel zusammengekniffen und leicht hochgezogen wird. Das sieht dann so aus, als würde man nur auf einer Seite lächeln. Man kann auch auf der einen Seite die Oberlippe hochziehen, das sieht so aus, als würde man die Hälfte eines angeekelten Mundes zeigen. Denken Sie an Elvis (oder Billy Idol, wenn Sie den noch kennen), in der Sekunde, bevor er anfängt zu singen. Das kann ganz diskret erfolgen, mit einem minimalen Zucken der Oberlippe, oder so stark, dass die Zähne sichtbar werden, je nach Grad der Verachtung. Oft folgt diesem Ausdruck ein stoßartiges Ausatmen durch die Nase, wie ein Schnauben. Der Blick wird tendenziell nach

Göran Persson, der schwedische Ministerpräsident – hat er permanent den Schalk im Nacken oder einfach nur Pech mit seiner Gesichtsmuskulatur?

unten gerichtet – wir blicken buchstäblich auf den Menschen herab, den wir verachten.

Wenn dieser Ausdruck Teil unseres natürlichen Gesichtsausdrucks ist, dann haben wir ein echtes Problem. Die Karriere des ehemaligen schwedischen Ministerpräsidenten Göran Persson litt unter dem Vorwurf, dass er »arrogant« und »herablassend« wirke. Ob das berechtigt war oder nicht, kann ich nicht sagen. Aber eines weiß ich ganz sicher, nämlich, dass er der Experte fürs schiefe Grinsen war. Wenn das offizielle Pressefoto die einzige Information über diesen Mann wäre – Hand aufs Herz, würden Sie diesem Typen einen gebrauchten Videorecorder abkaufen?

Freude

Abb. 24 Eigentlich gibt es eine ganze Reihe positiver Gefühle, genauso wie ich bis jetzt eine ganze Reihe negativer Gefühle durchgespielt habe. Doch leider haben wir keine besonders guten Bezeichnungen dafür – »Freude« und »Glück« müssen also vorerst reichen.

Positive Gefühle beruhen auf dem Genuss an Sinneseindrücken, beispielsweise wenn etwas gut riecht oder hübsch aussieht, oder wenn wir uns über etwas amüsieren oder einfach nur zufrieden sind. Der Unterschied ist weniger am Gesicht abzulesen, sondern aus der Stimme herauszuhören. Es gibt diverse Laute, mit denen verschiedene Arten von Freude ausgedrückt werden – vom Freudenschrei bis zum zufriedenen Seufzer. Die Varianten dieses Gefühls reichen von freudiger Erregung über Erleichterung bis hin zur Verwunderung, wenn wir von etwas überwältigt sind, was wir nicht ganz verstehen können. Ekstase ist ein weiteres Glücksgefühl, und wenn einem etwas furchtbar Schwieriges gelungen ist, ist man von stolzer Freude erfüllt. Eltern, deren Kind etwas Großartiges geschafft hat, können ein Gefühl empfinden, das auf Jiddisch *naches* genannt wird, eine Art Freude-plus-Stolz. Und dann wäre da noch die nicht ganz gesellschaftsfähige Schadenfreude, die einzig wahre Freude, wie wir alle wissen.

Diese Gefühle sind wichtig, um die Welt am Laufen zu halten, denn indem wir nach diesen Glücksgefühlen streben, tun wir Dinge, die gut für uns sind. Wir schließen Freundschaften und sind neugierig auf neue Erfahrungen und Er-

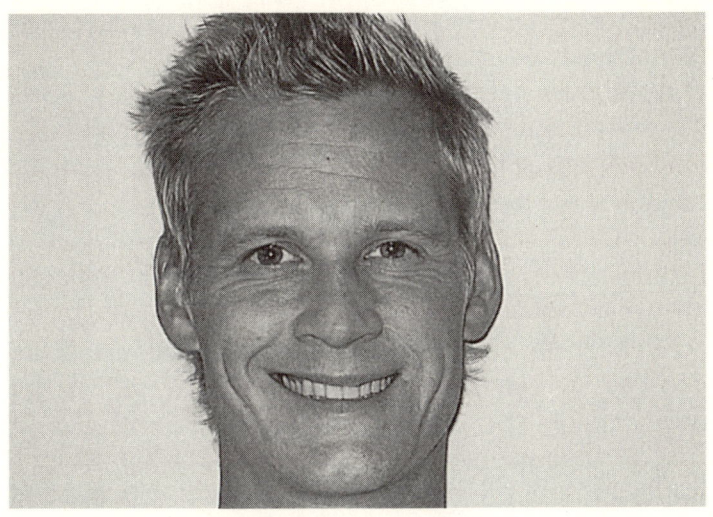

Abb. 24: Freude: vollständiger Ausdruck
»Ach, sie werden sich also doch nicht wiedervereinigen?«

lebnisse. Positive Gefühle lösen auch Verhaltensweisen aus, die für das Überleben der Menschheit wichtig sind, beispielsweise sexuelle Beziehungen oder die Fürsorge für den Nachwuchs. Außerdem wird durch die Forschung immer mehr die These gestärkt, dass optimistische Menschen tatsächlich länger leben.

Man kann deutliche Unterschiede zwischen einem natürlichen und einem falschen Lächeln feststellen. Beim echten Lächeln werden zwei wichtige Muskeln aktiviert, der Zygomaticus major, der die Mundwinkel nach oben zieht, und der Orbicularis oculi, der den Bereich um die Augen zusammenzieht. Deswegen blinzelt man ganz leicht, die Haut unter den Unterlidern spannt sich, die Augenbrauen werden etwas gesenkt und neben den Augen erscheinen Fältchen. Den Zygomaticus major können wir bewusst kontrollieren und so unsere Mundwinkel zu einem Lächeln verziehen, doch die Muskeln rund um die Augen entziehen sich unserer Kontrolle. Der Orbicularis oculi hat einen äußeren und einen inneren Teil. Den äußeren können nur zehn Prozent von uns bewusst betätigen, und wenn dieser Effekt ausbleibt, bemerkt man einen deutlichen Unterschied. Denn nur wenn dieser Muskel sich anspannt, sagen wir, dass jemand »mit den Augen lächelt«. Da wir den äußeren Orbicularis oculi nicht bewusst kontrollieren können, bleibt das Lächeln also unvollständig und kann als falsch entlarvt werden. Außerdem bleibt in der Augenregion auf diese Art der Weg frei für andere, unbewusste Signale. Bei einem echten Lächeln senken sich die Augenbrauen ein Stückchen, aber wer ein Lächeln simuliert, würde niemals bewusst die Brauen herunterziehen. Versuchen Sie das mal absichtlich – Sie werden aussehen wie jemand, der zum Spaß kleine Kinder erschreckt.

Man hat beobachtet, dass die Partner einer glücklichen Ehe sich unter Beteiligung dieses Augenmuskels anlächeln, unglücklich Verheiratete jedoch nicht. Es gibt auch Zusammenhänge zwischen niedrigem Blutdruck und ausgeprägteren Glücksgefühlen bei Menschen, die diesen Muskel beim Lächeln oft einsetzen. Vielleicht braucht man die Tätigkeit des Orbicularis oculi, um gewisse Regionen im Gehirn zu aktivieren, die für Glücksgefühle zuständig sind. Wer nur mit dem Mund lacht, kann diesen Effekt nicht erzielen.

Ein falsches Lächeln entdecken wir in Sekundenschnelle. Wenn ich mit Menschen übe, rasche Veränderungen des Gesichtsausdrucks wahrzunehmen, verwende ich eine Bildsequenz, auf der ein Mikroausdruck simuliert wird. Und eines dieser Bilder verblüfft die Teilnehmer jedes Mal aufs Neue. Der Mikroausdruck soll eigentlich eine glückliche Person darstellen. Doch der abgebildete Mensch ist ein schlechter Schauspieler, so dass sein glücklicher Gesichtsausdruck sich auf den Mund beschränkt und die Augen nicht erreicht. Obwohl die Bilder so schnell gezeigt werden, dass man nur einen kurzen Blick auf einen großen, lächelnden Mund erhaschen kann, haben die meisten das Gefühl, dass mit diesem Mund etwas nicht stimmt. Doch sie können nicht sagen, woran das liegt. Erst wenn sie das Bild ein zweites Mal ansehen dürfen, diesmal etwas länger, merken sie, dass sie gerade auf einen unehrlichen Gesichtsausdruck reagiert haben.

Wenn man also wirksam Freude vortäuschen will, muss man ein superbreites Lächeln aufsetzen. Dann treten fast alle Veränderungen auf, für die sonst die Augenmuskulatur verantwortlich ist, denn das Riesengrinsen drückt die Wangen nach oben, so dass die Augen schmaler werden und neben ihnen Fältchen entstehen. Dann ist es schon bedeutend schwieriger auszumachen, ob dieses Lächeln echt ist oder nicht. Der einzige Hinweis liegt in den Augenbrauen und der darunterliegenden Haut, die bei einem echten Lächeln von den äußeren Augenmuskeln leicht nach unten gezogen werden.

Gemischte Gefühle

Zum Schluss sehen Sie sich bitte noch ein paar Bilder an, auf denen häufige so genannte Mischgefühle dargestellt sind – mein Gesicht drückt darauf mehr als ein Gefühl gleichzeitig aus. Die gezeigten Mischgefühle sind im Alltag sehr häufig zu beobachten. Die Kunst besteht darin zu erkennen, welche Teile verschiedener Gefühle man hier sieht – und zwar rasch. Betrachten Sie die Bilder, auf denen Sie die Elemente von jeweils zwei Gefühlen erkennen können. Versuchen Sie herauszufinden, welche Gefühle das sind und in welchen Bereichen des Gesichts sie ausgedrückt werden. Im Anschluss finden Sie die Antworten – aber versuchen Sie es erst einmal ohne Spicken.

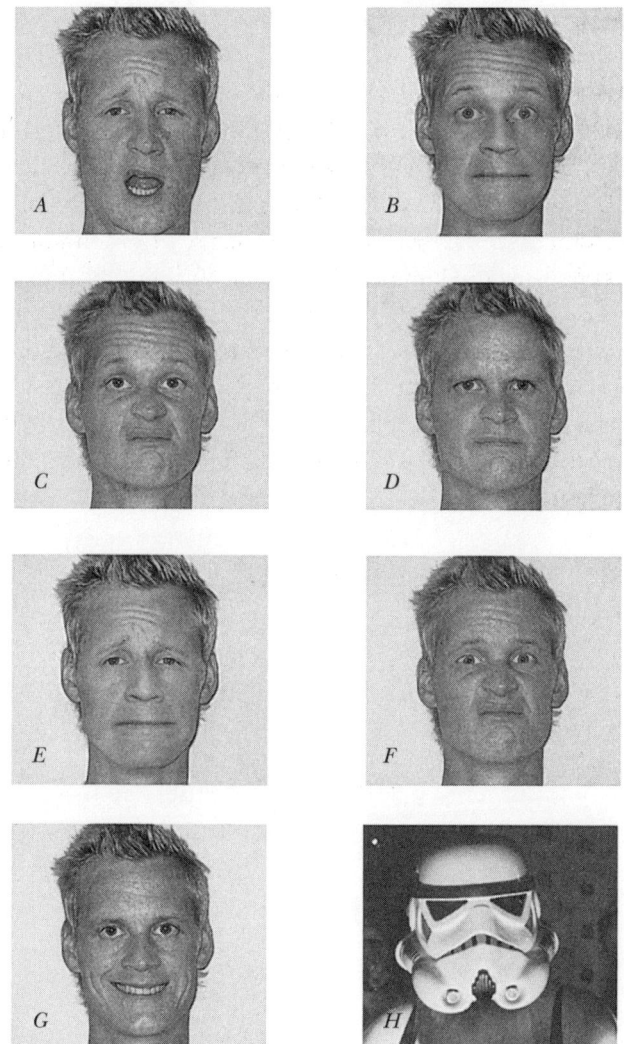

DIE RICHTIGEN ANTWORTEN

A)   Trauer + Wut
Trauer = Augenbrauen, Augen; Wut = Mund

B)   Überraschung + Angst
Überraschung = Stirn, Augenbrauen, Augen; Angst = Mund

C)   Ekel + Überraschung
Ekel = Mund, Nase, Unterlider; Überraschung = Augenbrauen, Stirn

D)   Wut + Verachtung
Wut = Augenbrauen, Augen; Angst = Mund

E)   Trauer + Angst
Trauer = Augenbrauen, Augen; Angst = Mund

F)   Ekel + Angst
Ekel = Mund, Nase, Unterlider; Angst = Oberlider, Augenbrauen, Stirn

G)   Falsche Freude
Freude = Mund; neutral = restliches Gesicht

H)   Hmm … ist er böse? Verängstigt? Muss er ganz dringend mal Pipi? Ist es am Ende ein Molch? Schicken Sie Ihre Vorschläge an den Verlag!

Hilfe! Ich sehe Gefühle!
Wie Sie aufkeimenden Gefühlen begegnen

Was tun Sie nun, wenn Sie subtile Gefühlsregungen bei Ihrem Gesprächspartner erkennen? Bei einem diskreten Gesichtsausdruck gilt grundsätzlich: Sie wissen nicht, ob die Person will, dass Sie Ihre Gefühle erkennen. Bevor Sie sich entscheiden, wie Sie dem Gefühl begegnen, müssen Sie also entscheiden, ob Sie nur ein schwaches Gefühl sehen oder ein stärkeres, aber kontrolliertes. Das können Sie am einfachsten, indem Sie den Kontext betrachten. Wenn Sie das Gefühl bereits zu Anfang der Unterhaltung bemerkt haben, ist Ihr Gespräch wahrscheinlich nicht der Auslöser, sondern Ihr Gegenüber hat dieses Gefühl bereits mitgebracht. Vielleicht hat das überhaupt nichts mit Ihrer Beziehung zu tun, sondern mit einem vorherigen Erlebnis. Es kann aber auch zeigen, mit welchen Erwartungen der andere in dieses Gespräch hineingegangen ist.

Meistens dauert ein Gesichtsausdruck nur eine bis wenige Sekunden, je nachdem wie stark das Gefühl ist. Ein kurzer, aber intensiver Ausdruck signalisiert Ihnen, dass Ihr Gegenüber das Gefühl bewusst oder unbewusst zu verbergen versucht. Ein weniger intensiver Ausdruck, der jedoch länger auf dem Gesicht bleibt, deutet oft darauf hin, dass das Gefühl bewusst verdrängt wird (wir setzen dabei freilich voraus, dass der andere Ihnen kein Gefühl vorspielt).

Bei manchen Gefühlen sollten Sie verhindern, dass sie ganz zur Entfaltung kommen. Sobald Sie die ersten Anzeichen wahrnehmen, sollten Sie etwas tun, am besten, bevor

Ihr Gesprächspartner selbst sich dieser Regung bewusst geworden ist. Bei anderen Gefühlen reicht es, wenn Sie indirekt auf sie reagieren und ihnen Raum im Gespräch einräumen. Im Folgenden gebe ich Ihnen eine Zusammenstellung der besten Strategien, mit denen man jeder der behandelten Basisemotionen begegnen kann. (Da bei Überraschung und Freude meist kein Handlungsbedarf für Sie besteht, habe ich diese beiden ausgelassen.)

Trauer

Ob Sie auf die Trauer Ihres Gegenübers reagieren oder nicht, kommt auf Ihr Verhältnis und die Art Ihrer Kommunikation in der Vergangenheit an. Jeder, sogar Ihre Kinder, haben das Bedürfnis nach Privatsphäre. Um traurige Erlebnisse verarbeiten zu können, müssen wir die Gelegenheit bekommen, uns zurückzuziehen. Sie können vorsichtig die Möglichkeit anbieten, darüber zu reden, indem Sie fragen, ob alles in Ordnung ist, aber auch das muss vom Zusammenhang und der Art Ihrer Beziehung abhängig gemacht werden. Das Wichtigste ist, dass Sie die Signale von Traurigkeit bei Ihrem Gegenüber ernst nehmen. Diese Signale geben Ihnen zu verstehen, dass irgendetwas geschehen ist und Ihr Gegenüber Trost braucht – die Frage ist nur, ob Sie oder lieber jemand anders diesen Trost spenden sollte und ob es gleich oder später geschehen soll.

Wenn Sie eine Person kennen, die diesem traurigen Menschen näher steht, erzählen Sie ihr von Ihrer Beobachtung. Ein Chef kann seinen Angestellten sicher schwerer trösten als ein Kollege. Wenn es eine nahe Beziehung ist, beispielsweise innerhalb der Familie, vielleicht zu Ihren Kindern, müssen Sie dem Betreffenden deutlich zu verstehen geben, dass Sie bereit sind, mit ihm zu sprechen, zu seinen Bedingungen und zum gewünschten Zeitpunkt.

Wut

Wenn Sie Wut an jemand wahrnehmen, denken Sie daran, dass Sie nie wissen, was der Auslöser dafür war und gegen wen sie sich richtet. Das müssen gar nicht Sie sein. Behalten Sie auch im Hinterkopf, dass die Anzeichen von Wut denen von Konzentration oder Verwirrung ähneln. Vielleicht haben Sie sich einfach nicht deutlich genug ausgedrückt? Wenn Sie wissen, dass Ihr Gegenüber zornig ist, und Sie diesem Gefühl irgendwie begegnen möchten, wäre es klug, das Wort »wütend« möglichst aus dem Spiel zu lassen. Es kann sein, dass Ihr Gesprächspartner sich große Mühe gegeben hat, seine Gefühle zu verbergen, da ist das Letzte, was er braucht, Ihr Kommentar: »Meine Güte, du siehst ja total wütend aus!« Das ist also keine gute Idee.

Sinnvoller wäre es, später darauf zurückzukommen, beispielsweise tags darauf, wenn die Gefühle schon etwas abgekühlt sind und das Gespräch wahrscheinlich nicht so stark davon beeinträchtigt wird. Wenn sich eine Verhandlung oder ein Gespräch hoffnungslos festgefahren hat, weil der andere immer ärgerlicher wird – legen Sie am besten eine Kaffeepause ein. Oder schlafen Sie eine Nacht drüber.

Die effektivste Methode, mit der Wut des Gegenübers umzugehen, ist das Meinungs-Aikido, das ich Ihnen auf Seite 69ff. nähergebracht habe. »Wenn ich in Ihrer Situation gewesen wäre, hätte ich genauso reagiert. Haargenau so. Nehmen Sie Zucker oder Milch?« Sollte das nicht funktionieren, wäre es geschickt, wenn in diesem Moment keine langfristigen Entscheidungen getroffen werden, denn die Wahrscheinlichkeit ist hoch, dass sie nicht sonderlich gut durchdacht wären.

Angst

Wenn sich Angst bemerkbar macht, müssen Sie Ihrem Gesprächspartner ein Gefühl von Geborgenheit vermitteln. Wenn Sie beispielsweise einem Angestellten schlechte Nachrichten überbringen mussten und er zeigt daraufhin Zeichen von Angst, sollten Sie ihm zuerst versichern, dass sein Arbeitsplatz nicht in Gefahr ist und dass Sie mit seiner Leistung zufrieden sind. Wenn Sie jemand den Teppich unter den Füßen wegziehen müssen, dann sorgen Sie dafür, dass er etwas hat, womit er seinen Fall abfangen kann.

Wenn Sie mit einem Freund sprechen, können Sie direkter sein und ihn darauf ansprechen, dass ihn etwas zu belasten scheint, und ob er nicht darüber reden will. Sie können auch Geborgenheit und Unterstützung bieten, indem Sie Rapport schaffen, oder – wenn Sie sich sehr nahestehen – durch direkten körperlichen Kontakt. Eine Umarmung ist immer gut, wenn man jemand aufbauen möchte (vorausgesetzt, man stellt es richtig an, mehr darüber erfahren Sie im Kapitel über Anker) – und die kann sowohl psychisch als auch körperlich erfolgen.

Ekel

Ekel wird leicht mit Wut verwechselt. Wenn jemand anfängt, subtile Zeichen von Abscheu zu zeigen, beispielsweise ein kleines Naserümpfen, ist das meist ein Signal, dass dieses Gefühl gerade erst aufkommt. Versuchen Sie sofort diskret, auf dieses Gefühl zu reagieren, ohne auszusprechen, was Sie bemerkt haben. Sie können Ihren Gesprächspartner fragen, ob er oder sie sich ungerecht behandelt fühlt und ob Sie da etwas klären können. Versuchen Sie nicht, sich irgendwie zu verteidigen, denn dann könnte es passieren, dass das Ekelgefühl beim anderen erst so richtig explodiert. Und lassen Sie Ihr Gegenüber immer erst ausreden, bevor Sie Ihre Argumente vorbringen. Es ist wichtig, dass Sie die Sache nicht auf sich beruhen lassen, sondern diese Gefühlslage um jeden Preis wenden. Das ist zwar schwierig, denn die Faktoren, die bei einem Menschen Ekel auslösen, sitzen sehr tief unter der Oberfläche. Aber denken Sie immer an Gottmans Erkenntnisse aus seinem Ehelabor – wenn es Ihnen nicht gelingt, diese Ekelgefühle abzuwenden, ist Ihre Beziehung schon halb beim Teufel.

Verachtung

Wenn jemand Anzeichen von Verachtung an den Tag legt, kann es Verachtung für sich selbst, für den Gesprächsgegenstand oder für Sie als Person sein. Wenn Sie befürchten, dass sich dieses Gefühl gegen Sie richtet, ist es tatsächlich das Geschickteste, nicht weiter daran zu rühren. Es könnte die klassische Verachtung eines Menschen sein, der sich Ihnen unterlegen fühlt – der Angestellte verachtet seinen Chef, die Schüler ihre Lehrer und im schlimmsten Fall die Kinder ihre Eltern. Oder vielleicht meint Ihr Gesprächspartner auch, dass er besser über das Thema Bescheid weiß als Sie oder dass Sie völlig schiefgewickelt sind.

Wer Verachtung zeigt, glaubt, über Ihnen zu stehen und besser als Sie zu sein. So eine Situation lässt sich nur schwer verändern, egal wie gut Sie Rapport herstellen können. Am besten wäre es, die Person in Zukunft einfach völlig zu meiden, wenn es sich machen lässt. Wenn es eine persönliche Beziehung ist, sollten Sie sich überlegen, ob eine Fortsetzung für Sie wirklich noch sinnvoll ist. Wenn es sich um jemand handelt, mit dem Sie beruflich regelmäßig zu tun haben und dessen Entscheidungen Einfluss auf Ihre Arbeit haben, dann wäre es klüger, wenn Sie auf Sitzungen jemand anders Ihre Ideen und Vorschläge vortragen ließen. Oder vielleicht gibt es ja jemand, der dieselbe Position innehat wie der verächtliche Vorgesetzte, jemand, mit dem Sie direkt kommunizieren können, um zu vernünftigen Ergebnissen zu kommen.

Ein kurzer Rückblick

Auf Ihrer Reise zum Gedankenlesen sind Sie mittlerweile ein ganz schönes Stück vorangekommen. Legen Sie jetzt mal eine kleine Pause ein und denken Sie darüber nach, was Sie alles gelernt haben. Sie haben gelernt, verschiedene Gebiete der unbewussten, wortlosen Kommunikation zu identifizieren. Sie haben gelernt, sich an die bevorzugte Kommunika-

Wenn Sie sehen, wie sich bei Ihrem Gesprächspartner ein Gefühl ankündigt, denken Sie immer daran, dass Sie nicht unbedingt wissen können, wodurch es ausgelöst wurde. Wenn Sie diesem Gefühl begegnen oder es abwenden wollen, tun Sie es immer behutsam und diskret.

tionsweise Ihres Gegenübers anzupassen, um sofort ein gutes Verhältnis herzustellen. Sie haben gelernt, sich dieses gute Verhältnis zunutze zu machen, um Veränderungen und positive Auswirkungen im Benehmen und den Einstellungen des anderen zu erzielen. Sie haben gelernt, den Primärsinn einer Person zu identifizieren, der ihre sinnliche Wahrnehmung dominiert. Sie haben gelernt, wie die verschiedenen Sinne die Gedanken und Worte Ihres Gesprächspartners beeinflussen. Sie haben gelernt, subtile Veränderungen der Gesichtsmuskulatur wahrzunehmen, Veränderungen, die Ihnen verraten, welches Gefühl der andere als Nächstes empfinden wird und wie es Ihre Begegnung beeinflussen kann. Sie haben gelernt, wie Sie bei Bedarf einer negativen Gefühlslage begegnen können.

All das haben Sie also gelernt. Theoretisch.

Mein Vorschlag lautet: Lernen Sie das Ganze auch praktisch. Legen Sie dieses Buch beiseite. Gehen Sie hinaus in die Welt mit Ihrer neuen Gedankenleserbrille und üben, üben, üben Sie.

Der zweite Teil dieses Buches setzt nämlich voraus, dass Sie alles beherrschen, was Sie bis jetzt gelernt haben. Um

Sie noch ein bisschen mehr zu motivieren, bringe ich im nächsten Kapitel eine kurze Erzählung aus dem richtigen Leben, die Ihnen hoffentlich ein für alle Mal klarmacht, was Sie alles bewegen können, wenn Sie diese Techniken beherrschen.

Sechstes Kapitel

Ein Zwischenspiel, das demonstriert, was passieren kann, wenn man seine Gedankenlesefähigkeiten anwendet beziehungsweise nicht anwendet.

Es ist nie zu spät!

Eine lehrreiche Geschichte, die die Wichtigkeit des Gedankenlesens illustriert

Es ist schon ein paar Jahre her, da war ich Moderator einer ganztägigen Konferenz irgendwo in Schweden. Dort wurden mehrere Seminare gleichzeitig abgehalten, alle mit unterschiedlicher Dauer. Jede Menge zu tun also, und ich war bald am Rotieren. In der Mittagspause kam ich etwas später als die anderen Konferenzteilnehmer. Ich bemerkte einen Mann, der ganz allein dasaß und aß, und setzte mich zu ihm. Während ich Platz nahm, begann ich ihm einen lustigen Vorfall zu erzählen, der sich am Vormittag ereignet hatte. Doch als ich seine Reaktion bemerkte – er starrte mich extrem ungnädig an –, brach ich sofort ab. Ich kam mir vor wie eine lästige kleine Mücke. Jetzt hätte ich es einfach auf sich beruhen lassen und schweigend meine Mahlzeit verzehren können, aber ich war nicht nur Moderator, sondern sollte am Abend auch noch auftreten. Daher fand ich den Gedanken unangenehm, dass das Publikum mich schon zu Mittag hassen könnte.

Ich erkannte, dass ich einen Kardinalfehler begangen hatte, als ich nicht einmal genauer hinsah, wer da eigentlich am Tisch saß. Stattdessen war ich einfach herangestürmt und hatte angefangen, von mir zu erzählen, ohne zu überlegen, mit wem ich da redete. Als ich nun genauer hinsah, stellte ich fest, dass der Mann die typischen Attribute des kinästhe-

tisch Veranlagten aufwies: Er war kräftig, trug ein Flanell-
hemd und hatte einen Bart. Dass er sich allein zum Essen
hingesetzt hatte, bestärkte mich in meinen Beobachtungen.
Wahrscheinlich aß er auch langsamer als die anderen, im
kinästhetischen Tempo. Ich war wie ein Wirbelwind daher-
gekommen und hatte versucht, sein Interesse mit einer extrem visuellen Anekdote zu wecken. Kein Wunder, dass das
in die Hose ging.

Ich aß also ein paar Minuten und versuchte währenddessen Rapport herzustellen, indem ich mich seiner Körpersprache und seinem Tempo anglich (das tatsächlich bedeutend
langsamer war als meines). Als ich sah, dass die zusammengezogenen, gesenkten Augenbrauen verschwunden waren,
stellte ich ein paar Kontrollfragen, um festzustellen, ob er
wirklich ein kinästhetischer Typ war. Ich fragte ihn, ob das
Essen geschmeckt hatte, und passte meine Sprechgeschwindigkeit dabei an das Tempo seiner Bewegungen an. Wie er
die Konferenz so empfand. Und dann erzählte ich dieselbe
Anekdote noch mal. Aber diesmal achtete ich sorgfältig darauf, ein anderes Vokabular zu verwenden und die Elemente
der Geschichte hervorzuheben, die er für die wichtigsten halten musste. Ich redete nicht mehr davon, was für einen schönen Bogen ein Gegenstand beschrieben hatte, als er durch
die Luft segelte. Vielmehr legte ich das Gewicht darauf, wie
es sich angefühlt hatte, als ich diesen Gegenstand an den
Hinterkopf bekam. Diesmal war mein Histörchen der volle
Erfolg. Bis zum Ende des Essens hatten wir uns schon ange-
freundet.

Für einen Außenstehenden muss das Ganze ziemlich ko-

misch ausgesehen haben, denn äußerlich gab es keinen großen Unterschied: Erst erzählte ich etwas und kassierte dafür
nur Laserblicke. Wenig später erzählte ich dasselbe noch mal
und erntete stattdessen Anerkennung.

So hatte ich meine Kenntnisse über Rapport, Sinneseindrücke und subtilen Gefühlsausdruck eingesetzt, um trotz
der anfänglich unangenehmen Situation doch noch ein gutes Verhältnis zu meinem Tischgenossen herzustellen. Innerhalb von Sekunden. Ich musste einfach nur aufhören, an
mich selbst zu denken, und widmete meine Aufmerksamkeit für einen Moment dem anderen. Es ist nie zu spät, Rapport zu schaffen, auch nicht, wenn es zuerst mal in die Bin-
sen gegangen ist. Und das war in diesem Fall auch gut so,
denn wie sich herausstellte, war dieser Mann der Geschäftsführer des Unternehmens, das mich für diese Konferenz engagiert hatte.

Wie war das noch mal?
Wenn ich so bin wie Sie, werden Sie mich verstehen und sym-
pathisch finden. Wenn Sie mich sympathisch finden, werden
Sie mir zustimmen wollen.

Siebtes Kapitel

In dem Sie lernen, Signale gestresster Menschen zu identifizieren, wir über Clintons Nase lachen und ein Student uns den Finger zeigt.

Werden Sie ein menschlicher Lügendetektor
Über widersprüchliche Signale und ihre Bedeutung

In diesem und dem nächsten Kapitel möchte ich zwei Spezialfälle der »wortlosen Kommunikation in der Praxis« behandeln. Es gibt nämlich unbewusste Signale, die wir nur in bestimmten Zusammenhängen senden. Im nächsten Kapitel wird es zunächst um Anziehung gehen. Sie müssen wissen, was Ihr Unterbewusstsein so alles in Gang setzt, wenn es glaubt, ein passendes Gegenstück zu Ihren Genen gefunden zu haben (sprich: ein interessantes, gut aussehendes Gegenüber). Aber zuvor müssen wir noch einen Blick auf ein anderes spannendes Gebiet werfen: Wie verändert sich unsere unbewusste Kommunikation, wenn wir zu lügen versuchen.

Für Sie als Gedankenleser ist es natürlich wichtig, dass Sie es merken, wenn jemand Sie anlügen will. Sie haben bereits gelernt, gewisse falsche Signale zu entlarven, nämlich als Sie lernten, wie man einen falschen Gesichtsausdruck von einem echten unterscheidet. Aber wie Sie sehen werden, haben wir damit erst ein wenig an der Oberfläche des Lügenkapitels gekratzt.

Am leichtesten lügen wir mit Worten, denn das haben wir in unserem Leben am meisten geübt. Mit unserem Gesichtsausdruck zu lügen, fällt uns schon schwerer, obwohl wir das auch schon viel geübt haben. Doch am schlechtesten lügen wir mit dem Körper. Die meisten von uns haben ja noch nicht mal einen Gedanken daran verschwendet, dass wir auch mit dem Körper »sprechen«. In Anbetracht dieser Tatsachen ist es eigentlich absurd, dass wir unsere Aufmerksamkeit größtenteils auf die Worte unseres Gegenübers richten und daneben auf seinen Gesichtsausdruck.

Wenn wir den Verdacht haben, dass jemand uns anlügt, konzentrieren wir uns noch mehr auf das, was er sagt – dabei sollten wir in diesem Moment genau das Gegenteil tun. Wollen wir wissen, was jemand uns wirklich sagt, müssen wir uns von den gesprochenen Worten lösen und mehr darauf achten, was die Person mit dem restlichen Körper und ihrem Tonfall ausdrückt.

Aber kann man wirklich sehen, ob jemand lügt? Ja. Und nein. Wir können Signale entdecken, die bei einer gewissen Sorte von Lügen gesendet werden, nämlich solchen, die einen gewissen emotionalen Stress mit sich bringen. Oft steht unser Gegenüber wirklich nur unter Stress oder ist einfach nervös. Doch manchmal brauchen wir nur diese Signale, um festzustellen, dass er uns die Unwahrheit sagt. Es gibt auch Signale, die ausschließlich beim Lügen auftreten. Die Kunst besteht darin, sie zu sehen.

Manche Leute merken es sofort, wenn jemand sie anlügt oder an der Nase herumführen will. Andere lernen es nie. Dann gibt es die geborenen Lügner, die überhaupt keine verräterischen Zeichen zeigen. (Die besten nennen wir Psychopathen.) Andere können uns nicht mal vorschwindeln, dass sie nur ein einziges Stückchen Kuchen genommen hätten, ohne dass sie auffliegen. Wir sind alle verschieden. Aber die meisten von uns zeigen ein paar von den entsprechenden Signalen, und die meisten von uns können auch lernen, sie leichter wahrzunehmen.

Was ist eine Lüge?

Die Kunst, eine Lüge aufdecken zu können, fasziniert viele, nicht zuletzt die Leute, die bei der Polizei, dem Militär oder am Gericht arbeiten. Da der klassische Lügendetektor so unzuverlässig ist[3], haben Lügenforscher (wie der bereits genannte Paul Ekman) viel Mühe darauf verwendet, die Anzeichen zu entdecken, die den Lügner überführen. Sie haben ganz gute Fortschritte gemacht. Aber was meinen wir eigentlich, wenn wir das Wort »Lüge« benutzen?

Die meisten von uns lügen die ganze Zeit insofern, als unsere Worte nicht immer ganz den Tatsachen entsprechen. Die meisten dieser Lügen sind in unserer Gesellschaft jedoch gestattet, unsere sozialen Regeln setzen sogar eine Menge trivialer Lügen voraus. Wenn man uns fragt: »Na, wie geht's?«, dann antworten wir meistens: »Gut, und dir?«, egal ob es uns wirklich gut geht oder nicht. Wir wissen, dass der Fragesteller sich eigentlich nicht für eine detaillierte Beschreibung unseres Befindens interessiert, sondern nur eine soziale Höflichkeitsphrase artikuliert hat.

---

3 Eigentlich ist der Lügendetektor nicht unbedingt unzuverlässig. Das Problem ist nur, dass sich hinterher jemand hinsetzen und die Resultate interpretieren muss. Und das kann dann schiefgehen, denn jede Interpretation ist subjektiv. Ein Lügendetektor ist eine Maschine, mit der man wunderbar Daten sammeln kann. Nur muss hinterher eben jemand entscheiden, was diese Daten zu bedeuten haben.

Es gibt auch Situationen, in denen man von uns erwartet, dass wir lügen und nicht zeigen, was wir wirklich fühlen. Bei einem Schönheitswettbewerb ist es okay, wenn die Gewinnerin weint und gerührt ist, während die geschlagenen Finalistinnen sich für die Siegerin freuen und »gute Verliererinnen« sein sollen. Wenn alle zeigen würden, was sie empfinden, würden die anderen Mädchen wahrscheinlich in Tränen ausbrechen und die Gewinnerin vor Freude lachen und schreien. Wenn man nicht zeigt, was man fühlt, oder wenn man vorgibt, etwas anderes zu fühlen, als man wirklich empfindet, ist das auch eine Art von Lüge.

Doch diese sanktionierten Lügen sind natürlich nicht so relevant für uns. Die Sorte Lügen, die uns wirklich interessiert, sind Lügen in einem Kontext, in dem sie nicht sozial oder kulturell gestattet sind und bei denen das Motiv für die Lüge der persönliche Vorteil ist. Das heißt auch, dass die Lüge bewusst sein muss: Der Lügner muss also wissen, dass seine Worte die Wirklichkeit nicht korrekt wiedergeben. Denken Sie daran, dass eine Lüge eine Aussage sein kann, aber auch die Maskierung unserer wahren Gefühle. Wenn ich behaupte, ein Tennismatch gewonnen zu haben, obwohl ich es in Wahrheit verloren habe, dann lüge ich. Genauso lüge ich aber, wenn ich mit meinen Handlungen und meinem Gesichtsausdruck Freude vorspiele, während ich traurig bin.

Wenn jemand lügt, ist immer ursächlich eine Belohnung oder eine Strafe im Spiel. Vielleicht lügt man, um eine Belohnung zu bekommen, die man sonst nicht gekriegt hätte. Oder um einer Strafe zu entgehen, die man sonst nicht hätte vermeiden können. Es kann auch eine Kombination aus beidem sein: Man lügt, um eine Belohnung zu kassieren, auf die man eigentlich gar kein Anrecht hat, beispielsweise die Anerkennung unseres Gegenübers. Wenn unsere Lüge jedoch auffliegt, wird man bestraft, indem man uns die Freundschaft aufkündigt.

Widersprüchliche Signale

Die Anzeichen für eine Lüge, die man wahrnehmen kann, treten auf, wenn die Belohnung beziehungsweise die Strafe nicht belanglos ist, wenn für den Lügenden also wirklich etwas auf dem Spiel steht. Dann ist die Person nämlich auch gefühlsmäßig sehr engagiert. Und dieses Engagement löst viele von den Signalen aus, nach denen wir Gedankenleser Ausschau halten. Doch die Signale zu bemerken, ist eine Sache, danach müssen wir immer noch herausfinden, wodurch sie ausgelöst wurden.

In einer Lüge liegen immer zwei konkurrierende Botschaften – die richtige und die falsche. Der Begriff »Lüge« legt das Gewicht auf die falsche Mitteilung, obwohl beide eigentlich gleich wichtig sind – ebenso wie die Fähigkeit, die beiden zu unterscheiden. Da wir ständig Signale aussenden – nicht nur mit Worten, sondern mit sämtlichen Kommunikationswegen – ist eine Lüge auch nur ein Versuch, diese Signale zu steuern oder zu kontrollieren. Wie bei den Varianten des Gesichtsausdrucks versucht der Mensch auch mittels Lügen, eine Botschaft mit einer anderen zu maskieren. Wenn wir sehen wollen, ob uns jemand anlügt, müssen wir nur auf die

Kommunikationswege achten, die der Mensch am schlechtesten kontrollieren kann. Wer die Wahrheit sagt, drückt mit seiner kontrollierbaren Kommunikation (beispielsweise Worten) dasselbe aus wie mit der unbewussten. Doch wenn wir eine Abweichung bemerken, beispielsweise dass die Worte etwas anderes sagen als die gestikulierenden Hände, dann haben wir Grund zur Annahme, dass hier zwei verschiedene Botschaften vorliegen. Wir suchen nach *widersprüchlichen Signalen,* unbewussten Signalen, die etwas anderes sagen als die bewusst übermittelte Botschaft. Die Signale, die wir nur schwer kontrollieren können, drücken aus, was wir eigentlich denken.

Der amerikanische Evolutionspsychologe Robert Trivers hat eine Lösung für alle, die ungehindert lügen wollen. Die Kunst besteht darin, sich selbst zu überzeugen, dass die Lüge wahr ist! Dann transportieren all unsere Signale, die bewussten ebenso wie die unbewussten, dieselbe Botschaft. Wenn man allerdings das letzte Stück Kuchen versteckt und hoch und heilig behauptet hat, man habe es nicht gegessen, dann bekommt man freilich ein Problem – man glaubt ja selbst, dass man ihn nicht genommen hat.

Die unbewussten, widersprüchlichen Signale, die ein Lügner aussendet, nennt man »Leakage«, undichte Stelle, das heißt, sie »sickern durch«. Wenn jemand lügt oder seine Gefühle zu unterdrücken versucht, dringen dennoch Signale durch seine Fassade. Doch man muss vorsichtig sein – manche Menschen lassen überhaupt nichts durch ihre Fassade, egal, wie viel sie lügen. Fehlende »undichte Stellen« sind also noch keine Garantie dafür, dass jemand die Wahrheit sagt. Es gibt auch Leute, bei denen wir Leakage zu bemerken glauben, dabei gehört es in Wirklichkeit zu ihrem ganz normalen Verhalten. Deswegen ist es wichtig zu wissen, ob die beobachteten Signale tatsächlich Veränderungen im Verhalten Ihres Gegenübers sind oder ob sie zu seinem Wesen gehören. Sie sollten es sich also zur Regel machen, erst dann Ihre Schlüsse zu ziehen, wenn Sie mehrere Arten von Leakage an Ihrem Gesprächspartner festgestellt haben.

Wenn Sie mehrere widersprüchliche Signale an einer Person beobachtet haben, kann das bedeuten, dass sie Sie anlügt. Es kann auch bedeuten, dass sie eigentlich etwas anderes fühlt als das, was sie Ihnen zu zeigen versucht. Oft werden Sie ohne größere Probleme herausfinden, was der Fall ist. Der Zusammenhang wird es Ihnen verraten.

Denken Sie auch immer daran, dass Sie nicht automatisch wissen, was die Signale verursacht hat, die Sie festgestellt haben. Wie Sie noch sehen werden, können sie auch von ganz anderen Faktoren ausgelöst werden als davon, dass der Betreffende Sie anlügt. Sie sehen vielleicht massenweise Leakage bei Ihrem Gegenüber, aber das kann auch daran liegen, dass ihm gerade etwas eingefallen ist, was mit Ihrem Gespräch gar nichts zu tun hat. Wenn Sie diese Signale an jemand bemerken, müssen Sie als Nächstes den Zusammenhang betrachten und genauer hinsehen, welche eventuellen anderen Ursachen es für sein Verhalten geben könnte. Erst dann können Sie mit Sicherheit sagen, ob jemand lügt.

Da steht man dann und kratzt sich die Nase
Widersprüchliche Signale in der Körpersprache

Die deutlichsten dieser Signale werden vom autonomen Nervensystem des Körpers ausgesendet. Und das entzieht sich jeder Kontrollmöglichkeit, auch wenn wir bemerken, dass wir Signale geben. Es ist furchtbar schwer, um nicht zu sagen unmöglich, zu verhindern, dass man schwitzt oder rot wird. Oder zu verhindern, dass die Pupillen sich erweitern, wenn man am Pokertisch großartige Karten bekommen hat. Doch das autonome Nervensystem wird nur aktiv, wenn sehr starke Gefühle im Spiel sind. Gott sei Dank gibt es aber noch jede Menge anderer Signale, die auftauchen, wenn die Gefühle nicht so stark ausgeprägt sind.

Gesicht
Man sagt, dass in unserem Gesicht immer zwei Botschaften zu lesen sind: zum einen diejenige, die wir unserer Umwelt verkaufen möchten, zum andern aber auch das, was wir wirklich denken. Manchmal stimmen die beiden überein, aber oft tun sie das eben nicht. Wenn wir versuchen, unsere Botschaften zu kontrollieren, machen wir das auf drei verschiedene Arten:

Qualifizieren
Wir kommentieren den Gesichtsausdruck, den wir haben, durch einen anderen, den wir darüberlegen. So wie wir trotz einer ansonsten betrübten Miene ein Lächeln aufsetzen, um zu zeigen, dass wir trotzdem klarkommen.

Modulieren

Wir verändern die Intensität des Ausdrucks, indem wir ihn verstärken oder abschwächen. Das tun wir, indem wir die Anzahl der beteiligten Muskeln verändern (wenn wir beispielsweise einen *partiellen* Gesichtsausdruck zeigen), die Intensität der Muskelbeteiligung (wenn wir beispielsweise einen vollständigen, aber schwach ausgeprägten Ausdruck zeigen) oder die Dauer.

Falsifizieren

Wir zeigen ein Gefühl, wenn wir eigentlich gar nichts fühlen (die so genannte Simulation). Wir versuchen zu verbergen, dass wir etwas fühlen (Neutralisierung), oder überdecken unser tatsächliches Gefühl, indem wir ein anderes Gefühl zeigen, das wir gar nicht empfinden (Maskierung).

Um ein Gefühl glaubwürdig vorspielen zu können, müssen wir wissen, wie wir es richtig ausdrücken, also welche Muskeln wir anwenden und wie. Kinder trainieren das, indem sie vor dem Spiegel Grimassen schneiden, aber damit hören wir auf, wenn wir älter werden. Deswegen haben wir manchmal keine Ahnung, wie wir wirklich aussehen, wenn wir Verschiedenes ausdrücken. Oft haben wir auch gar keine Zeit zur Vorbereitung, sondern müssen uns daran orientieren, wie es sich von innen anfühlt, und hoffen, dass wir dem gewünschten Ausdruck damit nahe genug kommen.

Neutralisierung, also gar nichts zu zeigen, ist unheimlich schwer, vor allem wenn es um etwas geht, was uns sehr berührt und ein starkes Gefühl hervorruft, das wir nicht zeigen wollen. Meist werden wir dabei so steif und hölzern, dass man uns ansieht, dass wir etwas verbergen, auch wenn man vielleicht nicht erkennen kann, was. Deswegen maskieren wir solche Gefühle lieber oder tun so, als würden wir etwas anderes fühlen, das ist nämlich einfacher. Wenn wir versuchen, unseren Gesichtsausdruck zu kontrollieren, setzen wir dabei – wie Sie mittlerweile ja gelernt haben – meistens nur den unteren Teil unseres Gesichts ein. Das bedeutet, dass um Augen, Augenbrauen und Stirn ein Bereich frei bleibt, auf dem sich unser tatsächliches Gefühl manifestieren kann – was wir unbewusst auch tun. Wenn wir uns also ein Lächeln abringen, können wir trotzdem noch angeekelt die Nase rümpfen. (Hallo, Tina Nordström!) Im Kapitel über Gefühle haben Sie die Bedeutung der Signale gelernt, die wir mit Augen, Augenbrauen und Stirn aussenden – egal, was wir gleichzeitig mit der Region um den Mund zeigen wollen. Daher werde ich an dieser Stelle nicht noch einmal darauf eingehen.

Am häufigsten maskieren wir unsere tatsächlichen Gefühle mit einem Lächeln. Darwin, der eine Menge über Gesichtsmuskeln und Körpersprache geschrieben hat, was heute noch gültig ist, hatte eine Theorie, warum das so ist. Er meinte, es seien ja meistens negative Gefühle, die wir verbergen wollen, und beim Lächeln setzen wir die Muskelpartien ein, die bei einem negativen Gesichtsausdruck am wenigsten gebraucht werden.

Sie haben auf S. 175 bereits gelernt, wie man ein echtes von einem falschen Lächeln unterscheidet. Ein echtes Lächeln ist immer symmetrisch, die Mundwinkel werden auf beiden Seiten gleich weit nach oben gezogen (es sei denn, die Person leidet an einer Anomalie der Muskeln). Es kann niemals asymmetrisch sein. Ein falsches Lächeln kann symmetrisch sein, aber auch asymmetrisch, das heißt, es findet nur auf einer Gesichtshälfte statt. Wenn Sie ein asymmetrisches Lächeln sehen, ist es entweder ein missglückter Versuch, fröhlich auszusehen (Hallo, Herr Ministerpräsident!), oder es gehört zu einem anderen Ausdruck wie Ekel oder Verachtung (Noch mal hallo, Göran!) Außerdem wird sowohl der innere als auch der äußere Bereich um die Augen aktiviert, was man so gut wie gar nicht bewusst zustande bringen kann.

Schauspieler, die das Talent besitzen, auf Zuruf ein natürliches Lächeln zu produzieren, schaffen das meist, indem sie sich eine glückliche Erinnerung ins Gedächtnis rufen, so dass sie wirklich fröhlich werden. Falsche Freude verrät sich auch oftmals durchs Timing – ein gespieltes Lächeln ist in Sekundenschnelle aufgesetzt, während der Ausdruck echter Freude gern etwas länger braucht, bis er vollständig ist. Andererseits dauert das falsche Lächeln meist ein bisschen zu lange an.

Auch der Mikroausdruck taucht in diesem Zusammenhang wieder auf. Ich persönlich glaube ja, dass der Mikroausdruck eine große Rolle spielt, wenn wir bei jemand »ein gewisses Gefühl« haben. Wenn wir merken, dass jemand uns nicht mag, obwohl er äußerlich nur Nettigkeiten zeigt, kommt unser »Gefühl« meist daher, dass wir Signale über seine Körpersprache und andere unbewusste Kommunikationskanäle empfangen haben. Aber höchstwahrscheinlich haben wir auch den einen oder anderen Mikroausdruck wahrgenommen, der uns sagte, was diese Person wirklich von uns hält. Diese Zeichen sind so minimal, dass wir sie nicht bewusst auffassen, aber unser Unterbewusstsein registriert sie trotzdem noch.

Der Mikroausdruck ist ein zuverlässiges »Leakage«. Aber manche Menschen zeigen ihn gar nicht, andere nur in bestimmten Situationen usw. Wenn Sie bei Ihrem Gegenüber keinen Mikroausdruck beobachten können, ist das nicht unbedingt eine Garantie, dass er kein Gefühl unterdrückt. Wenn Sie diesen Verdacht hegen, sollten Sie trotzdem noch nach anderen Signalen Ausschau halten.

Augen

Allgemein glaubt man, sein Gegenüber beim Lügen zu ertappen, wenn man ihm in die Augen sieht. Wir glauben zu wissen, dass ein unruhiger oder ausweichender Blick oder häufiges Blinzeln ein Indiz dafür sind, dass man uns belügt. Das muss auch nicht falsch sein. Doch da jeder schon davon gehört hat, sehen viele Menschen ihrem Gesprächspartner umso fester in die Augen, wenn sie lügen! Da man uns von Kindesbeinen an eingetrichtert hat, dass ein Lügner einem nicht in die Augen schauen kann, überkompensiert der Lügner stattdessen.

Es gibt Gemütslagen, in denen wir den Blick einfach abwenden. Wir blicken nach unten, wenn wir traurig sind, wir blicken schräg nach oben oder zur Seite, wenn wir uns schämen oder Schuldgefühle haben, und auch Missbilligung lässt uns die Augen abwenden. Lügner tun das nicht, weil sie befürchten, sonst der Lüge überführt zu werden! Die besten Lügner entgehen der Entlarvung, weil sie genau wissen, wann sie den Blick senken müssen.

Ein weiteres Signal, das mit den Augen zu tun hat, ist die Größe der Pupillen. Wie bereits erwähnt, erweitern sich die Pupillen bei Gefühlen wie Engagement oder Wertschätzung. Versuchen Sie auszumachen, ob die Pupillengröße mit den Gefühlen übereinstimmt, die Ihr Gesprächspartner zu haben vorgibt. Eine interessierte Person hat keine stecknadelkopfgroßen Pupillen, es sei denn, sie steht gerade mit den Augen zur Sonne.

Wenn der Mensch, der lügt oder unter emotionalem Stress steht, blinzelt, bleiben die Augen oft länger geschlossen als bei einem, der die Wahrheit sagt. Der britische Zoologe Desmond Morris, der auch das menschliche Verhalten studiert hat, hat dieses Phänomen unter anderem bei polizeilichen Vernehmungen beobachtet und meint, dass es sich dabei um einen unbewussten Versuch handelt, die Umwelt auszublenden.

Wie wir die Augen bewegen, kann auch ein Hinweis darauf sein, was für Gedanken uns gerade durch den Kopf gehen. Oft denken wir, indem wir Erinnerungen abrufen. Aber wir können auch neue Ereignisse konstruieren, die wir nie erlebt haben, nämlich mit Hilfe unserer Phantasie. Das tun wir, wenn wir kreativ arbeiten, die Zukunft planen, uns Märchen ausdenken usw. Können Sie sich an die Augenzugangshinweise erinnern? Blättern Sie noch mal zurück zu Seite 99, wenn Sie sie vergessen haben. Hier sehen Sie, dass wir die Augen in unterschiedliche Richtungen bewegen, je nachdem ob wir etwas erfinden oder uns erinnern. Im Grunde konstruieren wir die ganze Zeit neue Gedanken. Manchmal lügen wir dabei auch. Wenn eine visuell veranlagte Person etwas erzählt, was sie angeblich miterlebt oder getan hat, doch ihr Blick geht plötzlich nach rechts oben statt links oben, dann heißt das laut Modell, dass sie gerade etwas konstruiert. In dem Moment sollten Sie sich fragen, ob es einen Grund geben könnte, warum Ihr Gesprächspartner hier seine Kreativität und seine Phantasie benutzen sollte. Wenn er beispielsweise sagt:

»Ich musste Überstunden machen, und weil ich sowieso zu spät zum Abendessen gekommen wäre, bin ich dann mit Pit noch auf ein Bier und eine Pizza gegangen, aber danach bin ich direkt nach Hause.« Wenn Sie eine Konstruktion entdecken an der Stelle mit »mit Pit noch auf ein Bier und eine Pizza gegangen«, dann sollte bei Ihnen die kleine rote Flagge hochgehen. Mit dieser Behauptung gibt es nämlich offensichtlich ein Problem. Gut möglich, dass man Sie rundheraus angelogen hat.

Vielleicht ist Folgendes ja der Grund für das Klischee, dass ein Lügner sich nicht traut, uns in die Augen zu schauen: Laut EAC-Modell müssen sich die Augen bewegen, wenn eine Lüge konstruiert wird. Daher fällt es dem Lügner schwer, Augenkontakt zu behalten, denn dazu müsste er ja geradeaus schauen. Man kann jedoch wunderbar eine Erinnerung wiedergeben und dabei die meiste Zeit geradeaus schauen (und so Augenkontakt halten), denn in dieser Augenposition lassen sich Erinnerungen visualisieren.

Achten Sie darauf, dass dies nur funktioniert, wenn Sie jemand sozusagen auf frischer Tat ertappen, wenn er seine

Lüge also während des Gesprächs erfinden muss. Wenn die Person nämlich Zeit hatte, ihre Lüge vorzubereiten, sie also vor dem Gespräch zu konstruieren, werden Sie nicht unbedingt einen Unterschied in den Augenbewegungen bemerken, denn dann ist die Lüge schon eine *Erinnerung* geworden, obwohl sie inhaltlich ein Phantasiekonstrukt ist. Zu guter Letzt denken Sie bitte daran, dass nicht alle Menschen diesem Modell folgen, es gibt jede Menge persönliche Abweichungen. Bevor Sie also jemand auf Ihrem Sofa übernachten lassen, gehen Sie sicher, dass Sie den Unterschied zwischen Erinnerung und Konstruktion erkennen können.

Konstruierte Übung

Ich habe gemerkt, dass einige Leute dem EAC-Modell für Konstruktion nicht folgen. Nichtsdestoweniger nehmen alle eine persönliche Veränderung im Verhalten oder den Augenbewegungen vor, die verrät, dass sie gerade etwas konstruieren. Mit der folgenden Übung können Sie lernen, wie man erkennt, ob jemand visuell konstruiert.

1. Schritt:
Bitten Sie Ihr Gegenüber, sich etwas vorzustellen, beispielsweise die Mona Lisa. Geben Sie ihm genügend Zeit, sich das Bild in allen Details auszumalen. Das verschafft Ihnen Gelegenheit, seine Augenbewegungen zu beobachten.

2. Schritt:
Bitten Sie den anderen nun, eine Variante desselben Bildes

zu schaffen, aber eine Variante, die es so noch nicht gibt. Beispielsweise die Mona Lisa von der Hand eines Fünfjährigen. Geben Sie ihm abermals genügend Zeit, sich ganz in diese Aufgabe zu vertiefen und ein Bild mit so vielen Details wie möglich zu konstruieren. Währenddessen achten Sie darauf, ob er dem EAC-Modell folgt oder nicht, und ob Sie vielleicht andere Anzeichen von Konstruktion entdecken können.

3. Schritt:
Wiederholen Sie die Übung ruhig noch einmal, damit Sie sicher sein können, dass die beobachteten Veränderungen konsequent durchgeführt werden und nicht nur zufällig waren. Natürlich müssen Sie dazu ein anderes Bild verwenden, denn sonst muss Ihr Gegenüber beim zweiten Schritt nichts mehr konstruieren, sondern erinnert sich an das Bild von vorher.

Hände

Je weiter wir uns vom Gesicht entfernen, umso leichter fällt uns das Lügen mit wortlosen Signalen, denn der Rest des Körpers ist nicht so eng mit dem Gefühlszentrum in unserem Gehirn verknüpft wie unser Gesicht. Andere Körperteile haben wir somit viel besser unter Kontrolle. Glücklicherweise vergessen wir aber, mit ihnen zu lügen. Die Hände sind so ziemlich mittendrin – wir haben sie gut unter Kontrolle, weil wir sie die meiste Zeit sehen können, aber wir senden damit auch eine ganze Reihe unbewusster Signale aus.

Einen bestimmten Typ von Handgesten nennt man *Embleme.* Sie funktionieren genauso wie Wörter: Spezielle Gesten haben eine spezielle Bedeutung, die von allen Angehörigen einer Kultur verstanden wird. Ein Beispiel wäre etwa Winston Churchills Geste, bei der man die Handfläche nach vorn dreht und Zeige- und Mittelfinger nach oben streckt. In der westlichen Welt versteht man das als »V = victory«, also als eine Siegergeste. Natürlich haben wir keine Probleme, mit solchen Gesten zu lügen. Wenn uns jemand fragt, ob wir beim Curling gewonnen haben, können wir wunderbar das Siegeszeichen zeigen, auch wenn wir haushoch verloren haben.

Doch manchmal verwenden wir diese Art von Gesten auch unbewusst, sozusagen als körpersprachliche Entsprechung zu einem Freud'schen Versprecher. Wenn ein Mensch sich mit so einer Geste »verplappert«, haben wir ein gutes Signal dafür, was er eigentlich denkt. So etwas kann allerdings schwer zu entdecken sein, denn oft wird so eine Geste in einer anderen Position durchgeführt, als wenn sie bewusst gezeigt würde. So hat Paul Ekman beispielsweise eine Geste entdeckt, als er eine Reihe von Studenten durch einen unsympathischen Lehrer befragen ließ. Die unbewusste Geste, die er in mehreren Fällen entdeckte, war die Faust mit hochgerecktem Mittelfinger. Fuck you. Doch statt die Faust hochzuheben, wie bei der bewussten Durchführung dieser Geste, ruhte die Hand auf dem Knie und der Finger zeigte zu Boden. Zweifellos ein Signal für starke Abneigung, obwohl die betreffenden Personen keine Ahnung hatten, was sie da gerade taten.

Eine andere häufige unbewusste Geste ist das Achselzucken, mit dem wir zu verstehen geben, dass wir etwas nicht kennen, keine Meinung dazu haben oder es uns schlichtweg egal ist. Doch statt die Schultern hochzuziehen, die Hände zu heben und in Brusthöhe die Handflächen nach oben/außen zu drehen, wie normalerweise bei dieser Geste, bewegen wir nur die Schultern und lassen die Arme dabei herunterhängen. Manchmal bleibt die Bewegung der Schultern aus, dann sehen wir das Emblem, dass nur die Handflächen nach oben/außen gedreht werden, und zwar in Hüfthöhe.

Eine andere Art von Handbewegungen benutzen wir, um zu verdeutlichen, worüber wir sprechen, oder um abstrakte Begriffe zu illustrieren. Wenn wir beispielsweise mit dem Finger ein Quadrat in die Luft zeichnen, während wir sagen: »Das war total eckig.« Alle setzen ihre Hände beim Reden auf diese Weise ein, wenngleich die Frequenz und Intensität von kulturellen und persönlichen Vorlieben abhängig ist. Deutsche setzen ihre Hände beim Sprechen eher sparsam ein, wohingegen die Italiener unbestreitbar die Gestikulierprofis sind. Doch alle setzen ihre Hände ein, und wir brauchen diese Gesten, um andere zu verstehen, obwohl wir selten bewusst darüber nachdenken, was die Leute mit ihren Händen machen.

Man kann nicht mit einer Person kommunizieren, die ihre Worte mit den falschen Gesten illustriert. Wenn ich Kurse abhalte, demonstriere ich das oft, indem ich Augenkontakt zu einem Teilnehmer aufnehme, ihn frage, wie spät es ist, und dabei gleichzeitig aus dem Fenster deute. Die Antwort lautet regelmäßig: »Äh … wie bitte?«, obwohl die mit Worten formulierte Frage so einfach war. Es gibt jedoch Gelegenheiten, bei denen wir nur noch minimale Gesten mit den Händen machen: Wenn wir nämlich sehr müde sind. Oder sehr traurig. Oder sehr desinteressiert. Oder wenn wir uns wirklich sehr, sehr gut darauf konzentrieren müssen, was wir sagen. Und jedes. Wort. Auf. Die. Goldwaage. Legen. Müssen. Wie beim Lügen.

Neue Gedanken zu konstruieren ist ein anspruchsvoller innerlicher Prozess. Wenn wir uns darauf konzentrieren müssen, leidet der äußerliche Ausdruck. Und es fällt auf, wenn Handgesten unterbleiben.

Wenn ich frage, woran man sehen kann, ob jemand lügt, bekomme ich von manchen die Antwort, dass ein Lügner sich an der Nase kratzt. Es stimmt tatsächlich, dass Handbewegungen Richtung Gesicht beim Lügen zunehmen. Doch die häufigste dieser Bewegungen ist nicht das Kratzen an der Nase. Das kommt auf Platz zwei. Die häufigste Geste besteht darin, dass man sich die Hand vor den Mund hält, als wollte man die Lüge noch aufhalten, oder als würde man sich für das schämen, was man gleich sagen wird. Wahrscheinlich sind alle anderen Handbewegungen im Gesicht – die Brille zurechtrücken, sich am Ohrläppchen ziehen, sich die Nase kratzen – die gleiche Geste, die in letzter Sekunde vom Mund weggeleitet wird, um stattdessen etwas weniger Verdächtiges zu tun.

Diese Art von Handbewegungen kann man auch bei Leuten beobachten, die einem anderen nur zuhören. Oftmals halten wir uns selbst die Hand vor den Mund, wenn wir an den Worten unseres Gesprächspartners zweifeln. Man kann sich leicht das Bild eines erstaunten Menschen vorstellen, der denkt: »Ist nicht wahr!« und sich dabei die Hand vor den

Mund schlägt. Wenn Sie dieses Verhalten bei jemand bemerken, während Sie reden, sollten Sie sich also anstrengen, die Wahrheit Ihrer Worte zu bekräftigen. Wenn sie denn wahr sind. Sonst fängt Ihre Nase wahrscheinlich an zu jucken …

Genau wie bei allen anderen Anzeichen für Lügen bedeutet auch das Kratzen an der Nase nicht unbedingt etwas anderes, als dass es Ihr Gegenüber an der Nase gejuckt hat. Aber wenn es mehrmals hintereinander geschieht, wäre es vielleicht ganz gut, nach anderen Signalen für Lügen und unterdrückten Gefühlen zu suchen.

Der Rest des Körpers

Neben den genannten Signalen kann man auch noch auf Körperhaltung, Beine und Füße achten. Eine interessierte Person nimmt natürlich eine interessierte Haltung ein. Eine desinteressierte Person sinkt unweigerlich ein wenig in sich zusammen. Wenn das lang genug so geht, stützen wir uns zum Schluss gern gegen eine Wand oder auf die Tischkante, bis uns selbst auffällt, wie gelangweilt wir wirken. Dann versuchen wir rasch, mit einem Husten unsere Haltung zu korrigieren, was ziemlich auffällig sein kann.

Was für Signale wir mit Beinen und Füßen aussenden, haben wir nur schlecht unter Kontrolle. Wahrscheinlich deswegen, weil wir sie meistens unter Tischen verstecken und weil wir gelernt haben, unserem Gesprächspartner nur ins Gesicht zu blicken und den Rest zu ignorieren.

Klassische widersprüchliche Signale beobachtet man beispielsweise bei dem Handelsvertreter, der vierzig Minuten damit zubringt, dem verliebten jungen Pärchen eine Charterreise für 980 Kronen zu verkaufen. Er wirkt die ganze Zeit wahnsinnig nett und entgegenkommend, aber in der letzten halben Stunde begreift er, dass er in derselben Zeit viel mehr und teurere Reisen hätte verkaufen können. Daher tritt er mit dem einen Fuß unbewusst in Richtung des Paares, ein deutlich aggressives Signal. Oder bei dem eigentlich so schüchternen Mädchen, das beim Speed-Dating eine relaxte Figur abgeben will, aber unter dem Tisch das eine Bein krampfartig um das andere schlingt.

Angeblich soll sich Bill Clinton beim Lewinsky-Prozess sechsundzwanzig Mal an der Nase gekratzt haben. Glauben Sie nicht, dass das nur eine Truppe Körpersprachforscher mit Adleraugen entdeckt hat. Wenn Sie »Clintons nose« googeln, finden Sie ein Bild, das Clintons Nase als nacktes Pin-up-Girl zeigt.

Bills Nasenmassage ging so weit, dass sein Medienberater ihn schließlich ausdrücklich auffordern musste, damit aufzuhören, denn die Meinungsforscher fanden heraus, dass er durch sein ganzes Nasengekratze das Vertrauen der Wählerschaft verlor.

Ersatzhandlungen

Viele Situationen rufen Nervosität, Spannungen oder Stress hervor. Manchmal ist das ganz natürlich, wenn wir beispielsweise zu einem Bewerbungsgespräch gehen, auf einem großen Fest eine Rede halten, wenn wir unruhig sind, wenn das erste Kind unterwegs ist, bei der Einschulung usw. Dieses Gefühl umschreiben wir oft als »flaues Gefühl im Magen«.

Doch Nervosität und Stress empfinden wir auch, wenn wir in einer wichtigen Sache lügen. Wenn wir in so eine Lage kommen, müssen wir irgendwohin mit dieser ganzen unruhigen Energie. Versuchen wir, die Ruhe selbst zu bleiben und nach außen nichts zu zeigen, zittern uns am Schluss die Hände. Schlimmstenfalls werden wir ohnmächtig, weil wir uns so verspannen. Da empfiehlt es sich eher, sich mit irgendetwas zu beschäftigen.

Es gibt gewisse Ersatzhandlungen, die als Ventile für Unruhe und Nervosität fungieren. Diese Art von Handlungen sind ein deutliches Anzeichen dafür, dass die Person einen inneren Konflikt austrägt. Es sind kleine, wiederholte Handlungen ohne Bedeutung. Beispielsweise pausenlos mit einem Füller herumspielen, oder Papier in kleine Stückchen reißen, mit den Fingern trommeln usw.

Manche Menschen haben einfach nur das Bedürfnis, ihre Hände konstant zu beschäftigen, es kann also schwierig sein zu beurteilen, ob das beobachtete Verhalten eine Ersatzhandlung ist oder nicht. Dazu muss man feststellen, ob die Handlung wie in einer Endlosschleife wiederholt wird.

Eine Person, die erst einmal eine gute Ersatzhandlung gefunden hat, kann ansonsten total ruhig wirken. Vielleicht ist sie sich nicht mal bewusst, warum sie die Zahnstocher sortiert. Aber Sie erkennen darin ein Anzeichen für starken inneren Stress. Sie müssen sich fragen, ob er berechtigt ist oder nicht.

Auf vielen Flughäfen in der ganzen Welt laufen Leute herum, die bei Reisenden nach solchen Anzeichen Ausschau

Denken Sie daran, dass Ersatzhandlungen auch ganz normal sein können. In vielen Situationen haben wir so viel Energie in uns, der wir kein Ventil verschaffen können, dass wir sie stattdessen in sinnlosen Handlungen entweichen lassen, beispielsweise indem wir mit den Fingern auf der Tischplatte herumtrommeln, an den Nägeln kauen oder an einer Kerze herumpulen. In manchen Phasen unseres Lebens tragen wir ständig so ein Übermaß an Energie oder Frustration in uns. Sehen Sie sich beispielsweise die Ersatzhandlungen eines Teenagers an, der mal eine Nanosekunde stillsitzen soll.

halten, um Menschen zu finden, die ihre Flugangst verbergen und daher im Flugzeug zum Problem werden könnten. Oft findet man sie in den Raucherzonen beziehungsweise vorm Terminal, wenn es im Flughafen keine Möglichkeit zum Rauchen mehr gibt. (Und seit dem 11. September haben nervöse Flugpassagiere in vielen Ländern noch eine weitere Bedeutung.) Der Typ im Anzug, der viel öfter abascht als nötig. Die adrette Dame, die die Streichhölzchen der Reihe nach zerbricht, bevor sie sie in den Aschenbecher wirft. Rauchen an sich kann natürlich auch schon eine Ersatzhandlung sein, wenn jemand nur noch mechanisch raucht – gerne eine nach der anderen –, statt sich damit eine genüssliche, lebensverkürzende Pause zu genehmigen. Der Pressechef des Stockholmer Flughafens Arlanda bestätigte in einem Interview, dass auch Zoll- und Sicherheitsbeamte nach solchen Signalen Ausschau halten.

Du klingst so nervös, ist was?
Veränderungen in der Stimme

Auch wenn wir unsere Wortwahl gut im Griff haben – unsere Stimme können wir wesentlich schlechter kontrollieren. Unsere Gefühlslage beeinflusst unseren Tonfall. Und außerdem haben wir unser Vokabular nicht so gut im Griff, wie wir glauben.

Tonlage

Wie Sie sicher schon gemerkt haben, wird Ihre Stimme oft höher, wenn Sie wütend sind. Die Tonhöhe verändert sich. Außerdem werden Sie lauter und steigern das Tempo. Wenn Sie traurig sind, geschieht das Gegenteil. Ihre Stimme bleibt tiefer im Hals und wird dumpfer. Sie sprechen langsam und schleppend und sind wesentlich leiser als sonst.

Wenn wir Schuldgefühle haben, weil wir lügen, beeinflusst das unsere Stimme genauso, als würden wir wütend. Wir reden schneller, heller, lauter. Wenn wir uns hingegen schämen, klingen wir so, als wären wir traurig. Wir werden stiller, die Stimme wird dumpfer und die Sprechgeschwindigkeit nimmt ab. Jedenfalls gibt es einige Anzeichen, die für diese These sprechen. Sollte das wirklich stimmen, dann könnten Sie bei Ihrem grundlos traurig oder wütend wirkenden Gesprächspartner mal darüber nachdenken, ob er Sie gerade anlügt.

Veränderungen der Sprechweise

Wenn wir lügen, verändert sich nicht nur die Stimme, sondern auch unsere Sprechweise, beispielsweise tauchen Pausen im Sprechfluss auf. Wir machen zu lange oder auch zu kurze Pausen im Vergleich zu unseren sonstigen Gewohnheiten. Plötzlich machen wir eine Pause mitten im Satz. Oder bevor wir die Antwort auf eine Frage geben, die wir eigentlich gleich parat haben sollten. Wir schinden Zeit mit gedehnten Vokalen wie »Ääääh …« und »Ööööh …«, während wir nachdenken, dass man die Gehirnwindungen krachen hört. Die Nervosität lässt Leute ins Stammeln kommen, die sonst nie stottern.

Wir wiederholen uns und sagen dabei noch einmal dasselbe, und das auch noch auf dieselbe Art. Wir wiederholen uns und sagen dabei noch einmal dasselbe, absolut dasselbe, und das auch noch auf dieselbe Art. Das hängt damit zusammen dass wir gerne lange Sätze aneinanderhängen wenn wir Angst haben was passieren könnte wenn jemand anders zu Wort kommt, und deswegen reihen wir einen Endlossatz an den nächsten und das gelingt uns am leichtesten indem wir uns wiederholen denn das kann man ewig und drei Tage machen und dabei immer wieder dasselbe sagen ohne jemals einen Punkt zu setzen und jemand anders zu Wort kommen zu lassen.

Oder wir machen das genaue Gegenteil. Fangen. Plötzlich. An. In. Extrem. Kurzen. Sätzen. Zu. Reden. Als ob wir. Angst hätten. Uns zu verraten. Wenn wir zu viel sagen.

Solche Veränderungen in der Sprechweise des Gegenübers sollten bei Ihnen alle Alarmglocken läuten lassen. Da ist höchstwahrscheinlich irgendetwas im Busch, und Sie sollten nach weiteren Signalen in seiner Körpersprache und seinem Gesicht suchen.

Veränderungen im Sprachgebrauch

Wer lügt, benutzt oft eine ganze Reihe von sprachlichen Eigenheiten. Beim Lügen drücken wir die Dinge oft auf eine Art aus, die uns sonst nie in den Sinn kommen würde. Viele dieser Seltsamkeiten sind mittlerweile zu Standardphrasen geworden – und wenn wir die hören, schöpfen wir sofort Verdacht, angelogen zu werden. Sogar dem Lügner selbst kommen sie wahrscheinlich durchsichtig vor. Aber das heißt noch nicht, dass er sie sich deswegen so einfach verkneifen könnte. Einige von diesen Veränderungen bleiben auch unentdeckt vom Lügenradar der Zuhörer. Deswegen sollten Sie ganz bewusst danach horchen.

Ausschweifende und unpräzise Ausdrucksweise

Lügner schweifen gerne vom Thema ab und geben umständliche Erklärungen. Auf direkte Fragen geben sie jedoch kurze Antworten.

»Ja, doch, also im Prinzip könnte man schon sagen, also, könnte durchaus sein, vielleicht, also ...«

Immer wieder dasselbe

Lügen werden meistens mit breitem Pinsel aufgetragen, ohne großen Sinn fürs Detail. Wenn Sie eine Information von Ihrem Gegenüber bekommen und ihm noch einmal dieselbe Frage stellen, wird er höchstwahrscheinlich exakt wiederholen, was er vorher gesagt hat. Wer die Wahrheit sagt, würde eher noch eine weitere Information ergänzen oder Teile abkürzen, die Sie vorher schon von ihm zu hören bekommen haben. Eine Erinnerung holen wir ja nicht jedes Mal aus einer Schublade im Kopf, wenn wir sie abrufen, um sie dann wieder zurückzustopfen. Unsere Erinnerung wird von sämtlichen Faktoren beeinflusst, die während der Wiedergabe auf uns einwirken.

Eine Person, die eine Erinnerung schildert und nicht lügt, kann sich daher erst auf dieses konzentrieren, beim nächsten Mal auf jenes. Ein Lügner erzählt immer genau dasselbe und führt selten Details aus, weil er Angst hat, einen Fehler zu machen. Wenn Sie einen ehrlichen Gesprächspartner bitten, mehr ins Detail zu gehen, kann er das jederzeit (es sei denn, es ist schon so lange her, dass ihm die Details entfallen sind), während der Lügner aufgeschmissen ist – es sei denn, er denkt sich gleich die nächste Lüge aus. Das hört sich dann ungefähr so an:

»Ich war den ganzen Abend allein zu Hause. Hab Fernsehen geguckt. Und bin spät schlafen gegangen.«

»Und was haben Sie sich angesehen?«

»Ääääh ... Das war ... Moment ...«

Nebelkerzen

Der Lügner versucht sich hinter einer beeindruckenden, aber leeren Rhetorik zu verstecken. Bei manchen beobachtet man ein zu hohes Abstraktionsniveau (darauf gehe ich später noch näher ein), andere wieder servieren ihrem Gegenüber simple Fehlschlüsse. Oft antworten Lügner auf eine

Art, die besonders verständlich sein soll, es aber nicht ist. Wie Dave Dinkins, der ehemalige Bürgermeister von New York, als er wegen Steuerhinterziehung angeklagt war: »Ich habe kein Verbrechen begangen. Ich habe mich nur nicht ans Gesetz gehalten.« Puh. Oder Clintons Antwort, als man ihn nach seiner Affäre zu Monica Lewinsky befragte: »That depends on what the definition of ›is‹ is.« Oder:

»*Auf diese Frage kann man mit Ja oder Nein antworten, je nachdem, wie sie formuliert wird.*«

Distanzierung durch Dementi

Ein Lügner spricht gerne in Negationen. Er definiert Dinge, indem er erklärt, was sie *nicht* sind, statt zu sagen, was sie *sind,* wie man es normalerweise tun würde. Besonders politische Lügen sind gern in der verneinten Form formuliert. Ein gutes Beispiel dafür wäre Nixons berühmtes »Ich bin kein Schurke.« Normal hätte er einfach gesagt: »Ich bin ein ehrlicher Mensch.« Er konzentrierte sich so sehr darauf, was er leugnen musste, dass er die Lüge darauf aufbauend formulierte.

Wenn ein Politiker damit anfängt, dass man die Steuern nicht erhöhen will, dass sich das Gesundheitswesen nicht verschlechtern wird usw., statt einfach zu sagen, dass man das Steuerniveau halten und die Mittel im Gesundheitswesen nicht kürzen wird – damit würde er dasselbe aussagen, aber mit dem Hauptaugenmerk auf das, was geschehen wird, und nicht auf das, was *nicht* geschehen wird –, dann ist der Verdacht begründet, dass genau diese Veränderungen eintreten werden. Die Steuern werden erhöht, und dem Gesundheitswesen wird der Hahn noch ein Stückchen weiter zugedreht.

Schon Bismarck sagte, dass man in der Politik nichts glauben solle, bevor es nicht öffentlich geleugnet wird.[4]

»*Ich bin kein Lügner.*« (statt: »Ich sage die Wahrheit.«)

Distanzierung durch Entpersonifizierung

Lügner vermeiden tunlichst Worte wie »ich« und »mein«. Auf diese Art bauen sie eine gewisse Distanz zwischen ihrer Person und der Lüge auf. Aus demselben Grund verwenden Lügner gern Verallgemeinerungen wie »immer«, »nie«, »alle«, »keiner« usw., um nicht definieren zu müssen, von wem oder was sie eigentlich reden.

»*Sie können ganz beruhigt sein. So etwas passiert hier nie.*«

Distanzierung durch die Tempuswahl

Eine andere Art, sich von seiner Lüge zu distanzieren, besteht darin, die Lüge zeitlich zu verschieben, ihren Inhalt also in die Vergangenheit zu legen statt in die Gegenwart. Wie in der Antwort auf die Frage: »Was machst du denn da?!« Ein Lügner würde antworten:

»*Ich hab gar nix gemacht!*« (statt: »Ich mache gar nix.«)

Vorbehalt

In einem Film beginnt eine Lüge oft mit den Worten: »Du wirst es nicht glauben, aber ...« oder: »Ich weiß, das hört sich jetzt komisch an, aber ...« Ein Lügner, der selbst weiß, dass seine Worte an die Grenzen der Glaubwürdigkeit gehen, wendet oft solche Vorbehalte an. Auf diese Weise bekräftigt

---

4 Zu dem magischen Wort »nicht« werden Sie in einem späteren Kapitel noch mehr lesen.

er eventuelles Misstrauen seines Gegenübers, erklärt ihm aber gleichzeitig, dass es nicht nötig ist. Das Problem ist nur, dass diese Art der Lügenbemäntelung so häufig ist. Wenn jemand sich vor einer Erzählung so absichert, misstrauen wir ihm sofort, egal, was er sagt. Der lustigste Vorbehalt ist der, bei dem wir selbst unbewusst zugeben, dass es sich um eine Lüge handelt:

»Ist nicht wahr! Da hat der doch tatsächlich …«

Sprachpflege

Seltsamerweise drückt sich ein Lügner gern korrekter aus als in seinem alltäglichen Sprachgebrauch. Viele beachten plötzlich Regeln, um die sie sich sonst nie scheren – Grammatik, Aussprache, Slang, Abkürzungen. Manche schieben das darauf, dass der Sprecher angespannt ist und deswegen förmlicher wird. Ich glaube, es hat auch damit zu tun, dass man unbewusst stärker auf den Inhalt seine Worte achtet und sie so korrekt wie möglich vorbringen will – eigentlich geht es nur um den Inhalt, aber dieses Bemühen färbt auch auf die Sprache ab. Man überkompensiert den Mangel an Wahrheit durch den korrektesten Sprachgebrauch. Wenn wir insgeheim finden, dass irgendwas so richtig Scheiße ist, begnügen wir uns dann nicht mit einem »Nein, das überzeugt mich nicht so«, sondern verkünsteln uns mit einem:

»Das ist meines Erachtens ebenso bedauerlich wie unpassend.«

Laaaanggezogene Aussprache

Es dauert ein Weilchen, sich eine Lüge auszudenken. Daher all die Veränderungen in der Stimme, beispielsweise Pausen,

223

Stottern, langgezogene Vokale usw. Es kann auch passieren, dass die Lüge zumindest zu Anfang langsamer erzählt wird, als es dem Grundtempo des Lügners entspräche.

»Tjaaaa, also, das ist – Pardon! – das waaaar soooo …« (Beachten Sie auch wieder den Wechsel von Gegenwart zu Vergangenheit.)

Um Diskretion wird gebeten
Vorsicht mit voreiligen Schlussfolgerungen

Bevor ich dieses Kapitel abschließe, will ich noch ein paar wichtige Punkte wiederholen, die Sie in Ihrer Eigenschaft als Gedankenleser im Hinterkopf haben müssen, wenn Sie herausfinden wollen, ob eine Person lügt (oder ihre wahren Gefühle verbirgt). Halten Sie sich immer vor Augen, dass es nicht reicht, eines der genannten Signale zu entdecken. Ein Signal ist nur ein Zeichen dafür, dass Sie weitersuchen sollten. Außerdem muss es sich wirklich um eine Veränderung im Verhalten Ihres Gegenübers handeln. Wenn gewisse Anzeichen von Anfang an zu beobachten sind, wissen Sie nicht, ob es daran liegt, dass derjenige lügt, oder ob diese Zeichen zu seinem natürlichen Verhaltensmuster gehören.

Denken Sie auch daran, dass die von Ihnen beobachteten Signale Ihnen nicht verraten, ob der andere Sie gerade anlügt oder nur gewisse Gefühle unterdrücken will. Sie müssen immer den Kontext betrachten, um das ausmachen zu können. Genau wie bei maskierten Gefühlen können auch die Signale auf eine Ursache zurückgehen, die mit Ihrem Gesprächszusammenhang gar nichts zu tun hat. Wenn Sie mit dem Geschäftsmann reden würden, der vor Flugangst fast umkommt, wäre es eine Fehlinterpretation, dass seine ganzen Ersatzhandlungen auf Lügen zurückzuführen sind. (Jedenfalls nicht, solange Sie sich nicht übers Fliegen unterhalten.)

Wenn Sie der Meinung sind, ausreichend deutliche Zeichen dafür zu haben, dass etwas nicht ganz koscher ist, bleiben Sie trotzdem vorsichtig. Geben Sie dem anderen die Möglichkeit, seine Aussage zu ändern oder zu vervollständigen. Sagen Sie nie: »Ha! Erwischt! Sie lügen mich doch an!« Sagen Sie stattdessen eher: »Ich habe das Gefühl, dass da noch irgendetwas ist, wollen Sie dazu noch etwas erzählen?« Oder: »Vielleicht könnten Sie das noch deutlicher machen? Es irgendwie anders formulieren, damit ich es besser verstehe?«

Denken Sie an das Meinungs-Aikido. Wenn Sie den mutmaßlichen Lügner direkt mit Ihrem Verdacht konfrontieren, werden Sie wahrscheinlich auf massiven Widerstand stoßen, und er wird einfach alles abstreiten. Zeigen Sie Verständnis, schaffen Sie Rapport um herauszufinden, wie sich die Dinge wirklich verhalten. Und wenn Sie unsicher sind, gilt natürlich: Im Zweifel für den Angeklagten.

Natürlich ist es nicht sonderlich konstruktiv, die ganze Zeit misstrauisch zu forschen, ob einen die Leute nicht anlügen. Die Fähigkeiten, die Sie jetzt erworben haben, sind sehr praktisch, aber gehen Sie generell davon aus, dass Sie sie nicht brauchen – das macht das Leben doch angenehmer. Und so richtig, richtig angenehm wird es, wenn wir eine net-

te *Person* finden, mit der wir einen Teil dieses Lebens verbringen möchten. Das tun wir auch. Pausenlos. Doch wenn
es darum geht, das Interesse unseres Gegenübers anhand
seiner ausgesendeten Signale einzuschätzen, sind wir leider
grottenschlecht. (Und der andere auch.) Daher verfehlen
wir uns auch immer. Das werden wir im nächsten Kapitel
endlich mal ändern!

Achtes Kapitel

In dem Sie rote Ohren kriegen, wenn Sie feststellen, wie schamlos Sie sich in der Kaffeepause immer benehmen. Zur Entschädigung gibt's eine Reise in die Südsee.

Der Casanova wider Willen
Wie Sie flirten, ohne es zu merken

Mit am nützlichsten ist es, die Körpersprache seines Gegenübers deuten zu können – und nicht zuletzt auch die eigene Körpersprache richtig einzusetzen –, wenn man sich plötzlich zu einem anderen Menschen hingezogen fühlt. Wir haben eine ganze Bibliothek von nonverbaler, unbewusster Kommunikation zur Verfügung, die wir benutzen, wenn unserem Unterbewusstsein gerade danach zumute ist. Jetzt werfen Sie vielleicht einen schuldbewussten Blick über die Schulter und denken sich: »Aber – ich hab doch schon einen Freund.« Oder: »Das lasse ich jetzt einfach aus – ich bin doch glücklich verheiratet.«

Es ist ganz egal, was für einen Familienstand Sie gerade haben. Wir Menschen sind nämlich soziale Tiere. Bestätigung von anderen zu bekommen und die anderen in der Herde selbst bestätigen zu können, ist wichtig für unser Wohlbefinden. Genau wie bei den Gefühlen haben wir hier einen wichtigen Mechanismus, der dafür sorgt, dass unsere soziale Maschinerie funktioniert und wir das Leben schön finden. Ein Flirt, eine Bestätigung, kann ganz klein und unschuldig sein. Der Flirt kann zwar zur Vermehrung führen und damit den Fortbestand der Art sichern, aber in seinem Anfangsstadium ist er eigentlich nur eine Form von Rapport. Wie eine Form von Bestätigung.

Dann kann ich persönlich auch der Ansicht sein, dass vor allem Menschen, die in einer festen Beziehung leben, sich den Flirt zurückerobern müssen, um ihr Dasein und ihre Beziehung ein bisschen aufzupeppen. Und selbst wenn Sie gar nicht die Absicht haben, mit irgendjemand anders als mit Ihrem Partner zu flirten, könnte es doch ein ganz schöner Kick fürs Selbstbewusstsein sein, wenn Sie lernen zu erkennen, ob jemand an Ihnen interessiert ist, oder? Und wenn Sie nicht in einer Beziehung leben – wie zeigen Sie jemand Ihr Interesse, ohne dass es allzu sehr auffällt? Und wie können Sie sein Interesse weiter fesseln, wenn dieser spannende Mensch Sie angesprochen hat? Und wie sagt man Nein?

Ich kenne Flirtkurse, die den Leuten beibringen, »jemand mit den Blicken zu streicheln« und sich über die Lippen zu lecken, aber das ist nicht das, was ich hier meine. Mir geht es eher um die Dinge, die wir sowieso schon tun, unbewusst und wortlos. Wir wollen uns mal ansehen, wie wir das tun.

Rapport und Augenkontakt[5]

Stellen Sie sich vor, Sie befinden sich in irgendeiner Art von sozialem Milieu. Neben Ihnen sind noch massenhaft andere Menschen da. Vielleicht die Weihnachtsfeier im Betrieb, eine Filmpremiere oder eine Hochzeit. Es kann natürlich auch im Wartesaal sein, vor der Kindertagesstätte oder in der Kantine. Stellen Sie sich vor, Sie stehen dort mit ein paar Bekannten

---

5 Was Sie im Folgenden lesen werden, gilt für Männer und Frauen gleichermaßen. Oft setzen wir beim Flirten die gleichen Methoden ein – sobald die Strategien voneinander abweichen, werde ich dazu eine Anmerkung machen.

und unterhalten sich. Plötzlich nimmt Ihr Unterbewusstsein jemand wahr, der schräg rechts von Ihnen steht und den Sie unbewusst sofort spannend finden. Als Erstes fangen Sie an, Rapport mit ihm zu schaffen. Können Sie sich an die Übungen erinnern, die Sie dazu bereits mit diesem Buch gemacht haben? Sie beginnen, sich an Körpersprache und Grundtempo dieses Menschen anzupassen. Sie sorgen dafür, dass Ihr Körper dem anderen ganz »offen« zugewandt ist und Sie sich nicht mit dem Arm oder irgendwelchen Gegenständen von Ihrem Gegenüber abschirmen, d. h. Sie entfernen alle eventuellen Blockaden in Form von Gläsern, Fahrradhelmen und anderen Dingen, die Sie in der rechten Hand halten. Ihr Unterbewusstsein nimmt Ihnen das alles ab. Vielleicht haben Sie die fragliche Person nämlich noch nicht mal bewusst wahrgenommen. Doch unbewusst haben Sie bereits einen kommunikativen Prozess in Gang gesetzt, ob Sie es wissen oder nicht.

Als Nächstes fangen Sie an, denjenigen diskret anzuschauen, indem Sie ihm ab und zu einen Blick von der Seite zuwerfen und so Ihr Interesse signalisieren. Dann halten Sie den Augenkontakt für einen Augenblick – oder zwei –, um dann wieder wegzusehen. Den Kopf drehen Sie dabei noch nicht, denn der ist immer noch Ihren Bekannten zugewandt, nur Ihre Augen bewegen sich. Hier besitzen die Frauen eine verheerende Waffe, die wir Männer leider nicht anwenden können. Sobald die Frauen Augenkontakt hatten und den Blick wieder abwenden, *schlagen sie ganz kurz die Augen nieder.* So etwas bezeichnet man als »verstohlene Blicke zuwerfen«.

Die niedergeschlagenen Augen sind eine Einladung, eine Unterwerfungsgeste, die bedeutet: »Ich bin nicht gefährlich«

oder sogar: »Man kann/soll mich erobern.« Leider geht es bei unserem unbewussten Flirtverhalten oft um die Unterwerfung der Frau unter den Mann. Das ist aus unserer modernen Perspektive natürlich weder politisch korrekt noch sonderlich geschmackvoll, aber so funktioniert es eben. So halten wir es seit Urzeiten, und damit sind wir nicht allein. Die meisten Paarungsrituale in der Tierwelt enthalten Elemente, in denen sich das Weibchen unterwirft. Auch der männliche Paarungstanz ist keine Ausnahme – sonst würden wir Männer einfach nicht wagen, uns zu nähern.

Flirtübung

Wenn Sie eine Frau sind, dann führen Sie jetzt einen einfachen Selbsttest durch. Stellen Sie sich vor, dass am anderen Ende des Zimmers eine attraktive Person steht. Mustern Sie sie aus dem Augenwinkel und blicken Sie dann zur Seite. Dann sehen Sie die Person noch einmal an. Aber diesmal blicken Sie kurz auf den Boden, bevor Sie die Augen abwenden. Haben Sie einen Unterschied bemerkt? Kam es Ihnen so vor, als hätten Sie das schon mal gemacht? Dachte ich mir doch.

Das Prachtgefieder wird gezeigt

Zurück in Ihren Raum. Sobald Sie (unbewusst) die andere Person wahrgenommen haben, verhalten Sie sich wie der Pfau, der sein Rad schlägt, und machen sich vor Ihrem Gegenüber hübsch: Sie zupfen Ihre Kleidung, Haare und

Schmuck zurecht. Sie nehmen eine aufrechte Körperhaltung ein. Wenn Sie ein Mann sind, heben Sie damit Ihre (theoretisch) muskulöse Brust hervor, um zu zeigen, was Sie für ein Alphamännchen sind. Wenn Sie eine Frau sind, bringen Sie Ihre Reize ebenfalls so vorteilhaft wie möglich zur Geltung. Kurz und gut – egal, wer oder was Sie sind, Sie zeigen, was Sie zu bieten haben.

An den Haaren und den Ohrringen herumzuzupfen, ist ein Kombipaket weiblicher Unterwerfungsgestik. Wie Tiere, die ihren verletzlichsten Körperteil zeigen, wenn sie signalisieren, dass sie besiegt sind, entblößt auch die Frau ihre empfindlichsten Bereiche. Nämlich ihre Handgelenke. Gleichzeitig zeigt sie ihre Handflächen, um zu demonstrieren, dass sie weder Steine noch andere Waffen hat, die sie dem Kerl über die Rübe ziehen könnte, wenn er ihr zu nahe kommt. Das Zeigen der leeren Handflächen ist eine uralte Geste, um seine freundschaftliche Gesinnung zu demonstrieren. Schimpansen tun dasselbe, wenn sie nach einem Streit sagen wollen, dass sie jetzt nicht mehr kämpfen wollen. Obwohl wir keine Affen mehr sind, registriert unser Unterbewusstsein immer noch die Bedeutung dieser Geste, und wir Menschen haben eigene Varianten davon entwickelt: Wenn wir jemand zur Begrüßung die Hand hinstrecken, wollen wir eigentlich zeigen, dass wir kein Schwert gezogen haben.

Die Herausforderung

Jetzt kommt das Auskundschaften. Sie bekunden Ihr Interesse, indem Sie die Person forschend ansehen. Dabei blinzeln Sie leicht und legen den Kopf schräg. An diesem Punkt haben wir Männer unser Pulver mehr oder weniger verschossen – wenn bis jetzt nichts passiert ist, müssen wir uns bewusst entscheiden, auf die Person zuzugehen und mit ihr zu reden.

Die Frauen haben noch eine weitere Waffe – in ihrer Einfachheit ebenso zerstörerisch wie tödlich. Wenn Sie also eine Frau sind und diese Waffe während des Lesens ausprobieren können, tun Sie das bitte, dann werden Sie genau verstehen, was ich meine. Die Position sieht folgendermaßen aus: Kopf und Blick wie oben beschrieben. Blinzeln und Kopf neigen. Dann stemmen Sie eine Hand in die Hüfte, die Sie auf dieser Seite leicht anheben. Das war's. Jetzt sind Sie als Frau nicht mehr untertänig, sondern fordern den Mann direkt heraus. Diese Pose sagt ihm: »Ich bin neugierig auf dich, aber ich weiß nicht – bist du mutig genug, um herzukommen und mich anzusprechen?« Direkter geht es nicht.

Denken Sie daran, dass Sie hier immer noch unbewusste Techniken anwenden. Vielleicht ist Ihnen überhaupt nicht bewusst, dass Sie etwas getan haben, doch plötzlich steht diese spannende Person vor Ihnen und will sich mit Ihnen unterhalten. Es kann gut sein, dass Sie gefragt werden, ob Sie einander nicht kennen, denn Sie erinnern ihn oder sie so stark an jemand. Wissen Sie, an wen Sie die Person erinnern? Natürlich an sich selbst, denn Sie haben ja die ganze Zeit ihre Körpersprache nachgeahmt.

Ihre Haltung verrät Vertrauen und Interesse

Wenn Sie einander direkt gegenüberstehen (oder -sitzen), ist das ein deutliches Zeichen dafür, dass Sie sich zueinander hingezogen fühlen, weil Sie sich buchstäblich entblößen und dem anderen die verletzlichen Körperregionen zeigen. Normalerweise stehen wir oft in einem 45-Grad-Winkel zueinander, denn es ist zu intim, sich direkt gegenüberzustehen. Alle Tiere wissen, dass man die Seiten am besten schützen kann. Wenn man sich also direkt vor einen anderen stellt, ist das entweder jemand, dem man sehr vertraut, wahrscheinlich jemand, den man schon lange kennt, oder man benutzt diese Haltung, um zu signalisieren, dass man sein Gegenüber attraktiv findet. Aus demselben Grund kann es als bedrohlich empfunden werden, wenn jemand geradewegs auf uns zukommt. Wenn man sich zu nah vor die Person stellt und sich quasi direkt vor ihr aufbaut, wird man nicht als verletztlich, sondern als unangenehm aufdringlich empfunden.

Wenn Sie sich direkt vor jemand stellen, der sich damit unwohl fühlt, erkennen Sie seine Gefühle daran, dass er sich an den Hals, den Kragen oder vielleicht eine Halskette fasst. Dann sollten Sie entweder einen Schritt zurücktreten oder das Gesprächsthema wechseln, denn entweder stehen Sie zu nahe vor ihm oder Sie sprechen über ein Thema, das Ihrem Gegenüber Unbehagen verursacht.

Wenn Sie sich nun so gegenüberstehen und sich unterhalten, werden die Flirttechniken nuancenreicher. Sie können an dieser Stelle auf das unbewusste Verhalten achten. Sind seine Pupillen erweitert und signalisieren Interesse? Hat er seine Körpersprache »geöffnet«, so dass keine Hände oder Gegenstände zwischen Ihnen sind? Beobachten Sie auch, ob er mit beiden Füßen gleichmäßig dasteht und nicht schon mit einem Bein auf und davon will. Die Methoden zum Herstellen von Rapport, die Sie vorher auf Grund der größeren Entfernung nicht anwenden konnten, können Sie jetzt zum Einsatz bringen. Wenn Sie alles richtig machen, werden Sie sich körpersprachlich bald abwechselnd führen und einander folgen.

Stellen wir uns vor, dass Ihr Gespräch weitergeht und Sie sich etwas später auf ein Sofa gesetzt haben, schlimmstenfalls auf zwei Stühle. Hier gilt dasselbe. Sie entfernen weiterhin alle Barrieren zwischen sich und Ihrem Gesprächspartner. Mit übereinandergeschlagenen Beinen dazusitzen, ist nicht gut, denn das Bein bildet eine Barriere zwischen Ihnen. Daher sollten beide Beine fest und gleichmäßig auf dem Boden stehen. Eine andere Barriere, die in diesem Stadium oft entfernt wird, ist die Brille. Sie wird entweder beiseitegelegt oder auf die Stirn geschoben.

Wie Sie wissen, ist eine interessierte Person wach, voller Energie und lehnt sich beim Gespräch leicht nach vorn. Wie Sie erkennen, dass Ihr Gegenüber uninteressiert, ruhelos oder nervös ist, haben Sie u. a. bei den verschobenen Handlungen auf S. 214 gelesen. Wenn der andere sich in Ihrer Gesellschaft wohlfühlt, sind seine Hände und Füße ruhig und entspannt, er fummelt nicht an irgendetwas herum und trommelt nicht mit dem Fuß auf den Boden. Passen Sie auf, was er mit den Händen im Gesicht macht – denken Sie daran, was Sie darüber im Kapitel über Lügen gelesen haben.

Sinnlich

Nun taucht meist ein neues Signal auf – wenn es nicht schon längst geschehen ist: Man fängt an, sich selbst oder irgendwelche Gegenstände (beispielsweise ein Weinglas) diskret zu berühren. Je nachdem, wie sich Ihre Begegnung bis jetzt entwickelt hat, ist dies entweder ein Zeichen dafür, dass Ihr Gesprächspartner sich bedrängt fühlt und sich seine physische Wirklichkeit bestätigen muss. Wahrscheinlich fasst er sich an den Hals oder zeigt einen unsteten Blick. Doch wenn die Beziehung immer noch gut ist, handelt es sich bei diesen Berührungen um ein unbewusstes symbolisches Streicheln, das eigentlich für Sie bestimmt ist. Oder Ihr Gegenüber steckt sich Dinge in den Mund – und wir reden hier nicht von Kartoffelchips oder Käsebroten. Nein, in diesem Stadium lutschen und knabbern wir an Oliven, Eiswürfeln, Schokolade und allem anderen, was wir einigermaßen sinnlich an die Lippen führen können. Wir lecken sie dann auch gerne ein bisschen ab (die Lippen, nicht die Oliven). Mag sich dämlich anhören, aber ich mache keine Scherze. Wer hat gesagt, dass unser Unterbewusstsein besonders überlegt operiert? Ist ja auch gar nicht nötig, denn wir bekommen es ja sowieso nicht mit. Einen anderen Menschen beim Essen oder Trinken anzusehen, ist für unser Unterbewusstsein schon fast Porno.

Als würde das alles noch nicht reichen, beschließen wir nun auch, uns gelöster und freier zu benehmen. Da lockern die Männer die Krawatte, knöpfen sich das Hemd auf oder ziehen Jacke/Pulli aus. Die Frauen ziehen gern die Schuhe aus, lösen die Haare oder lassen zumindest eine Sandale von den Zehenspitzen baumeln. Das ist nichts anderes als die erste Vorstufe zum Ausziehen. Natürlich ahnen Sie nichts davon, Sie merken nur, dass Sie sich gerade richtig wohl fühlen. Aber ab jetzt wird es ernst mit dem Paarungstanz.

Eine wahre Geschichte

Ich kann gut verstehen, dass Ihnen langsam Zweifel kommen, wenn ich Ihnen immer noch vom unbewussten Verhalten erzähle. Solche groben Verführungsversuche würden wir doch bemerken, oder nicht? Vielleicht schon, wenn wir unser Gegenüber einfach nur stumm beobachten würden. Aber Sie sind ja genug damit beschäftigt, sich auf das Gesprächsthema zu konzentrieren, dem anderen zuzuhören, selbst brillante Kommentare einzuwerfen und sich von Ihrer besten Seite zu zeigen. Wir schaffen es einfach nicht, diese Dinge bewusst im Auge zu behalten – vor allem wenn wir nicht genau wissen, was sie bedeuten. Lassen Sie mich eine kleine Geschichte erzählen, damit ich Ihnen demonstrieren kann, wie unbewusst wir tatsächlich handeln.

Vor ein paar Jahren hielt ich Seminare an einem luxuriösen Urlaubsort ab. Da es sehr warm war, kleidete man sich leger und manchmal nur noch minimal, auch in offizielleren Zusammenhängen. Eines Abends saßen wir auf einer Restaurantterrasse und aßen. Dann betrat ein Mann die Szene und setzte sich. Ein Mann, der durch seinen imposanten Körperbau und seine Größe bekannt geworden ist. Man kam nicht darum herum, seine Anwesenheit zur Kenntnis zu nehmen, und das taten die Gäste auch, bevor sie sich wieder ihren Tellern zuwandten.

Eine knappe Minute später kommt eine junge Frau an seinen Tisch geschlendert. Sie hat lange blonde Haare, ist ungefähr Mitte zwanzig und trägt eine ausgeschnittene Bluse, einen kurzen Rock und Sandalen. Ich sitze zu weit weg, um ihr Gespräch verfolgen zu können, aber ich kann ihr Verhalten studieren. Er windet sich auf seinem Stuhl vom Tisch weg, damit er ihr direkt gegenübersitzt, was ich sehr nett von ihm fand, denn mit dieser Geste sagte er ihr, dass er bereit war, ihr seine Zeit und Aufmerksamkeit zu schenken. (Auf Grund seiner Größe wäre es lächerlich gewesen zu behaupten, dass er ihr seine verletzliche Seite zuwenden wollte. Aber er war auch nicht bedrohlich, denn er blieb sitzen, während sie vor ihm stand.) Die beiden unterhalten sich zwei, drei Minuten.

Während des Gesprächs tut sie Folgendes: Erst legt sie eine Hand auf den Tisch, neben dem sie steht. Da er relativ niedrig ist, muss sie sich etwas zur Seite lehnen und auf den Arm stützen, was ihre Brüste zusammendrückt und nach vorne schiebt. Zwanzig Sekunden später schiebt sie ihre Hand ein kleines Stückchen weiter vor. Da die Hand nun knapp zehn Zentimeter weiter vorne ist als ihre Füße, muss sie sich leicht vorlehnen. Und schon befindet sich ihr Ausschnitt mitsamt den vorteilhaft präsentierten Reizen auf Augenhöhe des sitzenden Mannes. Nach weiteren zwanzig Sekunden fasst sie sich an den Hals, aber es wirkt nicht nervös, sondern sinnlich – sie streicht mit dem Finger zerstreut über ihre Kette und den Ausschnitt ihrer Bluse. So vergeht eine knappe halbe Minute. Dann streift sie die rechte Sandale ab und streicht sich mit dem nackten Fuß über ihr nacktes linkes Bein. Rauf … runter. Rauf … runter.

Mir bleibt fast der Salat im Halse stecken. Wie soll er auf so etwas reagieren? Aber er macht alles genau umgekehrt. Er guckt in alle möglichen Richtungen, bloß nicht zu ihr, er gibt nur knappe Antworten (das konnte ich trotz allem sehen), klopft mit den Füßen auf den Boden und verändert ständig die Position seiner Hände. Nach einer Weile musste sie aufgeben und an ihren Tisch zurückkehren.

Als ihr Gespräch vorbei war, konnte ich nicht mehr an mich halten. Ich ging zu ihr hin und fragte sie, worüber sie geredet hatten. Sie meinte, es habe sich um ein rein geschäftliches Gespräch gehandelt. Wie sich herausstellte, hatte er zuvor ein Produkt gekauft, und sie wollte sich nur erkundigen, ob er zufrieden war. Als ich ihr beschrieb, wie sie sich verhalten hatte, war sie zutiefst schockiert, ihr Interesse so offensichtlich gezeigt zu haben. Wie sie behauptete – und ich glaube ihr das wirklich – konnte sie sich nicht erinnern, irgendeines der Dinge getan zu haben, die ich ihr aufzählte. Dafür machte sie sich jetzt Sorgen, bei diesem Mann einen sehr unprofessionellen Eindruck hinterlassen zu haben.

Hinterher redete ich auch noch kurz mit ihm. Ich begann mit den Worten, dass ihm so etwas sicher ständig passierte und es sicher sehr lästig war. Er antwortete, das sei eben so, aber er bemühe sich immer, sich entgegenkommend und freundlich zu verhalten. Als ich ihm beschrieb, wie er sich gerade verhalten hatte, war er genauso bestürzt wie die Frau kurz zuvor. Er machte sich Sorgen, er könnte respektlos und abweisend auf sie gewirkt haben und fragte, ob er sich nicht besser bei ihr entschuldigen sollte. Ich konnte ihn jedoch beruhigen, dass das nicht nötig war. Denn keiner von den beiden hatte bewusst wahrgenommen, wie er oder sein Gegenüber sich gerade verhielt.

Sie waren das beste Beispiel für das, was Sie bis jetzt gelesen haben. Und hatten keine blasse Ahnung davon. Zumindest nicht auf der bewussten Ebene. Hätte ich ihr Unterbewusst-

sein befragt, hätte ich sicher ganz andere Antworten zu hören bekommen. Aber an der Oberfläche waren beide völlig
überzeugt, dass sie nur eine kurze, geschäftliche Unterhaltung geführt hatten. Behalten Sie das im Hinterkopf, wenn
Sie bei der Beobachtung der Körpersprache Ihres Gegenübers negative Reaktionen erwarten – bevor Sie damit störend
auffallen, braucht es wesentlich mehr, als Sie glauben.

Wenn das Interesse wieder abnimmt

Zurück zu Ihnen und dem Sofa (oder den Stühlen). Sollten Sie den anderen mittlerweile satthaben oder finden,
dass es erst mal reicht, wissen Sie sicher schon, inwiefern
sich Ihr Verhalten verändert hat. Sie fangen an, Antirapport zu schaffen. Man baut die Barrieren wieder auf: Da wird
die Brille wieder aufgesetzt, die Arme blockieren den Körper (indem man beispielsweise Gegenstände in die Hand
nimmt), die Beine werden unter dem Stuhl verschränkt,
so dass sie nicht mehr gleichmäßig auf dem Boden stehen,
oder vielleicht schlagen Sie sie auch übereinander. Ihr Körper ist angespannt, der Augenkontakt wird abgebrochen.
Ein weiterer Klassiker: Plötzlich sind Sie ganz davon gefan-
gengenommen, sich unsichtbaren Staub vom Anzug zu bürs-
ten, oder Sie reiben sich eingebildete Flecken vom Kleid.
Ziemlich bald wird der andere aufstehen und sagen, dass
er jemand anders gesehen hat, mit dem er sich unterhalten
will, entschuldigt sich und verschwindet. Wenn Sie zu Ihren
Freunden zurückkehren und die Sie fragen, wo Sie denn
gesteckt haben, erzählen Sie, dass Sie sich mit einem Unbe-
kannten unterhalten haben. That's it. Dass Sie mit ihm eine

halbe Stunde lang *sexy yes – sexy no* getanzt haben, ist Ihnen überhaupt nicht bewusst.

Alles, was ich Ihnen beschrieben habe, ist ohne ein einziges Wort abgelaufen. Wie Sie gesehen haben, lässt sich dieses Verhalten wunderbar abspulen – man muss dabei nicht mal sonderlich diskret sein –, während man »an der Oberfläche« gleichzeitig ein völlig alltägliches Gespräch führt. Und nun stellen Sie sich mal vor, wie effektiv das Ganze erst wäre, wenn Ihre Worte auch noch mit Ihren Handlungen übereinstimmen würden! Indem Sie sich in Rapport und nonverbaler Kommunikation üben, können Sie völlig unwiderstehlich werden.

Im obigen Beispiel habe ich beschrieben, welche Verhaltensweisen der Reihe nach bei einer Begegnung ablaufen könnten, aber natürlich kann sich das auch länger hinziehen, mit vielleicht nur jeweils einem Signal. Wie diese zwei Arbeitskollegen, die es zwar vehement leugnen, bei denen aber alle wissen, dass da was im Busch ist! Denn jede Begegnung am Kopierer ist eine Orgie aus entblößten Handgelenken, erweiterten Pupillen, Lippenbefeuchten (ja ja – aber eben nur *befeuchten* und nicht *ablecken*) und einander frontal zugewandten Körpern. Das kann ewig so weitergehen – und wenn weiter nichts geschieht, kann es gut sein, dass es tatsächlich noch ewig so weitergeht.

Wir Menschen sind soziale Tiere. Bestätigung von anderen zu bekommen und seinerseits anderen Mitgliedern der Herde Bestätigung zu verschaffen, ist sehr wichtig für unser Wohlbefinden. Mehr muss es ja gar nicht sein.

Es sei denn, man möchte mehr, versteht sich.

Bis zu diesem Punkt ging es in diesem Buch immer darum, dass Sie die unbewussten Signale an anderen beobachten und sich mit Ihren eigenen vertraut machen sollten. Diese Kenntnisse konnten Sie schon anwenden, aber die Grundvoraussetzung blieb dabei immer die dieselbe. Jetzt nehmen die Dinge aber eine Wendung: In den nächsten zwei Kapiteln werden Sie Techniken erlernen, die sich mit der reinen Beeinflussung anderer Menschen befassen. Die Art von Einfluss, wie Sie ihn beispielsweise nehmen, wenn Sie Rapport schaffen und Ihr Gegenüber führen, bleibt ja doch relativ passiv. Im nächsten Kapitel geht es um die aktive Steuerung der Meinungen und Gefühle unserer Mitmenschen. Das muss ein guter Gedankenleser natürlich können.

Viele von diesen Techniken, beispielsweise das »versteckte Kommando« im neunten Kapitel oder die »Anker« im zehnten, können Sie einsetzen, um die Situation Ihres Gegenübers zu verbessern. Andere Techniken hingegen müssen Sie erlernen, um sich selbst zu schützen, denn in jedem wachen Augenblick sind Sie hinterlistigen Attacken von Leuten ausgesetzt, die sich Ihrer Gedanken bemächtigen wollen – meist zu kommerziellen oder propagandistischen Zwecken.

Wir Menschen sind soziale Tiere. Von anderen Herdenmitgliedern Bestätigung zu bekommen beziehungsweise ihnen selbst Bestätigung zu verschaffen, ist wichtig für unser Wohlbefinden.
Und Flirten ist Rapport auf Steroiden.

Neuntes Kapitel

In dem Sie lernen, wie andere Menschen Ihre Gedanken unmittelbar beeinflussen, und Spiderman ein Versprechen geben.

Schau mir in die Augen
Methoden der Suggestion und heimlichen Beeinflussung

Wenn man die Menschen dazu bringt, sich auf eine gewisse Art zu verhalten oder etwas Bestimmtes zu fühlen, ist das noch lange keine Manipulation. Alvin A. Achenbaum, Marketingexperte

Obiges Zitat hat der gute Achenbaum irgendwann in den Siebzigerjahren ausgebrütet, bei einer Anhörung vor einer Kommission, die sich Sorgen machte, dass die Kräfte des Marktes zu großen Einfluss auf das Volk gewinnen könnten. Entweder war der gute Alvin ein bisschen neben der Spur oder – das halte ich für wahrscheinlicher – er wandte dieselbe Rhetorik an, die Sie auf S. 194 ff. im Kapitel über Lügen kennengelernt haben. Das Wörterbuch gibt zum Stichwort Manipulation nämlich folgende Definition: »Etwas von einem Stadium in ein anderes überführen.«

Wie Sie sehen, liegt im Wort Manipulation keine Wertung, weder positiv noch negativ. Es geht nur um die Beeinflussung eines anderen, damit er sich auf die eine oder andere Art verändert. Wenn das Wörterbuch das Wort im Hinblick auf menschliches Verhalten definiert, hätte Herr Achenbaums Wort perfekt gepasst – »jemand dazu bringen, sich auf eine bestimmte Art zu verhalten oder etwas Bestimmtes zu fühlen« ist eine perfekte Definition für Manipulation menschlichen Verhaltens.

Ich habe nur den Verdacht, dass Marketingexperte Achenbaum unbewusst eine negative Wertung in den Begriff interpretierte, und auf diese negative Wertung hob er ab. Doch

ob Manipulation oder Beeinflussung positiv oder negativ
sind, bestimmen Sie selbst. Sie haben bereits gelernt, dass
wir einander durch unser Benehmen pausenlos unbewusst
beeinflussen. Manchmal reichen schon ein »Hallo!« und ein
freundliches Lächeln, in der Absicht, die Stimmung unseres
Gegenübers zu heben, und schon bekommen wir ein fröhliches »Hallo!« zurück. Manchmal ist es natürlich wesentlich
differenzierter. Sie haben mittlerweile sicher auch verstanden, dass wir unsere Umwelt permanent unbewusst beeinflussen und dass es sich daher nur auf eine Art vermeiden
lässt, jemand im negativen Sinne zu beeinflussen oder zu
manipulieren: Sie müssen einfach wissen, was Sie tun, damit
Sie sich auch dafür entscheiden können, es vielleicht *nicht*
zu machen. Oder es anders zu machen.

Die Techniken, die Sie bis jetzt gelernt haben, haben Sie
in erster Linie in die Lage versetzt, die Gemütslage, die Gefühle und Gedanken anderer Menschen zu erkennen. Wie
Sie gesehen haben, lässt sich dieses Wissen anwenden, um
die mentalen Prozesse zu beeinflussen, eine Stimmungsver-
änderung bei jemand vorzunehmen, indem man seine Körpersprache beeinflusst, bei Verhandlungen für ein gutes Verhältnis zu sorgen oder sich die Sympathie Ihres Gegenübers
zu sichern. Aber wenn es um die tatsächliche Beeinflussung
geht, sind diese Techniken doch ziemlich passiv. Deswegen
werden Sie jetzt eine wesentlich aktivere Art von Beeinflussung erlernen. Eines dürfen Sie dabei aber nie vergessen:
Unser Ziel besteht immer noch darin, andere so zu beeinflussen, dass wir ihnen zu Einsichten oder Gefühlen verhelfen, zu denen sie ohne unsere Hilfe nur schwer gekommen

wären. Wir möchten den anderen zu ihrem bestmöglichen und nützlichsten mentalen Zustand verhelfen. Mehr aber auch nicht. Denn die Beeinflussung ist ein zweischneidiges Schwert. Mit den Techniken, die Sie jetzt erlernen, um anderen zu helfen, können Sie den Menschen auch großes Unheil antun. Und das ist absolut, absolut verboten. Sollte mir jemals zu Ohren kommen, dass Sie Ihre Kenntnisse so einsetzen, setzt es Prügel. Wie es Spidermans Onkel Ben so schön ausgedrückt hat:

With great power comes great responsibility.

Große Macht bedeutet auch große Verantwortung.

Ein diskreter Vorschlag
Suggestionen für unser Unterbewusstsein

Durch Einsatz von Suggestion lassen sich Meinungen, Bilder und Gedanken in den Köpfen der Leute verankern, ohne dass sie es merken. Sie glauben, sie seien selbst auf diese neue Idee gekommen, während ihre Wahrnehmung in Wirklichkeit von einem Außenstehenden manipuliert wurde. Die Medien im Allgemeinen und die Werbung im Besonderen befassen sich sehr viel damit. Die schwedische Tageszeitung *Dagens Nyheter* wusste das sehr genau, als sie ihre Werbekampagne mit folgendem Slogan unterlegte: *Wessen Meinung haben Sie?*

Man kann behaupten, *Suggestion* sei *ein Vorschlag für unser Unterbewusstsein*. Normalerweise richtet sich ein Vorschlag an unser Bewusstsein, wir denken darüber nach und können

Stellung dazu beziehen. Oft geht es darum, dass wir uns so oder so verhalten oder einer bestimmten Meinung zustimmen sollen. Doch es ist wesentlich effektiver, diese Dinge unserem Unterbewusstsein vorzuschlagen.

Wenn jemand unserem Bewusstsein etwas vorschlägt, filtern wir die Information: Wir analysieren den Inhalt des Vorschlags und kommen zu einer bestimmten Haltung. Entweder nehmen wir ihn an: »Au ja, ich komm auch mit zum Essen!« oder wir verwerfen ihn: »Nein, ich hab keinen Hunger.« Oder wir wollen mehr wissen, bevor wir uns entscheiden: »Kommt drauf an, ob's bloß wieder Würstchen gibt.« Aber eine Suggestion, die an unser Unterbewusstsein gerichtet ist, geht an unserem bewussten Analysefilter vorbei. Deswegen treffen wir auch keine Entscheidung. Unser Unterbewusstsein deutet die Worte als objektive Wahrheiten. Wenn jemand behauptet »Orangen sind lecker«, können wir uns überlegen, ob wir uns dieser Meinung anschließen oder nicht. Aber wenn dieselbe Behauptung unserem Unterbewusstsein in Form einer Suggestion vermittelt wird, fassen wir das als Feststellung auf – die der Wahrheit entspricht. Orangen *sind* lecker.

Doch wir sind nicht nur den Suggestionen der Medien und der Werbung ausgesetzt, wir verwenden sie auch in unserer täglichen Kommunikation. Diese Suggestionen können beispielsweise über die Körpersprache erfolgen, wie es im Flirtkapitel beschrieben wurde. Doch wenn wir sie in der Sprache verstecken, sind sie ebenfalls äußerst effektiv. Und das wollen wir uns jetzt mal näher ansehen. Es ist ja auch viel leichter, die Gedanken seines Gesprächspartners zu lesen, wenn man sich schon überlegt hat, woran er denken soll ...

Unser Unterbewusstsein hat keinen Filter, das heißt, es reflektiert Gesagtes nicht, um zu einer eigenen Meinung zu kommen.

Es akzeptiert Behauptungen völlig unkritisch, solange sie nicht zu weit vom Selbstbild und der Wahrnehmung der betreffenden Person entfernt sind.

So was solltest du nicht mal denken
Verneinung, das Wörtchen »nicht« und Dementi

Am häufigsten pflanzt man jemandem neue Gedanken ein, indem man häufig genug behauptet, dass irgendetwas *nicht* so oder so ist. Bevor wir etwas *nicht-tun* können, müssen wir uns nämlich erst vorstellen, was das ist, vor das wir dieses *nicht* setzen.

Stellen Sie sich bitte keinen blauen Eisbär vor.

Um diesen Satz zu verstehen, müssen Sie erst sichergehen, dass Sie wissen, was »blauer Eisbär« bedeutet, um anschließend das abstrakte Konzept *nicht* darüberzulegen. Und da ist es auch schon zu spät. Sie haben sich schon einen blauen Eisbären vorgestellt.

Vielleicht haben Sie noch nie groß über das Liebesleben der königlichen Häuser nachgedacht, aber wenn Sie die Schlagzeile »Diana bestreitet Affäre mit Reitlehrer« lesen, müssen Sie erst das Konzept »Diana – Affäre – Reitlehrer« verstehen und dann hinzufügen, dass es *nicht* den Tatsachen entsprach. Obwohl Ihnen die Schlagzeile nichts Neues erzählt hat, ist in Ihrem Kopf nun ein Gedanke entstanden, der vorher noch nicht da war. Und wie alle wissen, die kleine Kinder haben oder hatten, löst sich ein neuer Gedanke nicht so einfach in Luft auf. Der Reitlehrer? Man mag es sich ja kaum vorstellen …

Verneinung ist abstrakt

Das hängt damit zusammen, dass wir abstrakte Begriffe wie das Wort *nicht* im Kindesalter als Letztes lernen. Da sie abstrakt sind, also keine Entsprechung in der fassbaren Wirklichkeit haben – anders als Eisbären oder Reitlehrer –, kann man sich auch schlechter an sie erinnern. Wenn Sie Ihrem Kind sagen, dass es nicht mit dem Stuhl schaukeln soll, setzen Sie ihm damit erstmal den Gedanken ans Schaukeln in den Kopf. Das geistige Bild vom Stühleschaukeln ist schnell fertig. Das Wörtchen *nicht* ist ein rein intellektueller Zusatz, den wir diesem Bild bewusst hinzufügen müssen, und das ist ziemlich schwierig. Und jedes Mal, wenn Sie Ihrem Kind sagen, dass es nicht mit dem Stuhl schaukeln soll, verstärken Sie das Bild des schaukelnden Stuhls. Zum Schluss reicht der bloße Anblick eines Stuhls, und schon entsteht im Kind der Impuls zum Schaukeln – obwohl Sie es die ganze Zeit gebeten haben, *nicht* damit zu schaukeln. Ein paar weitere Beispiele dafür, wie man die Leute restlos aus dem Konzept bringen kann:

»*Verzähl dich* nicht!«
    »*Du trinkst* nicht mehr, oder?«
    »Hör endlich auf, immer *deinen kleinen Bruder zu schlagen!*«

Oder ein anderes klassisches Beispiel:

»Du brauchst dir gar keine *Sorgen zu machen,* das ist nicht *schwer zu finden.* Du kannst die Abzweigung gar nicht *verpassen!*«

Merken Sie, was für Bilder und Gedanken diese Sätze im Kopf entstehen lassen? Alle Suggestionen funktionieren umso besser, je öfter Sie ihnen ausgesetzt werden. Wenn Sie früher mal ein Alkoholproblem gehabt haben und Sie jemand gelegentlich fragt, ob Sie noch trinken, ist das kaum problematisch. Aber wenn die Frage oft genug gestellt wird, und zwar in der obigen Formulierung, wird das mentale Bild des Trinkens so verstärkt, bis es leicht wieder Wirklichkeit werden kann.

Das ist auch der Grund, warum Kinder, die gerade Fahrradfahren gelernt haben und denen man erklärt hat, dass sie nicht gegen irgendwelche Mauern oder Gegenstände fahren sollen, sich grundsätzlich aufführen wie verspulte Mittelstreckenraketen. Sie konzentrieren sich so sehr darauf, nicht *gegen die Dame zu fahren,* nicht *gegen die Dame zu fahren,* nicht *gegen die Dame zu fahren,* bis ihnen gar nichts anderes mehr übrig bleibt, als genau das zu tun. Oder wie ich selbst, als ich mit einem Schneescooter gegen den einzigen Baumstamm auf einem riesigen, leeren Feld fuhr. Der noch dazu fünf Meter neben der Spur stand. Der Baumstamm, gegen den ich so konzentriert nicht *fahren wollte.*

Vom professionellen Golfspieler bis zum erfolgreichen Geschäftsmann kann Ihnen jeder erzählen, dass man sich nicht auf die Fußangeln konzentrieren sollte, sondern auf das Ziel

Sonst tritt man nämlich garantiert in die nächste Fußangel. Jetzt wissen Sie, warum. Stellen Sie sich keinen blauen Eisbären vor.

Das böse Wort

Eigentlich finde ich ja, dass das Wort *nicht* aus unserem Sprachgebrauch verbannt werden sollte, denn es ist unmöglich, *nichts* zu tun. Sie tun immer *etwas*. Versuchen Sie mal, einem Kind klarzumachen, dass es nicht tun soll, was es gerade tut. Beim nächsten Mal sagen Sie ihm, was es stattdessen tun soll, und beobachten den Unterschied in der Wirkung. Erwachsene ticken genauso. Eine Handlung, genauso wie ein Gedanke, ist bewegte Energie. Es ist unmöglich, Energie zu stoppen. Es ist so gut wie unmöglich, etwas *nicht* zu tun oder etwas *nicht* zu denken. Stattdessen können Sie nur die Energie umlenken und *etwas anderes* tun oder denken.

Statt jemand zu bitten, etwas zu unterlassen, und ihm damit einen ganz unnötigen Gedanken in den Kopf zu pflanzen (den er vorher vielleicht gar nicht hatte, wie beispielsweise den schaukelnden Stuhl), sagen Sie ihm doch einfach, was er stattdessen tun soll. Die Chancen stehen wesentlich besser, dass Sie damit das gewünschte Resultat erzielen. Außerdem müssen Sie sich dabei viel kreativer und positiver ausdrücken, als Sie es im anderen Fall gemacht hätten. Aber es ist schwierig!

Überhaupt können wir meistens besser über die Dinge – und uns selbst – reden, wenn wir sagen, was ist und was werden kann, statt darüber zu sprechen, was *nicht* ist und *nicht* werden kann. Je nachdem, was wir sagen, lassen wir verschie-

dene Bilder, verschiedene Suggestionen, in unserem Kopf –
und bei unserer Umgebung – entstehen. Denken Sie an Nixons »Ich bin kein Schurke«. Man kann ein Alkoholiker sein,
der nicht trinkt. Oder man ist trocken. Sie können versuchen, nicht traurig zu sein. Oder Sie können versuchen, ein
bisschen fröhlicher zu sein.

Neulich habe ich mit einem Menschen gesprochen, dessen
Scheidung gerade ein halbes Jahr zurücklag. Er war immer
noch deprimiert. Aber seine Einstellung zum Leben änderte
sich doch ein bisschen, als ich ihm klarmachte, dass er seine
Perspektive ändern und sich als Single betrachten sollte statt
als Geschiedenen. Wie Sie Ihre Umwelt beschreiben, beeinflusst die Vorstellungen, die Sie sich und Ihrer Umwelt vermitteln. Und das wiederum hat großen Einfluss darauf, wie
Sie durchs Leben gehen. Gehen Sie geradeaus? Oder gehen
Sie nicht rückwärts? Was ist Ihnen lieber?

Nicht-Übung

Versuchen Sie, einen Tag lang das Wort *nicht* zu vermeiden – und beobachten Sie, wie oft Sie es aus Bequemlichkeit doch verwenden. Es ist nämlich viel leichter zu sagen,
was man *nicht* will, statt zu formulieren, was man will. Aber
Sie werden entdecken, dass Sie sich viel abwechslungsreicher
und positiver ausdrücken, wenn Sie das *nicht* weglassen.

Grundlose Dementi

Eine Suggestion durch das Wort *nicht* ist am stärksten, wenn sie unerwartet kommt. Wenn man sagt, dass man selbst etwas *nicht ist* oder *nicht tut,* sagt man damit indirekt auch etwas über alle anderen aus. Wenn Nixon seine berühmte Äußerung ein bisschen anders ausgedrückt hätte und statt »Ich *bin* kein Schurke« gesagt hätte: »*Ich* bin *kein* Schurke«, dann hätte er damit indirekt behauptet, dass es andere gab, die durchaus Schurken *waren.*

Sich grundlos von etwas zu distanzieren oder ungefragt mit Dementi zu kommen, ist eine kluge Art, Dinge über andere Menschen zu sagen. Der Politiker, der sagt: »*Unsere* Partei ist *nicht* fremdenfeindlich«, behauptet damit indirekt, dass gewisse andere Parteien es sehr wohl sind. Oder? Eigentlich hat der Politiker das ja gar nicht erwähnt, aber genau dieser Gedanke entsteht in unserem Kopf. Und wenn seine Partei nicht fremdenfeindlich ist, dann muss es ja wohl die andere Partei sein, stimmt's? Und schwupps! habe ich schon entschieden, wer bei der nächsten Wahl meine Stimme bekommt. Es sei denn, ich lese die nächste Schlagzeile und vergesse alles wieder. Obwohl ich natürlich versuche, es … *nicht* … zu vergessen.

Das Kommando übernehmen
Auf mehreren Ebenen sprechen

Man kann Suggestionen, also ans Unterbewusstsein gerichtete Vorschläge, auch auf andere Art verstecken. Wenn wir miteinander reden, wird oft nicht ganz klar, was wir eigentlich meinen. Man kann Worte verschieden interpretieren. Wenn wir nur auf die Worte hören würden, würden wir einander ganz schön oft missverstehen. Aber durch Einbeziehen von Tonfall, Körpersprache und Gesamtsituation begreifen wir schon besser, was unser Gegenüber uns mitteilen will. Wir entscheiden uns für eine einleuchtende Deutung des Gehörten, und darauf antworten wir dann.

Unser Unterbewusstsein registriert dennoch alle Deutungsmöglichkeiten. Daher können wir auf mehreren Ebenen gleichzeitig reden. Die Deutung, die das Bewusstsein vornehmen wird (und die wir für die richtige halten), ist die oberste Ebene. Darunter können wir uns so ausdrücken, dass man unsere Worte auch anders deuten kann. Diese Deutung schnappt dann unser Unterbewusstsein auf. Und wenn diese versteckte Botschaft konsequent gebracht wird, beginnt unser Unterbewusstsein auch darauf zu reagieren.

Mir ist klar, dass das verzwickt klingt, aber Sie werden es gleich ganz kapieren. Ein einfaches Beispiel: Jemand sagt zu mir: »Wenn ich ehrlich sein soll, kann ich schon die beginnende Übelkeit verspüren, Henrik.« Meine bewusste Deutung lautet, dass es dem Menschen schlecht wird und er mir das mitteilen will. Aber eine andere, versteckte Deutung steckt in der Suggestion: »Wenn ich ehrlich sein soll, kann ich schon die beginnende **Übelkeit verspüren, Henrik.**« So etwas bezeichnet man als versteckten Befehl. In einem normalen Alltagsgespräch fällt das nicht weiter ins Gewicht. Aber wenn die Person solche versteckten Suggestionen oft genug auf mich loslässt, dann werde ich langsam, aber sicher doch reagieren und beginnende Übelkeit verspüren, auch wenn ich nicht weiß, woher sie kommt.

»Ich kann schon die beginnende **Übelkeit verspüren, Henrik.** Es fühlt sich an, als würde sich **der Magen umdrehen,** und dann kommt auch schon der **Brechreiz. Du weißt doch, wie sich das anfühlt** …«

Ich schlage vor, Sie lesen die letzten Zeilen lieber nicht zu oft!

Wenn Sie Suggestionen auf diese Art einsetzen wollen, verstärken Sie die Wirkung, indem Sie sie vorsichtig markieren. Verändern Sie Ihren Tonfall, oder suchen Sie Augenkontakt, während Sie die entsprechenden Worte aussprechen. Wiederholen Sie das bei jeder Suggestion. Schon bei der kleinsten Veränderung der Stimmlage könnte das Unterbewusstsein Ihres Gegenübers die anders ausgesprochenen Worte an einer anderen Stelle ablegen. Beispiele mit *nicht* enthalten auch solche versteckten Befehle (»verzähl dich«, »du trinkst«), die man durch einen bestimmten Tonfall markieren kann.

Wenn Sie finden, dass sich das Ganze langsam wie eine Art Hypnose anhört, dann sind Sie nicht ganz auf dem Holzweg. Das ist zwar noch keine Hypnose, aber auch Hypnose macht sich unsere Deutung von Worten zunutze. Versteckte Befehle gehören zu den hypnotischen Techniken. In der Hypno-

setherapie – und übrigens auch in vielen anderen Thera-
pieformen – nützt man die Tatsache, dass wir Mitteilungen
auf verschiedenen Ebenen verstehen. Indem man Suggestionen einsetzt, kann man dem Unterbewusstsein des Patienten
unbemerkt therapeutische Ratschläge vermitteln. Der Vater
der modernen Hypnose, Milton H. Erickson, den ich bereits
mehrmals erwähnt habe, war in dieser Art von Parallel-Kom-
munikation absolut unschlagbar.

Vorsicht, menschliche Suggestions-Schleudern!

Achten Sie immer auf versteckte Suggestionen von anderen,
entweder in Form von Vorschlägen oder mit *nicht*-Formulie-
rungen. Viele Menschen wenden konsequent negative Suggestionen an, ohne es zu wissen. Auf diese Art verbreiten sie
unabsichtlich Angst und Besorgnis in ihrer Umgebung. Vermeiden Sie diese Sorte Mensch so gut es geht. Selbst wenn
Sie sich ihre Suggestionen bewusst machen, ist es gar nicht
so einfach, sich nicht doch von ihnen beeinflussen zu lassen.
Sie können höchstens versuchen, solchen Aussagen entge-
genzuwirken, indem Sie sie umformulieren und stattdessen
eine positive Suggestion verwenden.

Wenn jemand ständig negative Vibes verbreitet, könnten
Sie im schlimmsten Fall auch auf ihn zugehen und zuerst
mittels Meinungs-Aikido Rapport schaffen. Dann sagen Sie
beispielsweise: »Ich verstehe genau, wie du dich fühlst, Jürgen. Ich weiß, dass ich an deiner Stelle genauso empfinden
würde.«

Wenn Sie dann merken, dass derjenige auf Sie hört, geben Sie ihm positive Suggestionen, die Sie mittels Stimme

und Augenkontakt markieren und mit Vorschlägen für kreative Aktivitäten kombinieren. »Ich habe aber gemerkt, ich kann echte Verbesserungen erzielen, Jürgen, indem ich mir einfach sage: ›Mann! Mach doch mal Urlaub!‹« Solche Zeitgenossen muss man mit ihren eigenen Waffen bekämpfen.

Jedes Wort kann suggestiv wirken

Jedes Wort ist eine potentielle Suggestion, denn unser Unterbewusstsein scannt immer sämtliche Bedeutungen des Gehörten und ruft jede Assoziation ab. Wenn Sie das nächste Mal Werbung im Radio hören oder einen Spot im Fernsehen sehen, versuchen Sie mal darauf zu achten, was für Wörter und Ausdrücke da verwendet werden. Falls die Werbung gut gemacht ist, hat man vorher jedes Wort auf die Goldwaage gelegt, um einen genau kalkulierten Effekt bei Ihnen zu erzielen. Versteckte Suggestionen können Assoziationen hervorrufen, die Sie überhaupt nicht auf der Rechnung haben. Durch geschickten Einsatz solcher unterschwelligen Botschaften kann man im Grunde jede beliebige Assoziation mit jedem beliebigen Produkt koppeln.

Heutzutage ist es schon ein Werbungsklischee, dass Eisessen so etwas wie symbolischer Sex ist. (Wenn Sie auch nur den geringsten Zweifel haben, sehen Sie sich mal die Magnum-Werbung an. Vollständig bis hin zum kleinen weißen Klecks am Mundwinkel.) Aber abgesehen von der Freud-'schen Perspektive ist ein Zusammenhang zwischen Eis und Sex schon ziemlich willkürlich. Eines Tages hat aber irgendein Werbefritze beschlossen, Eis mit Suggestionen von Sex zu

Aufmerksamkeitsübung

- Finden Sie zehn alltägliche Sätze, die versteckte Suggestionen enthalten, beispielsweise *nicht*-Formulierungen, Wiederholung positiv konnotierter Wörter und versteckte Befehle. Denken Sie über die Dinge nach, die Sie selbst oder andere sagen.
- Besorgen Sie sich irgendeine Tageszeitung und versuchen Sie, versteckte Suggestionen zu entdecken, beispielsweise *nicht*-Formulierungen, Wiederholung positiv konnotierter Wörter und versteckte Befehle. Beginnen Sie einfach mit dem Leitartikel. Und dann sehen Sie sich mal an, wie viel davon Sie in einem Artikel finden, der sich um objektive Berichterstattung bemüht.

verknüpfen, angefeuert von Marketingforschern wie Ernest Dichter oder Louis Cheskin. Es funktionierte so gut, dass seitdem alle auf diesen Zug aufgesprungen sind. Aber es könnte genauso gut jedes andere Produkt gewesen sein.

In einem Werbespot werden gewisse Wörter eingesetzt, um einen Zustand oder ein Gefühl bei Ihnen zu erzeugen. Dieser Zustand wird dann mit dem Produkt oder dem Logo des Herstellers assoziiert. Wörter wie *warm, weich, rein, stark, größer* schaffen einen ganz anderen Zustand und ein ganz anderes Erleben als Wörter wie *angespannt, unruhig, ängstlich* und *schwach*. Am leichtesten ruft man bei den Menschen ein Gefühl hervor, indem man darüber spricht. Ich weiß nicht, wie es bei Ihnen ist, aber bei mir juckt es gerade so ein bisschen im Hals. Wie ist es bei Ihnen? Wenn Sie ganz genau nachspüren? Juckt es nicht auch ein kleines bisschen?

Dachte ich's mir doch!

Sämtliche Wörter, Ausdrücke und Bilder, die Sie beim Reden einsetzen, werden Ihren Gesprächspartner in eine bestimmte Stimmungslage versetzen. Genau wie Ihre nonverbale Kommunikation. Sorgen Sie dafür, dass Sie den anderen wirklich dorthin bringen, wo Sie ihn haben wollen.

Das hab ich doch gar nicht gesagt
Suggestion durch Andeutungen und Unterstellungen

Sprachliche Suggestionen lassen sich effektiv einsetzen, indem man sie nicht direkt ausspricht, sondern geschickt zwischen den Worten versteckt, mit Anspielungen und Unterstellungen. Wie Sie sehen werden, funktioniert das ausgezeichnet. Auch hier merkt unser Bewusstsein nichts.

Informationen weglassen
In einer Unterhaltung bedienen wir uns diverser Abkürzungen. Wir gehen davon aus, dass unser Gesprächspartner unsere Definitionen und unser Verständnis von den Dingen teilt, dass die Wörter für uns also dieselbe Bedeutung haben. Deshalb müssen wir auch nicht bei jedem Wort erklären, was wir damit meinen. Gott sei Dank, denn dann wären unsere Gespräche ganz schön anstrengend. Wir lassen also eine Menge Informationen weg, weil wir sie als gegeben voraus-

setzen. Oft ist das tatsächlich unproblematisch. Einen Satz wie »Draußen war es stockfinster« verstehen wir sicher alle ungefähr gleich. Die Auffassungen von »stockfinster« gehen bei verschiedenen Zuhörern nicht sonderlich auseinander. Wenn wir uns wertend ausdrücken, wird es schon schwieriger. »Es war echt toll auf der Nobelpreisverleihung.« Wie toll ist »echt toll« für Sie, und wie toll ist es für mich?

Manchmal lassen wir zu viele Informationen weg, oder es stellt sich heraus, dass unser Gegenüber manche Dinge anders versteht als wir. Dann entstehen Missverständnisse. Man kann natürlich auch bewusst Informationen weglassen, unter dem Vorwand, dass der andere ja sowieso weiß, wovon man redet. »Und dann kam er wieder mit demselben Quatsch an, wie immer.« In Wirklichkeit weiß ich das vielleicht gar nicht. Ich glaube nur, dass ich es weiß. Dann denken wir an ganz verschiedene Dinge, sind aber beide überzeugt, dass genau das gemeint ist, was wir meinen.

Der Trick mit der Vergleichstilgung

Ein gutes Beispiel für weggelassene Informationen finden wir auf den Packungen von tiefgekühlten Fertiggerichten. Ich habe gerade ein Lachsfilet in der Mikrowelle. Auf dem Karton steht: »Die Sauce haben wir aus unserer eigenen Bouillon gekocht. Jetzt ist sie noch besser und leckerer …« Es gab einen richtigen Trend, da druckte jeder Hersteller auf die Verpackung einen Hinweis im Stil von:

Verbessertes Rezept!

Jetzt noch bessere Sauce!

Oder die Shampoos prahlten mit einem: *Neue, verbesserte*

Formel! (Was zum Henker sind das eigentlich Formeln? Wollte ich schon immer mal fragen.)

Und vom Waschmittelkarton tönt es stolz: *Wäscht jetzt noch weißer!*

Ich bezweifle nicht mal, dass das alles so stimmt. Die Frage ist nur – besser als was? Weißer als was? Besser und leckerer als was? Welche Version ist da denn überhaupt verbessert worden? All diese Behauptungen sind Vergleiche, aber man vergisst zufällig zu erwähnen, womit eigentlich verglichen wird. Unser Hirn mag Zusammenhänge. Wir sehen gern Verbindungen. Und wenn wir keine finden, dann stellen wir sie eben selbst her. Deswegen sind wir auch so verliebt in Verschwörungstheorien. Denn dann hängt alles plötzlich ganz logisch zusammen. Wenn wir Formulierungen wie die obigen lesen, ergänzen wir den Satz unbewusst. Das sind wir so gewöhnt, dass wir automatisch glauben zu wissen, womit verglichen wird. Und dann setzen wir eben eine Bedeutung ein, die wir für die einzig mögliche – und richtige halten.

Jetzt noch bessere Sauce … eine bessere als die vorherige natürlich. Aber in Wirklichkeit gäbe es jede Menge plausibler Deutungen dieser Behauptung. Besser – als unsere anderen Produkte. Besser – als die Produkte der Konkurrenz. Besser – als früher, aber schmecken tut sie immer noch nicht so richtig. Und so weiter. Manche Interpretationen scheinen naheliegender als andere: »Besser als Gurken« kommt uns vielleicht nicht ganz passend vor, aber woher wollen wir wissen, dass nicht genau das gemeint war?

Verschiedene Menschen bevorzugen verschiedene Deutungen. Gemeinsam ist ihnen nur, dass sie sich für die Deutung entscheiden, die ihnen die einzig logische – und deshalb wahre – zu sein scheint. Wir werden die Interpretation wählen, die am meisten persönliche Relevanz für uns hat, denn die wird uns als Erstes in den Sinn kommen. Indem man bewusst Informationen auslässt, zwingt man den Empfänger der Botschaft, sie selbst mit Bedeutung zu füllen. Mit anderen Worten – im Prinzip sagt man gar nichts, aber der Konsument verknüpft mit dem Produkt etwas, das für ihn wahr und persönlich ist. Eine ziemlich hinterlistige Methode, um eine Beziehung zum Empfänger der Botschaft herzustellen. Außerdem überlässt man es ihm, sich gute, wahre Aussagen über das Produkt auszudenken. Man selbst sagt eigentlich gar nichts Gutes dazu.

Indem Informationen weggelassen werden oder man sich auf eine Art ausdrückt, die viele Deutungen zulässt, zwingt man den Empfänger, die Botschaft mit Inhalten zu füllen und sie so wahr und persönlich zu machen. Ein Redakteur, mit dem ich mich einmal unterhalten habe, erzählte mir, dass er genau diesen Kunstgriff verwendet, um den Leser gefühlsmäßig zu fesseln. Ein wunderbares Beispiel für diese Strategie ist das ironische (zumindest hoffe ich das) Wahlplakat der schwedischen Umweltpartei Miljöpartiet vor den Wahlen 2006. Es fragte den Wähler:

> *Welche Art von Fürsorge und Pflege*
> *wünschen Sie sich für unsere älteren Mitbürger?*
> *Genau.*
> *Die Umweltpartei*

Bei oberflächlicher Betrachtung könnte man meinen, dass wir uns für unsere Senioren alle die gleiche Fürsorge wünschen und über das Thema gar nicht erst groß diskutiert werden muss. Aber bei näherer Betrachtung sagt dieses Plakat eigentlich Folgendes: Egal, was für eine Meinung Sie in dieser Frage haben, egal, was Fürsorge und Pflege für Sie bedeutet – wir stehen für Ihre Meinung. Die Umweltpartei.

Wir glauben, dass sie wissen

Indem man seine Ausdrucksweise allgemein hält und sein Gegenüber zwingt, Aussagen selbst mit Bedeutung zu füllen, kann man jemandem sogar weismachen, dass man mehr weiß, als wirklich der Fall ist. Ein gutes Beispiel ist die »Vernehmungsmethode«, die unter anderem in den Fünfzigerjahren in China Anwendung fand. Der Verhaftete bekam im Grunde nur zu hören: »Wir wissen bereits alles, du kannst also genauso gut gleich alles zugeben.« Dann ließ man das arme Opfer ein paar Tage in seiner Zelle schmoren, wo es darüber nachdenken konnte, was die Vernehmenden damit meinten. Zum Schluss fand der Gefangene nach langem Grübeln immer irgendetwas, was man ihm anlasten konnte. Doch selbst wenn er ein schweres Verbrechen gestand, stand von vornherein fest, dass man etwas anderes gemeint hatte. Also wurde er entweder wieder in seine Zelle geschickt oder auf »kreativere« Weise verhört, und irgendwann hatte das Opfer jede Tat seines Lebens als potentielles Verbrechen gegen den Staat gestanden.

Diese Methode lässt sich auch anwenden, um das Vertrauen eines Menschen zu gewinnen. Sagen Sie etwas Persönliches über jemand, bleiben Sie aber zweideutig genug, so dass die betreffende Person Ihre lückenhafte Aussage mit Bedeutung füllen muss.

Während Sie dies lesen, ballen Sie bitte eine Hand zu einer festen Faust. Haben Sie die Faust geballt? Gut. Bleiben Sie einen Moment so.

Noch einen Moment.

Und jetzt machen Sie langsam, ganz, ganz langsam die Hand wieder auf. Ungefähr jetzt haben Sie ein ganz komisches Gefühl in der Hand, stimmt's?

Gut.

Wenn ich ehrlich sein soll, hatte ich keine Ahnung, wie sich Ihre Hand gerade anfühlte. Vielleicht hat es gepikst oder gejuckt, vielleicht war sie verschwitzt oder warm. Oder sonst was. Ich habe genug Information weggelassen, mich zweideutig genug ausgedrückt (»ein ganz komisches Gefühl«), so dass Sie selbst ergänzen mussten, was ich eigentlich damit meinte. Was Sie auch prompt getan haben, indem Sie davon ausgingen, dass ich genau das meinte, was Sie gerade spürten. Ein Erlebnis, von dem ich eigentlich keine Ahnung hatte. Man lässt seinen Gesprächspartner einfach selbst definieren, wovon man redet, und schon kann man es so aussehen lassen, als wüsste man alles über sein Gegenüber, sogar intime Details. Das ist eine Technik, die von allen möglichen skrupellosen Leuten angewandt wird, vom Guru über den Vernehmungsleiter bis hin zum Heiratsschwindler.

Der Sturm der Entrüstung und andere Verallgemeinerungen

Auch durch Verallgemeinerungen kann man mit Andeutungen Suggestion ausüben. Dazu muss man nur einfach alles über einen Kamm scheren. Wenn man behauptet, dass Ostfriesen doof sind, hat man das Wesen der Bewohner von Ostfriesland grob verallgemeinert. Worte, die oft verallgemeinernd eingesetzt werden, sind beispielsweise *alle, keiner, immer, nie, ständig, überall, Einwanderer, Jugendliche* usw. Wer solche Wörter benutzt, leugnet damit alle Unterschiede und Nuancen, die tatsächlich existieren, und zeichnet so ein stark vereinfachtes Bild von den Verhältnissen.

Oftmals verallgemeinern wir auch in unserem alltäglichen Sprachgebrauch. Einen bestimmten Typ von Verallgemeinerungen findet man allerdings auch in den Nachrichtenmedien, beispielsweise in unseren Abendzeitungen, in denen es nur so wimmelt von Formulierungen wie »wachsende Kritik«, »repräsentative Telefonbefragung«, »Volkszorn« oder – der absolute Klassiker – »Sturm der Entrüstung«. Aber was bedeuten diese Ausdrücke eigentlich? Um wie viel muss die Kritik wachsen, um Nachrichtenwert zu erlangen? Ehrlich gesagt reicht eine wütende Mail am Montag und dann noch eine am Donnerstag, um eine Wendung wie »wachsende Kritik« zu rechtfertigen. Wie viele Leute muss man anrufen, um behaupten zu können, man habe eine »repräsentative Telefonbefragung« durchgeführt? Zweihundert? Oder zwanzig? Zwei vielleicht? Und was macht sie eigentlich repräsentativ?

Vielleicht finden Sie, dass ich übertreibe, aber dem ist nicht so. Ein Journalist hat mir einmal anvertraut, dass es bei der Zeitung *Expressen* nicht mehr als drei oder vier entrüstete Stimmen brauchte, um von »Volkszorn« zu sprechen. Ich weiß zwar nicht, ob das stimmt, aber es klingt nicht abwegig. Nicht wenn man sich vor Augen hält, dass auch das *Svenska Dagbladet* schon mal zehn Leserbriefe als »Sturm der Entrüstung« bezeichnete.

Und wo liegt nun eigentlich das Problem? Tja, indem man solches Vokabular einsetzt, lässt man es so aussehen, als gäbe es bereits eine allgemeine Meinung, wo es vielleicht noch gar keine gibt. Wir reagieren nicht bewusst auf solche Wörter, wir hören sie fast gar nicht. Aber sie vermitteln uns das Gefühl, wir hätten es hier mit etwas zu tun, worüber die Leute anscheinend eine Meinung haben. Vielleicht sogar die meisten, wenn es einen »Sturm der Entrüstung« gibt. Auf diese Weise kann man eine Meinung *bilden*. Wir wollen ja nicht als verrückte Außenseiter dastehen, deswegen schlagen wir uns lieber auf die sichere Seite und denken dasselbe wie alle anderen. Wenn es nun mal so ist, wie es in der Zeitung steht, dass »wachsende Kritik« an irgendetwas laut wird, dann sollte ich vielleicht auch dagegen sein, oder? Wo doch schon der Volkszorn geweckt ist.

Auf diese Art kann man prima Meinungsmache betreiben und die Leute in vorbestimmten Bahnen denken lassen. Man muss nur Verallgemeinerungen anwenden, die andeuten, dass die meisten Menschen eine gewisse Ansicht teilen. Auch wenn es nicht mehr als eine Handvoll – vielleicht zehn – Personen sind.

Vorsicht mit dem Abstraktionsniveau

Die letzte Methode für versteckte Suggestionen in Form von Andeutungen ist eine Variante der leeren Rhetorik, die ich im Abschnitt über Lügen vorgestellt habe. Indem man sich sehr speziell ausdrückt, gleichzeitig aber jede Definition der Begriffe vermeidet, kann ein Sprecher es so aussehen lassen, als würde er etwas untermauern, wenn nicht sogar beweisen. Ohne dass irgendjemand eigentlich aus seinen Worten schlau geworden wäre. Wie der Geschäftsführer, der unter Druck geriet und folgende Weisheit zum Besten gab: »Wir müssen erst diese neue, schwierige Situation diskutieren, die wichtige Bereiche des gegenwärtig stattfindenden Prozesses berührt.« Das klang ja mal so richtig beeindruckend! Aber er hat völlig vergessen, seiner staunenden Zuhörerschaft zu erklären, wie diese Situation denn nun aussah und warum sie sich so schwierig gestaltete. Und welche von diesen Bereichen waren wichtig? Was für ein Prozess und seit wann findet der überhaupt statt?

Journalisten bezeichnen so etwas als zu hohes Abstraktionsniveau, und wenn sie sich auf ihren Job verstehen, haben sie wenig Verständnis für solche Phrasendrescherei. Medienberater warnen ihre Kunden, dass sie höchstens dreimal in Folge mit einem zu hohen Abstraktionsniveau durchkommen, dann verlieren sie langsam ihre Glaubwürdigkeit. Als Zuhörer tut man sich manchmal ein bisschen schwer, dieses Phänomen zu entlarven. Denn es klingt ja alles so gut. Oft sogar supergut. Wenn man das Ganze aber geschrieben sieht, wirkt es auf einmal total absurd. Hübsch war auch das erste offizielle Statement des schwedischen Bildungsministers Jan

Björklund: »Ich will bereits heute eines unterstreichen: Bildung muss vom Bedarf des Schulwesens nach Bildung gelenkt werden.« Wie meinen?

Ihre ganze Persönlichkeit ist Suggestion

Es sind nicht nur Ihre Worte, sondern auch Ihre Kleidung, Ihre Bewegungen und Ihre Stimme, die auf andere suggestiv wirken. Wenn Sie Rapport schaffen und Ihr Gegenüber führen, könnte man das auch so formulieren, dass Sie ihm Suggestionen eingeben. Der schwedische Lobbyist Martin Borgs hat in seinem Buch *Propaganda* ein gutes Beispiel dafür gegeben, wie er seine Persönlichkeit suggestiv einsetzte, um eine Entscheidung zu beeinflussen. Er wollte einen Tag eher aus dem Krankenhaus entlassen werden, doch es war ein Sonntag, an dem nur selten Patienten entlassen werden.

Als Erstes bat ich die Krankenschwester, dem Arzt auszurichten, dass ich ihn sprechen wollte. Bevor er eintraf, machte ich mich einfach schon fertig. Legte den viel zu großen Krankenhauskittel ab. Duschte. Zog Jeans und Pullover an. Räumte das Zimmer auf, so dass alles wieder schön an seinem Platz stand. Packte meine Sachen und stellte den Koffer gut sichtbar auf den Boden. Dann setzte ich mich auf den Besucherstuhl und tippte etwas in meinen Laptop, statt im Krankenhausbett liegen zu bleiben und fernzusehen.

Die unausgesprochene Andeutung hätte deutlicher nicht sein können. Der Arzt traf keinen kranken Mann an, sondern einen gesunden, der voller Tatendrang steckte. Noch am selben Tag wurde er entlassen.

268

Denken Sie mal über Ihre Körpersprache nach, wie Sie reden, wie Sie sich kleiden und benehmen. Was suggerieren Sie Ihrer Umwelt damit? Und was *würden* Sie ihr gerne suggerieren?

Mit den Methoden der Beeinflussung, die ich in diesem Kapitel vorgestellt habe, kann man vor allem Meinungen beeinflussen. Aber man kann auch Einfluss auf die Gefühle seines Gesprächspartners nehmen. Im nächsten Kapitel werden Sie die Technik der so genannten »Anker« kennenlernen. Mit diesen Ankern können Sie im Handumdrehen genau den gewünschten Gefühlszustand auslösen, bei sich oder anderen Menschen. Sie haben ja bereits gelernt, wie wir und unser Handeln oft davon bestimmt werden, was wir fühlen. Sie wissen also, wie stark diese Art der Beeinflussung ist. Aber nicht vergessen – Gedanken an die Weltherrschaft oder den Film *Der Manchurian Kandidat* können Sie sich gleich aus dem Kopf schlagen, bevor Sie weiterlesen.

> Denken Sie immer daran: Nur Sie mit Ihren neu erworbenen Kräften bestimmen darüber, ob Ihre Suggestionen in Form negativer Manipulation oder positiver Beeinflussung zum Einsatz kommen.

Zehntes Kapitel

In dem Sie in Kontakt mit Ihren eigenen Gefühlen und den Gefühlen Ihres Gegenübers kommen, Umarmungen vermeiden und Ihre Angst vor dem Weißen Hai verlieren.

Gut verankert
Wie Sie ein Gefühl verankern und beliebig wieder auslösen können

Wie Sie wissen, können Sie die Stimmung Ihres Gegenübers durch Rapport und Suggestion beeinflussen. Aber oft erzielen Sie damit keine ganz präzisen Resultate – wie wollen Sie beispielsweise die Kombination »Überschwang und Selbstvertrauen« statt »Fröhlichkeit und Kreativität« suggerieren? Es kann ganz schön schwer sein, die richtigen Gefühle zu treffen. Man kann Gefühle aber auch effektiver beeinflussen und bei jedem Menschen jede Gefühlslage auslösen. Diese Methode nennt man Anker.

Anker = Konditionierung

Eigentlich besteht kein Unterschied zwischen einem Anker und einer klassischen Konditionierung. Die klassische Konditionierung ist das, was Pawlow durchführte, als er seine Versuchshunde dazu brachte, beim Klang einer Glocke Speichel abzusondern. In diesem Fall konditionieren wir aber Menschen statt Hunde, und wir konditionieren sie so, dass sie in eine bestimmte Stimmung kommen. Nicht sabbern. Da sich alle Gefühle verankern lassen, können Sie quasi auf Bestellung Zustände wie Kauflust, Anbetung oder Nervosität hervorrufen.

Denken Sie an Spidermans Onkel Ben. Setzen Sie Ihre

Kenntnisse verantwortungsvoll ein, also nur, um Gutes zu tun. Viele haben das Gegenteil versucht und können Ihnen versichern, dass Ihnen das am Ende selbst ins Kreuz fallen wird. Außerdem werden Sie in Ihrem nächsten Leben ein Stein. Also bitte. Geben Sie Ihren Mitmenschen ein Geschenk. Keine Neurose.

Sie sind bereits voll davon

Ich habe es bereits gesagt, und ich sage es noch einmal: Nichts in diesem Buch ist wirklich neu für Sie. Das gilt auch für die Anker – Sie haben sie schon immer verwendet. Wenn wir durchs Leben gehen, erleben wir unheimlich viel. Viele von diesen Erlebnissen sind mit starken Gefühlen verknüpft: Freude, Liebe, Hass, Verrat, Glück, Nervosität, Anspannung, Wut usw. Wenn wir uns an ein Erlebnis erinnern, rufen wir uns mehr ins Gedächtnis als das bloße Geschehen. Wir fühlen uns auch zu einem gewissen Grad so wie damals. Und wir brauchen uns nicht mal an das Geschehen zu erinnern, um das Gefühl trotzdem noch einmal zu durchleben. Deshalb ist es auch möglich, dass wir jemand aus der Ferne sehen und spontan unsympathisch finden. Erst hinterher merken wir, dass uns diese Person einfach ganz furchtbar an den Jungen erinnerte, der uns in der Grundschule immer so gehänselt hat, oder dass sie einen ähnlichen Pulli trug wie unser Lieblingsfeind aus Kindertagen.

Was eine solche Gefühlserinnerung bei uns auslöst – in diesem Fall das Aussehen oder ein bestimmtes Kleidungsstück –, bezeichnet man als Anker. Eine Situation, ein Gegenstand oder ein Erlebnis, das unbewusst in einem bestimmten Gefühl verankert ist. Das Aussehen oder der Pulli spielen eine Rolle in der konkreten Erinnerung, die mit diesem Gefühl verknüpft ist. Können Sie mir folgen? Solche Anker begegnen uns auf Schritt und Tritt, beispielsweise wenn ein bestimmtes Lied ertönt und wir dasselbe Gefühl empfinden wie beim ersten Hören. »Ooooh! Sie spielen unser Lied! Kraftwerk! Weißt du noch ...?« Oder wenn Sie ein altes Fotoalbum durchblättern und gewisse Erinnerungen zum Leben erwachen, inklusive Ihrer damaligen Gefühle. Oder auch Filmmusik! Viele Filme verwenden die Musik als Anker, um das Kinopublikum in einen bestimmten Zustand zu versetzen. Die zwei deutlichsten Beispiele sind beispielsweise *M* von Fritz Lang und *Der Weiße Hai* von Steven Spielberg. In *M* pfiff der Mörder immer eine bestimmte Melodie, wenn er auftauchte. Zum Schluss reichte das Pfeifen, um dem Zuschauer mitzuteilen, dass der Mörder im Anzug war, er musste gar nicht mehr im Bild erscheinen. Dieser Trick reichte vielleicht, um die Leute 1931 zu erschrecken, aber heute sind wir doch ein bisschen mehr sophisticated. Oder? Die berühmte Musik im *Weißen Hai* setzte Spielberg fünfundvierzig Jahre später ein, genau so wie Lang in seinem Film: Er gab dem Zuschauer zu verstehen, dass sich der Hai näherte.

Ich kenne mehrere Leute, die den *Weißen Hai* gesehen haben, als sie ungefähr zwölf waren, und noch im Erwachsenenalter spürbar schnelleren Puls, Schweißausbrüche, leichtes Angstgefühl und nervöse Zuckungen bekommen, wenn ich mich von hinten an sie anschleiche und summe: »Damm ... damm ... dam-dam-DAM-DAM-dam-dam-DAM-DAM!!!« Fällt mir grade so ein zum Thema Anker.

274

Manchmal ist der Anker nur mit einer bestimmten Erinnerung verknüpft und nicht mit einem starken Gefühl. Dann sagen wir Sachen wie: »Das erinnert mich total an ...« Die stärksten Anker sind oft Sinneseindrücke, an die wir am wenigsten denken: Geschmack und Geruch nämlich. Einer der berühmtesten Anker der Welt wird von Marcel Proust in seinem Werk *Auf der Suche nach der verlorenen Zeit* beschrieben, als er seinen Protagonisten einen in Tee gestippten Kuchen essen lässt – und plötzlich erinnert der sich an seine ganze Kindheit:

Und dann mit einem Male war die Erinnerung da. Der Geschmack war der jener Madeleine, die mir am Sonntagmorgen in Combray [...] meine Tante Léonie anbot, nachdem sie sie in ihren schwarzen oder Lindenblütentee getaucht hatte. [...] Aber wenn von einer früheren Vergangenheit nichts existiert nach dem Ableben der Personen, dem Untergang der Dinge, so werden [...] beständig und treu Geruch und Geschmack noch lange [...] das unermessliche Gebäude der Erinnerung unfehlbar in sich tragen. Sobald ich den Geschmack jener Madeleine wiedererkannt hatte, die meine Tante mir, in Lindenblütentee eingetaucht, zu verabfolgen pflegte, [...] trat das graue Haus mit seiner Straßenfront, an der ihr Zimmer sich befand, wie ein Stück Theaterdekoration [...] hinzu. [...] Ganz Combray und seine Umgebung, alles deutlich und greifbar, die Stadt und die Gärten, [stiegen] auf aus meiner Tasse Tee.

Auch Orte können starke Anker sein. Eine Freundin von mir hat das am eigenen Leib erfahren, als sie vor kurzem mit ihrem Freund Schluss machte. Das Gespräch hatte bei ihr zu Hause im Bett begonnen, aber als das große Heulen und Zähneklappern begann, wusste sie gleich, dass sie lieber in der Küche weiterreden sollten. Sie beschrieb es mir so: »Sonst wären diese ganzen schlimmen, traurigen Gefühle in meinem Bett hängen geblieben. Und wären jedes Mal zurückgekommen, wenn ich mich reinlege, und darauf hab ich echt keine Lust.« Glücklicherweise wurde ihr rechtzeitig klar, dass ihr Bett ein starker negativer Anker hätte werden können. Leider achten wir nicht immer auf so etwas.

Anker auf Bestellung

Die Anker, die uns hier interessieren, haben keinen Proust'schen Charakter. Wir wollen einfach verschiedene Stimmungen bei den Menschen erzeugen. Es wäre natürlich furchtbar praktisch, wenn wir genau wüssten, welche Anker sich in unserem Unterbewusstsein und dem unserer Mitmenschen befinden, dann könnten wir sie ganz nach Bedarf einsetzen. Fühlen Sie sich ein bisschen schlaff? Dann lösen Sie einfach Ihren Super-Power-Energie-Anker aus, und PENG!! verwandeln Sie sich in Boxweltmeisterin Regina Halmich. Auf diese Art können wir dafür sorgen, dass es uns selbst und anderen immer gut geht und wir ständig in einem spannenden, kreativen Zustand bleiben. Aber da unsere Anker in unserem Unterbewusstsein liegen, ist es per definitionem ziemlich schwer, sie zu identifizieren. Hört sich fast so an, als könnten wir die Hoffnung gleich aufgeben. Müssen wir aber nicht. Wir können nämlich ganz problemlos *neue Anker schaffen*. In uns und in den anderen. Wir machen es sowieso die ganze Zeit, warum sollten wir das nicht effektiver einsetzen? Indem Sie neue Anker schaffen, wissen Sie genau, welches Gefühl Sie damit auslösen können, und Sie wissen auch genau, was Sie tun müssen, um sie auszulösen.

Das Ganze funktioniert folgendermaßen: Wenn Sie mit einer Person zusammen sind, die gerade ein starkes Gefühl erlebt, wird alles, was Sie tun oder sagen, mit diesem Gefühl verknüpft. Diese Handlung wird Ihr Anker. Wenn Sie später dasselbe tun oder sagen, stimulieren Sie die Erinnerung an das entsprechende Gefühl. Wie viel davon wieder zum Leben erweckt wird, ob es die Person genauso erfüllt wie beim ersten Mal oder ob sich nur ein schwaches Echo einstellt, hängt davon ab, wie gut Sie den Anker gesetzt haben.

Indem Sie bewusst beobachten, wie Sie solche Anker schaffen, werden Sie auch erkennen, was Sie ansonsten unabsichtlich in Ihren Mitmenschen verankern. Dasselbe gilt natürlich auch für Anker, die Sie bei sich selbst setzen, wie es beispielsweise meiner Freundin beinahe mit ihrem Bett ergangen wäre. Genau wie bei der Suggestion verwenden wir unsere Anker oft sehr ungeschickt.

Unbewusste negative Anker
Der amerikanische Coach Jerry Richardson gibt ein gutes Beispiel: Ein Vater umarmt seinen Sohn, wenn der Kleine traurig ist. Damit will er ihn natürlich trösten und ihm den Rücken stärken. Das Problem besteht nur darin, dass sei-

ne Umarmung das nur bewirken wird, wenn es beim ersten Mal in einem positiven Zusammenhang verwendet wurde, also in positiven Gefühlen verankert ist. Nur so kann durch die Umarmung der positive Zustand beim Kind wieder ausgelöst werden. Doch dieser Vater hat nicht so viel körperlichen Kontakt mit seinem Kind, eigentlich fast nur, wenn er es tröstet. Und so wird die Umarmung nicht mit einem positiven Zustand assoziiert, sondern in einer negativen Situation verankert, denn nur in einer solchen wird das Kind umarmt.

Wenn das ein paar Mal hintereinander passiert, wird der Vater seinen Sohn in einen negativen Zustand versetzen, sobald er ihn umarmt, auch wenn der Kleine zu Anfang vielleicht noch gar nicht traurig war. Kommen Berührungen nur dann vor, wenn jemand traurig ist, wird genau dieses Gefühl mit Berührung verknüpft, ungeachtet der ursprünglichen Absicht.

Leider haben wir die Tendenz, unsere Mitmenschen verstärkt zu berühren, wenn sie traurig oder aufgewühlt sind. Richardson stellt die These auf, dass vielleicht deswegen so viele Personen in unserer Gesellschaft nicht gerne berührt werden – sie haben einfach gelernt, Berührung mit negativen Gefühlen zu verbinden. Das ist ein erschreckender Gedanke. Wir müssen also besser auf unsere Verhaltensmuster achten, denn in unserem Unterbewusstsein verknüpfen wir das Verhalten unseres Gegenübers immer mit der Erinnerung an das Gefühl, das wir gleichzeitig empfanden. Generell wäre es sicher angebracht, auch dann körperlichen Kontakt zu seinen Mitmenschen zu haben, wenn es ihnen gut geht. Wenn Sie mit Ihrer Berührung erst einmal eine Assoziation zu positiven Gefühlen etabliert haben, können Sie den anderen wirklich helfen, wenn es ihnen schlecht geht.

Natürlich muss es bei einem emotionalen Anker nicht unbedingt um Berührungen gehen. Ich habe das obige Beispiel nur angeführt, weil wir häufig Körperkontakt aufnehmen, wenn wir jemand trösten wollen. Außerdem sind Berührungsanker sehr stark. Doch wie gesagt, all unsere Wahrnehmungen können zu Ankern werden. Ein Wort, ein Bild, eine Stimmlage, eine Bewegung, ein Geruch, eine Farbe oder ein Geschmack. Aus naheliegenden Gründen zieht eine visuell veranlagte Person visuelle Anker vor, während die auditiv veranlagte eher zu akustischen Ankern neigt. Wenn Sie nicht sicher sind, welche Art Anker Sie anwenden sollen, ist es vorteilhaft, verschiedene Sinneseindrücke zu kombinieren. Statt nur ein Wort zu sagen, setzen Sie eine bestimmte Betonung ein, machen eine bestimmte Handbewegung und berühren den Arm Ihres Gegenübers mit der anderen Hand. Je mehr Sinneseindrücke Sie einbauen können, umso klarer und sicherer wird er.

Den Zustand des Gegenübers verändern

Sie wissen, dass unsere Stimmung und die Gedanken, die uns zufällig durch den Kopf gehen, Einfluss darauf haben, ob wir die Ideen unseres Gegenübers gut oder schlecht finden. Wenn Sie also einen Vorschlag haben, den sich der andere anhören und gut finden soll, sollte er in einer möglichst empfänglichen Stimmung sein. Wenn er das nicht ist und Sie keine Möglichkeit haben, seine Gefühlslage zu verändern, dürften Sie ein Problem bekommen. Rapport schaffen ist immer das wichtigste Werkzeug, um dieses Ziel zu erreichen. Aber selbst wenn Sie die Sympathien Ihres Gesprächspartners gewonnen haben und er für Ihre Ideen offen sein möchte, kann er immer noch traurig sein, aus Gründen, die sich Ihrem Einfluss entziehen. Das könnte etwas sein, was gar nichts mit Ihrem Verhältnis zu tun hat. Vielleicht etwas in seinem Privatleben.

Auch wenn seine Absichten die besten sind, werden seine Gefühle – auch wenn sie nichts mit Ihnen persönlich zu tun haben – seine Meinung zu Ihrem Vorschlag beeinflussen. Indem Sie einen positiven Anker benutzen, können Sie zumindest vorübergehend seinen Gefühlszustand verändern, um ein günstigeres Klima für Ihre Besprechung zu schaffen.

Sie können Anker auch verwenden, um ganz konkret die Einstellung zu einem bestimmten Vorschlag zu ändern. Wie in dem klassischen Beispiel, in dem der Autohändler zu seinem Kunden sagt: »Wie wäre das für Sie, wenn Sie sich einfach spontan dafür entscheiden würden?«, und gleichzeitig einen Anker starker Glücksgefühle bei ihm auslöst.

Anker funktionieren, weil wir die Tendenz haben, die Geschehnisse in unserer Umwelt mit unseren Gedanken und unserer Stimmung zu assoziieren. Egal, ob diese beiden Welten zusammenhängen oder nicht – so werden Anker geschaffen. Und das ist einer der Gründe, warum Sie lernen sollten, wie man sich ihrer richtig bedient. Wenn Sie jemand treffen, der sich in einem negativen Zustand befindet, und Sie können seine Laune nicht heben, dann laufen Sie Gefahr, dass Ihre ganze Begegnung mit seinem negativen Zustand verknüpft wird! Jedes Mal wenn er Sie wiedertrifft oder von Ihnen hört, verspürt er leises Unbehagen, ohne zu ahnen warum. Und so soll doch keiner von Ihnen denken, oder? Diese Tatsache kann sowohl im Privat- als auch im Berufsleben verheerende Folgen haben. Gott sei Dank gilt auch das Gegenteil: Wenn es Ihnen gelingt, positive, erfreuliche Gefühle bei anderen zu wecken, indem Sie Ihre neu erworbenen Kenntnisse aus diesem Buch anwenden, werden Sie als Person ein Anker für diese Gefühlslage. Wenn Sie den Anker stark gesetzt haben, reicht schon die Erwähnung Ihres Namens, um positive und fröhliche Gefühle bei diesen Menschen auszulösen. Oder andere Gefühle, die Sie in ihnen verankert haben.

Wie bereits erwähnt, kann man auch wunderbar Anker bei sich selbst setzen. Auf diese Weise kann man sich jederzeit eine nützliche Dosis von einem ganz bestimmten Gefühl verabreichen: Selbstvertrauen in einer Situation, die uns eigentlich nervös macht, Freude, wenn man niedergeschlagen ist, Energie und Unternehmungslust, wenn man gerade ein bisschen in den Seilen hängt usw.

Man kann auch verschiedene Gefühle in einem Anker kombinieren. Ich habe einen persönlichen Anker, der bei seiner Auslösung eine Kombination aus Freude, Stolz, Neugier, Schmetterlingen im Bauch und Selbstvertrauen nach sich zieht. Der Effekt ist geradezu berauschend. Ich löse ihn immer gerne bei meinen Showauftritten aus, kurz bevor ich die Bühne betrete. Er versetzt mich prompt in den Zustand, den ich brauche, um bei meiner Vorstellung alles geben zu können.

Sie werden jetzt lernen, wie Sie eigene Anker setzen. Ich schlage vor, dass Sie nicht nur den Text lesen, sondern es selbst gleich ausprobieren. Erst dann werden Sie begreifen, wie einfach es ist und wie prima es funktioniert. Vielleicht hört es sich für Ihre Ohren an wie Hexerei, aber im Grunde ist es nicht mysteriöser als Pawlows Hunde. Tatsächlich ist es genau dasselbe. Nur ein bisschen lustiger und nicht so nass.

It's that human touch
Wie Sie einen Anker setzen

Was genau Sie sich aussuchen (Geste, Wort, Berührung oder etwas anderes), hängt davon ab, was Sie als Anker haben wollen und was die Situation überhaupt zulässt. Wie ich schon erwähnte, ist Berührung für die meisten Menschen ein sehr starker Anker. Manche Situationen erlauben nicht mehr Berührung als das Händeschütteln zu Anfang. Vielleicht stehen Sie auch zu weit von der entsprechenden Person entfernt, als dass Sie sie beiläufig berühren könnten. In solchen Situationen empfiehlt sich eine deutliche, ausgeprägte Handbewegung, mit der Sie Ihre Worte begleiten. Die Geste sollte eine sein, die Sie sonst nicht verwenden – die Hände zusammenschlagen, ein Trommelwirbel mit den Fingerspitzen auf der Tischplatte, sich vor die Stirn schlagen oder eine extrem ausdrucksvolle Miene.

Wenn Sie ein Wort verwenden, hat das den Vorteil, dass Sie dieses Wort später einfach in Ihrer Rede »verstecken« können, um den Anker auszulösen. Es muss nicht einmal exakt dasselbe Wort sein, es muss nur fast genauso klingen und Sie sollten es auf dieselbe Weise betonen.

Hier sind ein paar Beispiele, wie Sie Worte zusammen mit Körpersprache einsetzen können, um einen Anker zu setzen:

Sie führen eine ganz spezielle Geste oder Berührung durch und sagen gleichzeitig (beispielsweise bei einer Golfrunde): »Was für ein **toller** Schlag!« Betonen Sie das Wort **toll**.

Um diesen Anker auszulösen, wiederholen Sie die Geste oder die Berührung und sagen gleichzeitig (beispielsweise bei einer geschäftlichen Besprechung): »Ich bin überzeugt, das wäre eine **tolle** Lösung für Sie. Was meinen Sie?« Betonen Sie dabei das Wörtchen **toll** genauso wie bei der vorherigen Gelegenheit.

Und mit einem ähnlich klingenden Wort könnte das Beispiel so aussehen:

Beim Setzen des Ankers: »**Toller** Schlag!«

Beim Auslösen des Ankers: »Dieses Projekt steckt **voller** Möglichkeiten!«

In beiden Fällen betonen Sie **toll/voll** auf dieselbe Weise und begleiten das Wort mit der entsprechenden Handbewegung oder der Berührung.

Können Sie sich noch an den Autohändler erinnern? Wenn er beispielsweise sagt: »Ich bin sicher, das wäre eine **tolle** Lösung für Sie. Was meinen Sie?« (oder vielleicht noch direkter: »Da greifen wir doch gleich zu! **Toll!**«), während er Ihnen leicht auf die Schulter klopft, dann verbindet sich in Ihnen das Gefühl, das er mit dem Wort **toll** verknüpft hat, mit diesem Schulterklopfen. Den Anker für dieses Wort hat er natürlich gesetzt, ohne dass Sie es gemerkt haben, er hat Ihnen dabei einfach eine witzige Anekdote erzählt. Wenn Sie wieder in diese Gefühlslage versetzt werden, sehen Sie viel leichter ein, warum Sie bei diesem Auto sofort zugreifen sollten.

Auf dieselbe Weise können Sie selbst Anker einsetzen, um positive Gefühle mit Ihren Vorschlägen und Ideen zu verknüpfen. Natürlich sollten das Gefühle sein, die Sie selbst mit Ihren Vorschlägen verbinden. Und selbstverständlich sollten Sie in anderen Menschen niemals Gefühle auslösen, die nicht berechtigt sind.

Wenn Sie wissen wollen, welche Industrie es auf diesem Gebiet zur absoluten Perfektion gebracht hat, dann schauen Sie sich mal die Fernseh- oder Zeitungswerbung an. Damit können Sie auch gut üben, Anker zu entdecken, an die wir nicht denken, die aber die meisten von uns regelmäßig beeinflussen. Sie werden entdecken, wie die Werbeagenturen nicht nur Suggestion anwenden, sondern auch kulturell und sozial Verankertes, beispielsweise Symbole, Farben und Klänge, um bestimmte Gefühle bei Ihnen auszulösen. So sollen Ihre Gefühle mit dem Produkt der entsprechenden Firma gekoppelt werden. Es ist wahrscheinlich nicht so tragisch, wenn man die Leute so konditioniert, dass sie beim Anblick des Coca-Cola-Logos fröhlich werden. Aber genauso gut kann man die Menschen so konditionieren, dass sie jedes Mal Kauflust verspüren, wenn man ihnen die neuesten Sneakers von Nike vor die Nase hält.

Sehen Sie sich die Reklame mal gut an. Manche haben offensichtlich noch nie von Onkel Ben gehört.

Kling, Pawlow-Glöckchen, klingelingeling!
Passen Sie die richtige Gelegenheit ab

Am leichtesten können Sie einen Anker bei jemand setzen, indem Sie abwarten, bis er in der gewünschten Stimmung ist, sagen wir mal Freude. Wenn Sie merken, dass irgendetwas passiert, das ihn einen Moment lang in freudige Stimmung versetzt, beispielsweise ein richtig schöner Lachanfall im Kino oder ein hole-in-one auf dem Golfplatz, dann setzen Sie Ihren Anker in dem Moment, in dem Sie glauben, dass das Glücksgefühl am stärksten ist. Es ist wichtig, dass Sie den Anker zu setzen versuchen, wenn das Gefühl noch am Ansteigen beziehungsweise auf seinem Gipfel ist. Sie wollen ja keinen Anker setzen, der mit einem Absinken der guten Stimmung verknüpft ist.

Diese Methode bringt freilich ein gewisses Problem mit sich: Wenn Sie bei einem Menschen einen bestimmten Anker schaffen wollen, kann es ganz schön zeitaufwändig werden, ständig hinter ihm herzudackeln und abzuwarten, bis er endlich das gewünschte Gefühl empfindet. Außerdem riskieren Sie, sich dabei ein Stalker-Image zuzuziehen. Der andere wird sich früher oder später wundern, warum Sie ständig um ihn herumwuseln, und irgendwann läuft man auch Gefahr, angezeigt zu werden, wenn man jemandem gar nicht mehr von der Seite weicht. Aber diese Methode mit der natürlichen Stimmungslage ist sehr gut geeignet, um spontane Anker zu setzen. Machen Sie es sich zur Regel, immer einen Anker zu setzen, wenn Sie merken, dass jemand plötzlich sehr glücklich wirkt. Wenn das Gefühl schon mal da ist, können Sie die Gelegenheit auch gleich nutzen. Auch wenn Sie es nicht geplant haben, können Sie sich diesen Anker trotzdem bei einer späteren Gelegenheit zunutze machen.

Ich fordere Sie also tatsächlich auf, durch die Gegend zu laufen und Anker in den Leuten zu setzen, sobald sie starke, positive Gefühle haben? Ganz richtig! Und es ist gar nicht schwer. Wenn Sie es ein paarmal gemacht haben, gehen Sie ganz automatisch dazu über. Es erfordert fast keine Anstrengung von Ihrer Seite.

Aber vielleicht haben Sie keine Lust zu warten, bis der andere in genau die Stimmung kommt, die Sie verankern wollen. Dann müssen Sie eben dafür sorgen, dass *Sie* diesen Zustand bei der betreffenden Person auslösen! Wie Sie noch aus dem Kapitel über Gefühle wissen, kann man Gefühle auf viele verschiedene Arten auslösen. Der Anker ist nur nicht so offensichtlich und wirkt schneller als die meisten anderen Methoden. Viele dieser Methoden funktionieren nach dem Prinzip, dass Gefühle geweckt werden, indem man gedankliche Assoziationen schafft. Anker und Konditionierung funktionieren wie körperliche Reflexe. Aber wenn Sie Freude in jemand verankern wollen, warum erzählen Sie ihm nicht einfach eine wahnsinnig komische Geschichte? Setzen Sie Ihren Anker, wenn er gerade in wieherndes Gelächter ausbricht. Oder streben Sie dieses »Na los, ergreif deine Chance!«-Gefühl an? Oder Zusammengehörigkeitsgefühl? Fangen Sie einfach an, darüber zu reden, und erinnern Sie Ihr Gegenüber daran, dass es dieses Gefühl auf jeden Fall schon einmal gehabt hat. Dann setzen Sie die Wörter ein, die den bevorzugten Sinn Ihres Gesprächspartners am besten ansprechen, um starke Assoziationen zu schaffen. Vergewissern Sie sich, dass die Person das Gefühl in diesem Moment wirklich wieder verspürt.

»Du kennst das doch auch, oder? Da hat man plötzlich so eine Idee und weiß, man müsste sich bloß mal in den Hintern treten und es einfach tun. Oder man sieht irgendwas und will es um jeden Preis haben. Weißt du, was ich meine? Wenn einen dieses Gefühl nicht mehr loslässt, dieses ›Ich muss das unbedingt machen‹ oder ›Ich will das unbedingt haben!‹. Kannst du dich erinnern, wie sich das anfühlt?«

Achten Sie darauf, wann das Gefühl bei Ihrem Gegenüber am stärksten ist. Das ist nicht schwer zu erkennen, denn Sie wissen ja, welche körperlichen Zeichen Engagement und Interesse signalisieren – klarer Blick, erweiterte Pupillen, Veränderung der Gesichtsfarbe durch die gesteigerte Durchblutung usw. Setzen Sie Ihren Anker, wenn das Gefühl auf seinem Höhepunkt zu sein scheint.

Sie brauchen nicht zu befürchten, Sie könnten es nicht schaffen, das Gespräch so zu lenken, dass der andere ein Gefühl (wieder) empfindet. Wir sprechen sonst auch nicht viel anders. »Weißt du noch …?« ist ein Ausdruck, der in jedem Gespräch auftauchen kann. In unserer Alltagskonversation wecken wir ständig gegenseitig gefühlsmäßige Assoziationen. Wenn Sie sich vergewissern, ob der andere das Gefühl wirklich empfindet, können Sie das damit erklären, dass Sie ihm ganz genau vermitteln wollen, wie Sie selbst sich vor einem bestimmten Projekt fühlen. Oder Ihnen fällt eine andere Begründung ein.

»Kannst du dich erinnern, wie sich das anfühlt? Spürst du es? Genauso fühle ich mich jetzt, vor diesem Projekt.«

Andere gute Einleitungen wären:

»Was findest du am besten ...?«

»Kannst du dich erinnern, wann du zum letzten Mal dieses Gefühl hattest, dass ...«

»Stell dir vor, du wärst ...«

Wie der letzte Satz andeutet, braucht es gar keine Erinnerung zu sein, die Sie ansprechen. Wie Sie wissen, kann man auch durch Phantasieren Gefühle wecken.

»Es wäre doch toll, wenn ... Wir würdest du dich dann wohl fühlen?«

Ankerübung

Wenn Sie einen Anker bei sich selbst setzen wollen (und das wollen Sie natürlich!), machen Sie es genau so wie bei einem anderen Menschen. Sie suchen sich ein Gefühl aus und finden dann eine Erinnerung oder ein Phantasieszenario, in dem dieses Gefühl sehr ausgeprägt ist. Durchleben Sie die Erinnerung noch einmal, erwecken Sie das Gefühl zum Leben und verankern Sie es dann. Wenden Sie die folgende Endlosschleifenmethode an, um den Anker so stark wie möglich zu setzen:

Erster Schritt:
Sie suchen sich das Gefühl aus, das Sie durch einen Anker jederzeit auslösen können wollen. Finden Sie dann eine Erinnerung oder eine Phantasie, in der dieses Gefühl sehr stark ausgeprägt ist.

Zweiter Schritt:
Bauen Sie diese Erinnerung/Phantasie Schritt für Schritt auf, einen Sinneseindruck nach dem anderen. Rufen Sie sich erst vor Ihr inneres Auge, wie das Ganze aussieht. Gebäude, Personen, Farben, Licht. Je mehr Details, desto besser. Dann unterlegen Sie es mit Klängen. Wellenrauschen? Hurrarufe? Das Knattern von Fahnen im Wind? Tierlaute? Zum Schluss fügen Sie körperliche Empfindungen und Gerüche hinzu: Wind, Wärme, Schweiß, Tanggeruch. Erleben Sie die Erinnerung/Phantasie dabei von außen.

Dritter Schritt:
Wenn Sie fertig sind, steigen Sie in diese Erinnerung/Phantasie hinein und erleben sie von innen. Lassen Sie sich ganz von diesem Gefühl durchdringen.

Vierter Schritt:
Kurz bevor das Gefühl seinen Höhepunkt erreicht, setzen Sie Ihren Anker (ballen Sie die Faust und sagen Sie: »Supercalifragili!« oder was auch immer Sie für passend halten). Behalten Sie diese Haltung bei, während das Gefühl seine größte Intensität entfaltet. Und lösen Sie sie, sobald die Intensität wieder abnimmt.

Fünfter Schritt:
Ruhen Sie sich einen Moment aus. Wiederholen Sie dann Schritt zwei bis vier, aber diesmal versuchen Sie, die Sinneseindrücke alle ein bisschen stärker auszumalen: Die Farben sind leuchtender, das Licht heller, die Sonne wärmer usw.

Auf diese Weise verstärken Sie auch das dazugehörige Gefühl. Wenn Sie merken, dass Sie die Erinnerung nicht noch mehr intensivieren können, können Sie zu etwas anderem übergehen, das mit demselben Gefühl verknüpft ist. Egal was. Verstärken Sie die Sinneseindrücke und das Gefühl jedes Mal, verankern Sie es ebenso wie vorher.

Sechster Schritt:
Führen Sie den fünften Schritt am gleichen Ort drei- oder viermal durch. Wenn Sie alles richtig gemacht haben, haben Sie jetzt einen sehr starken Anker in sich selbst gesetzt. Jetzt geht es ans Ausprobieren. Zuerst ruhen Sie sich ein bisschen aus. Setzen Sie sich irgendwo anders hin. Wenn Sie ganz entspannt sind, lösen Sie den Anker aus (indem Sie die Faust genauso ballen wie vorher).
Wenn Sie den Anker richtig gesetzt haben, werden Sie automatisch von diesem Gefühl erfüllt. Durch Konditionierung. Das lässt sich überhaupt nicht vermeiden – Sie haben sich selbst einen körperlichen Reflex antrainiert. Das ist ein unglaubliches Erlebnis. Wenn das Gefühl nur schwach ausgeprägt ist oder ganz ausbleibt, war entweder Ihr Timing schlecht oder Sie haben sich das Gefühl nicht richtig vergegenwärtigen können. In diesem Fall wiederholen Sie das Ganze einfach noch mal.

Üben, üben, üben

Wenn man effektiv Anker in anderen Menschen setzen will, muss man eine Weile üben. Das Wichtigste ist, dass man es sich überhaupt zur Gewohnheit macht – und dass man das richtige Timing lernt, so dass Sie Ihren Anker setzen, wenn das Gefühl gerade am stärksten ist. Aber genau wie beim Herstellen von Rapport ist das Üben ganz leicht. Sie müssen es einfach so oft wie möglich machen, damit Sie es irgendwann ganz automatisch tun. Der einzige Unterschied liegt darin, dass Sie nur positive Anker setzen und viel präziser kontrollieren, was für ein Gefühl Sie damit auslösen.

Anker setzen macht Spaß und ist ganz einfach. Es gibt keinen Grund, sich für jeden Menschen einen anderen Anker auszudenken. Denken Sie sich einen Standardanker für beispielsweise Freude aus und einen für Unternehmungslust. Auf diese Art müssen Sie sich nicht unnötig viele Varianten merken. Gewöhnen Sie sich an, Ihren Freuden-Anker (eine bestimmte Berührung in Kombination mit einem bestimmten Wort mit bestimmter Betonung) sofort anzuwenden, wenn jemand sehr froh ist, egal wer. Nach einer Weile haben Sie in den meisten Menschen Ihrer Umgebung den gleichen Freuden-Anker gesetzt. Doch damit entlasten Sie nicht nur Ihr Gedächtnis – stellen Sie sich doch mal vor, was passiert, wenn Sie den Anker in einem Zimmer auslösen, in dem sich mehrere dieser Personen aufhalten! Genau. Sie haben gerade ein multiples Gefühl ausgelöst. Das nenne ich doch mal ein Überraschungsgeschenk!

Vielleicht finden Sie die Sache mit den Ankern irgendwie befremdlich oder halten sie für Hokuspokus. Sollte dem so

sein, habe ich den Verdacht, dass Sie die letzte Übung über-
sprungen haben. Denn eigentlich ist das Ganze total einfach.
Sie schaffen eine reflexartige Assoziation in sich oder einem
anderen Menschen, eine Assoziation, die unser Verhalten
(den Anker) an ein bereits erlebtes Gefühl koppelt. Das ist
alles. Viel mehr kann ich dazu in Worten nicht sagen. Um zu
verstehen, wie großartig so ein Anker funktioniert, müssen
Sie es nur einmal selbst ausprobieren.

Genau wie vorher, als Sie geübt haben, Rapport herzustellen, können Sie auch beim Einüben dieser Technik keine
»negativen« Resultate erzielen. Schlimmstenfalls gelingt es
Ihnen nicht, den Anker richtig zu setzen, so dass sich nichts
tut, wenn Sie ihn auslösen. Genau wie bei Onkel Melcher –
man muss »den richtigen Dreh« haben. Wenn Ihr Vorhaben
gelingt, werden Sie und andere sich wohlfühlen, fröhlicher
und kreativer werden (und all die anderen positiven Gefühle, die Sie verankert haben). Sie hinterlistiger, aber guther-
ziger Gedankenmanipulator, Sie!

Ihr Grundkurs im Gedankenlesen neigt sich seinem Ende zu.
Durch Ihre Kenntnisse über Rapport, dominierende Sinneseindrücke und subtile Gefühlsäußerungen sind Sie sich jetzt
bewusst, was andere wirklich sagen, wie sie tatsächlich denken und eigentlich fühlen. Sie können herausfinden, ob jemand verbergen will, dass er unter Stress steht oder die Unwahrheit sagt. Problemlos können Sie unbewusste Signale
Ihres Gegenübers erkennen und darauf reagieren. Sie beherrschen Techniken, mit denen Sie anderen Leuten Ideen,
Meinungen und Gedanken in den Kopf pflanzen können –

und merken es deswegen auch schneller, wenn Sie selbst manipuliert werden sollen. Durch das Setzen von Ankern können Sie sich und andere in genau die Gefühlslage versetzen, die Sie gerade für vorteilhaft erachten.

Aber eines fehlt noch.

Sie können sich natürlich nicht Gedankenleser nennen, solange Sie nicht bewiesen haben, dass Sie wirklich einer sind. Zum Schluss lernen Sie also noch ein paar nette Gedankenlesedemonstrationen, mit denen Sie Ihre Umgebung beeindrucken können. Also, geheimnisvollen Blick aufsetzen, dramatische Musik aufdrehen und das rote Licht anschalten. Bühne frei!

Elftes Kapitel

Elftes Kapitel

In dem Sie ein paar schöne Gedankenlesetricks finden, mit denen Sie Ihre Freunde beeindrucken und in Ihrer Umgebung Angst und Schrecken verbreiten können.

Show off
Beeindruckende Vorführungen und Partytricks

Gedankenlesen zur Unterhaltung ist natürlich ein bisschen anders als das, was Sie mittlerweile im Alltag anwenden. Aber diesmal müssen Sie keine neuen Techniken mehr einüben. Die folgenden Demonstrationen bauen nämlich (mit gewissen Varianten) auf den Methoden auf, die Sie aus diesem Buch gelernt haben. Der einzige Unterschied liegt darin, dass wir das Ganze anders präsentieren als vorher – und mit wesentlich spektakuläreren Resultaten. Selbstverständlich müssen Sie auch hier ein bisschen Übung investieren, um gute Ergebnisse zu erzielen. Erwarten Sie nicht, dass Sie alle Vorführungen schon beim ersten Mal perfekt hinkriegen. *Umsonst gibt es nichts.* Doch mit ein wenig Geduld werden Sie sie problemlos meistern. Manche haben Sie sogar schon geübt, ohne es zu wissen.

Denken Sie einfach daran, dass diese Tricks unglaublich starken Eindruck auf die beteiligten Personen machen. Sie wissen, was Sie können und was nicht, aber Ihre Versuchskaninchen wissen nicht, wo die Grenze Ihrer Fähigkeiten verläuft. Erklären Sie ihnen gerne, dass Sie ihnen auch nicht in die Köpfe blicken und sie nach Gutdünken kontrollieren können. Nur fast. Wenn Sie diese Partytricks vorführen, können Sie nämlich entweder eine Sehr Beliebte Person oder ein Extrem Einsamer Mensch werden, je nachdem, was Sie mit Ihren Freunden und Bekannten so anstellen.

Sichtbare Gedanken
Sie wissen, was Ihre Freunde denken

Bei dieser Vorführung soll jemand an ein Bild, einen Klang oder ein Gefühl denken. Indem Sie heimlich seine Augenbewegungen verfolgen, können Sie erkennen, für welche der drei Alternativen sich der Teilnehmer entschieden hat. Sie wenden also nur das EAC-Modell von S. 99 an, um herauszufinden, woran derjenige gerade denkt. Ganz einfach, aber fast schockierend für Ihre Zuschauer.

Das unten angeführte Beispiel soll keine Anleitung sein, die Sie sklavisch befolgen müssen. Ich habe sie nur geschrieben, um die verschiedenen Schritte bei so einer Vorführung zu verdeutlichen. Wenn Sie das Prinzip begriffen haben, können Sie sich selbst passende »Themen« ausdenken. Aber bis auf Weiteres stellen wir uns vor, dass Sie sich in irgendeiner Form von sozialem Umfeld befinden, in dem außer Ihnen noch weitere Personen anwesend sind. Eine reicht zwar schon, aber ein paar Zuschauer sind nie verkehrt. Wir stellen uns vor, dass jemand sich bereit erklärt hat, an einem interessanten Gedankenlese-Experiment teilzunehmen. Sie beginnen mit folgenden Worten:

Wir werden jetzt ein Gedankenlese-Experiment durchführen. Gedanken sind freilich etwas sehr Persönliches, deswegen beschränken wir uns bei diesem Versuch auf Gedanken, die wir in dieser Situation gemeinsam erschaffen. Ich werde also nichts Privates aufdecken, das dir gerade durch den Kopf geht. Entspann dich einfach und befolge meine Anweisungen ... Bist du bereit? Dann fangen wir an. Hier ist der erste Gedanke. Ich möchte, dass du dir ein Wohnzimmer vorstellst. Jetzt. Stell dir den Raum vor. Versuch ihn mit möglichst vielen Details auszustatten, Möbel, Gemälde, bau dir einfach ein Bild des gesamten Zimmers auf ...

An dieser Stelle kontrollieren Sie, ob derjenige seine Augen in eine ganz bestimmte Richtung wendet – wahrscheinlich nach links oben, aber alle Augenzugangshinweise funktionieren, solange sie deutlich und konsequent sind.

Gut. Du kannst das Bild jetzt wieder verschwinden lassen. Stattdessen möchte ich jetzt, dass du dir innerlich den Refrain deines Lieblingsliedes vorstellst. Nimm dir die nötige Zeit, ich will, dass du die Musik wirklich in deinem Kopf hörst.

Jetzt vergewissern Sie sich, dass eine klare Markierung für den akustischen Bereich vorgenommen wird: Die Augen blicken wahrscheinlich zur Seite, der Kopf wird etwas schräg gelegt. Wenn Sie im auditiven Bereich keine so deutlichen Reaktionen bekommen, was vielleicht daran liegt, dass dieser Mensch nicht sonderlich auditiv veranlagt ist, gehen Sie einfach weiter zur kinästhetischen Frage, als wäre nichts passiert. Denken Sie daran, dass Ihr Versuchsobjekt

und die Zuschauer noch nicht wissen, worauf Sie hinauswollen.

Lass die Musik jetzt ausklingen. Zum Schluss möchte ich, dass
du dir vorstellst, wie es sich anfühlt, wenn du unter der Dusche
stehst. Du spürst, wie das schöne warme Wasser auf deinen Kör-
per rieselt, du spürst den rutschigen Boden unter deinen Füßen ...

Wenn Sie die Augenzugangshinweise für mindestens zwei
der drei angesprochenen Sinne gesehen haben, können Sie
Ihren Freund bitten, diese Sinneseindrücke noch einmal zu
durchleben. So können Sie sich vergewissern, ob er die Augenbewegungen konsequent ausführt. Das ist zu empfehlen,
wenn Ihr Teilnehmer beispielsweise nicht dem EAC-Modell
folgt. Wenn Sie beim Kontrolldurchgang zu anderen Ergebnissen kommen, betonen Sie noch einmal, wie wichtig es
ist, dass er das Zimmer ganz deutlich *sieht* und das Wasser
auf seinem Körper *spürt* (oder was auch immer Sie sich haben einfallen lassen), damit er nicht plötzlich auf einen anderen Sinneseindruck schwenkt. Aber wenn Sie eindeutige
Augenbewegungen beobachten konnten, können Sie direkt
weitermachen.

Okay, jetzt hast du ein paar zufällig gewählte, aber völlig unter-
schiedliche Gedanken im Kopf. Ich möchte, dass du jetzt entweder
an das Wohnzimmer oder an die Dusche denkst.
(Oder Sie stellen alle drei Alternativen zur Wahl, wenn Sie klare
Ergebnisse bei allen Sinneseindrücken bekommen haben.)
Sag mir nicht, was du dir aussuchst ... denk einfach am eine Vari-

ante: Wenn es das Zimmer ist, möchte ich, dass du es wieder ganz deutlich vor dir siehst, wenn es die Dusche ist, spürst du wieder das warme Wasser auf der Haut ...

Jetzt müssen Sie nur noch feststellen, wohin sich sein Blick bewegt, und können bekannt geben, welchen Gedanken er sich ausgesucht hatte.

Denken Sie immer daran: Für Sie ist es natürlich sonnenklar, was bei dieser Vorführung abläuft, aber glauben Sie mir, die anderen tappen völlig im Dunkeln. Keiner weiß, was Sie beabsichtigen, wenn Sie ihn bitten, gedanklich verschiedene Sinneseindrücke zu durchleben, und eventuelle Zuschauer verfolgen nur ein interessantes Schauspiel. Ihr Versuchskaninchen wird sich seiner Augenbewegungen nicht einmal bewusst sein, genau wie Sie, bevor Sie das EAC-Modell kennenlernten. Wenn wir denken, verlagern wir unsere Aufmerksamkeit nach innen und haben keine Ahnung, was wir gleichzeitig mit unserem Körper anstellen. Am allerwenigsten wissen wir, was sich auf unserem Gesicht abspielt, denn das sehen wir ja nicht mal.

Das Beispiel mit dem Wohnzimmer und der Dusche ist natürlich ein bisschen bizarr. Ich habe es nur gewählt, um das Prinzip zu demonstrieren. Da es Ihnen freisteht auszusuchen, woraus die jeweiligen Eindrücke bestehen sollen, können Sie das Gedankenlese-Experiment so persönlich und intim gestalten, wie Sie wollen. Der einzige Trick ist der, dass Sie die Eindrücke in Bilder, Klänge und Gefühle/körperliche Empfindungen einteilen müssen. Ein Beispiel, das man mit

seiner allerallerallerbesten Freundin durchspielen könnte,
sähe (verkürzt) so aus:

*Ich will, dass du dir deinen derzeitigen Freund deutlich vor Augen
rufst ... Dann möchte ich, dass du die Stimme deines Exfreundes
hörst, wie er mit dir redet ... Und jetzt möchte ich, dass du dich
zu erinnern versuchst, wie es sich anfühlte, als du deinen aller-
ersten Freund umarmt hast ... Und jetzt möchte ich, dass du an
denjenigen von diesen drei Männern denkst, den du eigentlich
am meisten liebst ...*

Die Möglichkeiten sind unendlich. Wichtig ist nur, dass Sie
das Prinzip begriffen haben. Dann kann Ihnen nur noch
Ihre Phantasie Grenzen setzen. In vielen Situationen ist es
vielleicht besser, unpersönliche Gedanken zu wählen, wie
Gegenstände oder Lieblingslieder. Aber wenn Sie meinen,
dass die Gelegenheit und die Gruppe es erlauben, können
Sie sich mehr an das letzte Beispiel anlehnen, um den Reiz
ein bisschen zu erhöhen. Lassen Sie den Teilnehmer zum
Schluss den Gedanken wählen, zu dem er sich emotional am
meisten hingezogen fühlt. Der Gedanke, der ihm am meisten bedeutet, was er am liebsten tun würde, wovor er am
meisten Angst hat usw.

Das Gute daran ist, dass Sie den genauen Inhalt seiner Gedanken ja gar nicht kennen müssen. Sie brauchen nicht zu
wissen, wie sein Lieblingslied heißt oder wie seine Exfreun-
din aussah – das Experiment funktioniert trotzdem. Sie müssen nur die Augenbewegungen beobachten. Was diese Vorführung so eindrucksvoll macht, ist die Tatsache, dass Ihr

Bekannter Sie nicht am Inhalt seiner Gedanken teilnehmen lässt, und dennoch können Sie sagen, woran er denkt.

Der Spatz in der Hand
Sie wissen, in welcher Hand die Versuchsperson einen Gegenstand versteckt

Bei dieser Vorführung raten Sie mehrmals richtig, in welcher Hand Ihr Teilnehmer einen Gegenstand versteckt. Sie können das auf drei verschiedene Arten machen. Ich schlage vor, dass Sie eine Sequenz durchführen, in der Sie bei jedem neuen Raten eine andere Methode einsetzen. Es imponiert den Zuschauern mehr, wenn Sie es mehrmals hintereinander schaffen – denn jeder hätte die Chance, beim ersten Mal mit fünfzigprozentiger Wahrscheinlichkeit einen Treffer zu landen.

Wenn Sie es dreimal hintereinander machen, macht es auch nicht so viel aus, wenn Sie einmal danebenliegen. Gedankenlesen ist eben doch nicht so ganz einfach. Außerdem demonstrieren Sie nicht nur, wie Sie Gedanken lesen, sondern auch, wie Sie andere beeinflussen und steuern können. Ihr Helfer wird zum Vergnügen der Zuschauer und zu seiner eigenen Überraschung wie Wachs in Ihren Händen sein.

Die Ausgangslage sieht folgendermaßen aus. Sie bitten jemand, einen kleinen Gegenstand in die Hand zu nehmen, den man ganz umschließen kann, wie beispielsweise einen Ring, eine Münze, einen Kiesel oder eine Mensch-ärgere-dich-nicht-Figur. Dann bitten Sie ihn, beide Hände auf den

Rücken zu legen. Erklären Sie ihm, dass er die Hand beliebig oft wechseln kann, er zum Schluss jedoch entscheiden soll, in welcher Hand der Gegenstand nun bleiben soll. Wenn er sich entschieden hat, bitten Sie ihn, beide Hände hinter dem Rücken zur Faust zu ballen und nach vorn zu strecken. Das Spiel kann beginnen.

Erste Methode
Diese Methode eignet sich am besten für den Anfang, weil sie fast peinlich einfach ist. Sie müssen sich nur Ihre Fähigkeit zunutze machen, subtile körperliche Veränderungen an Ihrer Versuchsperson wahrzunehmen. Nachdem er die Hände auf den Rücken gelegt hat, um den Gegenstand ein paarmal von rechts nach links und links nach rechts zu wechseln, drehen Sie ihm den Rücken zu. Bitten Sie ihn, die leere Hand vorzustrecken, jedoch die Hand, die den Gegenstand hält, an die Schläfe zu heben.

Es hört sich vielleicht komisch an, aber ich möchte, dass du deine Gedanken jetzt ganz mit dem Gefühl in dieser Hand erfüllst. Lass dir ein paar Sekunden Zeit, dir ein gedankliches Bild zu machen, und spüre, wie es deinen Kopf völlig ausfüllt.

Was Sie damit bezwecken? Er soll seine Hand einfach fünf, sechs Sekunden in Schläfenhöhe halten. Mit Ihrem Text verschleiern Sie das nur.

Bist du fertig? Dann kannst du die Hand jetzt wieder runternehmen und sie neben die andere halten ... JETZT!

Genau nach Ihrem »Jetzt« drehen Sie sich um – aber nicht zu schnell, denn Ihr Publikum soll ja nicht glauben, dass Sie noch einen Blick auf die Hände der Versuchsperson erhascht haben – und werfen einen Blick auf seine Hände. Schauen Sie nur ganz kurz hin, mehr brauchen Sie nicht. Seine Hand wird nämlich viel blasser sein als die andere, weil sie weniger durchblutet wurde, als er sie in die Höhe hielt. Die bleichere Hand ist also die Hand, in der der Gegenstand versteckt ist. Aber sagen Sie das nicht sofort. Um das Geheimnis undurchdringlich zu machen, sollten Sie warten, bis beide Hände wieder die gleiche Farbe haben. Nachdem Sie festgestellt haben, welches die fragliche Hand ist, blicken Sie Ihrem Bekannten ein Weilchen tief in die Augen, bevor Sie dramatisch enthüllen, in welcher Hand sich der Gegenstand befindet.

Ich sehe es ganz deutlich, in deinem Kopf ist ein ganz glasklares Bild ... ein Bild von deiner ... rechten Hand? Bitte mach deine rechte Hand auf.

Zweite Methode

Diesmal muss Ihr Helfer ganz still stehen, was den Trick noch verblüffender aussehen lässt. Die Methode verlangt allerdings eine bessere Beobachtungsgabe von Ihnen. Bitten Sie Ihren Bekannten, seine Arme gerade nach vorn zu strecken und geradeaus zu gucken. Achten Sie darauf, dass er die Arme weit genug hebt und so nah beieinander hält, dass beide Hände in seinem unmittelbaren Blickfeld bleiben. Dann bitten Sie ihn, sich auf die Hand zu konzentrieren, in der sich die Münze befindet. Warten Sie ein paar Sekunden.

Bereits jetzt können Sie mit etwas Glück eine leichte Kopfbewegung beobachten, manchmal sogar einen raschen Blick auf die Hand, die den Gegenstand hält. Die Bewegung kann allerdings minimal ausfallen.

Ein Tipp: Konzentrieren Sie sich auf die Nasenspitze Ihres Freundes. Wenn Sie eine Bewegung ausmachen können, können Sie hier abbrechen und bekannt geben, in welcher Hand der Gegenstand versteckt ist. Ansonsten müssen Sie weitermachen und den Teilnehmer bitten, sich ein gedankliches Bild von der entsprechend Hand zu machen, bis er sie ganz deutlich vor sich sieht. Er wird sich einen kurzen, fast unmerklichen Blick auf die richtige Hand nicht verkneifen können. Sie liegt am äußeren Rand seines Blickfelds, also ist die Versuchung gar zu groß, sich noch einmal zu vergewissern, wie sie aussieht. Das geschieht entweder unbewusst – oder er kommt dahinter, dass Sie ihn beim Gucken ertappt haben. Doch selbst damit erzielen Sie noch überraschte Reaktionen. Wir beschäftigen uns schließlich mit Gedankenlesen und gedanklicher Beeinflussung.

Bitten Sie ihn nun, die Hände nochmals auf den Rücken zu legen, um den Gegenstand hin und her wandern zu lassen. Wenn er fertig ist, soll er die Arme wie beim zweiten Versuch gerade nach vorne strecken.

Dritte Methode

Die letzte Methode baut voll und ganz auf Suggestion auf. Wenn Sie bezweifeln, dass sie funktioniert, können Sie jemand anders bitten, sie zunächst an Ihnen auszuprobieren. Dann werden Sie sehen, dass sie ganz prima funktioniert. Sie ist ein richtiger Klassiker in Sachen Suggestion. Ihr Teilnehmer hat sich für eine Hand entschieden und streckt nun wieder beide Arme vor sich aus. Vorher war es nicht so wichtig, in welchem Winkel die Arme gehalten wurden, aber jetzt bitten Sie ihn, sie parallel zum Boden zu halten. Sobald er die Augen geschlossen hat, beginnen Sie mit dem ersten Schritt der Suggestion:

Ich werde dir jetzt ein paar Sachen erzählen. Du musst nur zuhören. Versuche dich in meine Erzählungen hineinzudenken, so gut du kannst, aber achte immer darauf, dass du dabei deine Arme nicht bewegst. Halt sie ganz still. Okay? Entspann dich … Gut. Jetzt möchte ich, dass du dir vorstellst, wie der Gegenstand langsam immer schwerer wird … und schwerer … und schwerer. Als wäre er plötzlich aus Blei … er wird so schwer, dass du ihn kaum mehr festhalten kannst … spüre, wie er immer schwerer wird … und jetzt noch mal doppelt so schwer …

Bereits jetzt müssten Sie ein Resultat sehen. Der eine Arm Ihres Bekannten wird langsam absinken. Sobald Sie eine kleine Bewegung in der einen Hand sehen, auch wenn sie so minimal ist, dass sie nur Ihnen auffällt, können Sie diese Vorführung schon abbrechen.

Mach die rechte Hand doch einfach auf und lass den viel zu schweren Gegenstand auf den Boden fallen.

Die Zuschauer, die ein paar Meter weiter weg stehen, können schwören, dass sich die Hand nicht bewegt hat. Aber wenn dies Ihre letzte Vorführung ist, dann können Sie sie ja noch ein bisschen effektvoller gestalten. Dann gehen Sie zum nächsten Schritt:

> *Jetzt möchte ich, dass du dir vorstellst, dass um deine andere Hand eine Schnur geknotet ist. An dieser Schnur hängt ein Heliumballon. Es ist ein großer Ballon. Und er macht deine Hand so leicht ... so leicht. Sie wiegt überhaupt nichts mehr, sie will fliegen ... der Ballon versucht dich mit zur Decke zu ziehen ... aber der Bleiklumpen in deiner anderen Hand, der immer schwerer wird, hält dich am Boden fest ... Mittlerweile hält diese Hand einen riesigen Eimer voller Bleistücke ...*

Fahren Sie fort, die eine Hand schwerer und die andere leichter zu machen. Zum Schluss steht der Teilnehmer da und zeigt mit dem einen Arm nach oben, mit dem anderen nach unten. Er sieht aus wie ein großes K. Wie weit sich die Arme aus der Waagrechten entfernen, fällt von Person zu Person unterschiedlich aus, aber es kommt nur sehr selten vor, dass sie sich nicht merklich bewegen.

> *Lass die Augen noch einen Moment geschlossen. Hast du gemerkt, dass du die Arme irgendwie bewegt hast?*

Die Antwort wird Nein lauten. Nun können Sie einen Zuschauer bitten, zu sagen, in welcher Hand er den Gegenstand vermutet. Wahrscheinlich kann er problemlos folgern, welche Hand es ist.

Lass die Augen zu und steh ganz still. (Sie wollen ja nicht, dass er die Arme zu früh bewegt.) *Stimmt es, dass du den Gegenstand in der rechten Hand hast? Da du die Arme nicht bewegt hast, muss Matthias wohl auch Gedankenleser sein, oder? Mach die Augen auf.*

Ihre Versuchsperson wird ganz schön überrascht sein, wenn sie sieht, dass ihre Arme in verschiedene Richtungen zeigen statt einfach geradeaus. Nehmen Sie den Beifall entgegen und vergessen Sie nicht, auch einen Applaus für Ihren tapferen Mitspieler zu fordern.

Hin und her
Ein übernatürlicher Klassiker mit natürlicher Erklärung

Ich habe lange überlegt, ob ich dies hier auch noch bringen soll. Ich hatte Angst, dass ich damit in den Augen meiner Leser die Grenze zum lächerlichen Hokuspokus überschreite und damit die Glaubwürdigkeit dieses Buches ruiniere. Aber dann habe ich mir gedacht, wenn Sie immer noch hier sind und bis hierher gelesen haben, dann haben Sie jetzt auch die nötigen Kenntnisse, um zu verstehen, warum der nächste Trick eigentlich nicht seltsamer ist als alles andere. Im Grunde funktioniert er nämlich nach demselben Prinzip wie alles andere in diesem Buch. Ich rede vom ... Pendel.

Jo.

Dieser nach Patschuli duftende Hippiekristall an der Schnur, meist in den Händen einer Person mit selbstgefärbtem Hennahaar, die Ihnen Ihre Zukunft vorhersagen will. Doch das Pendel funktioniert ebenfalls nach dem psycho-physiologischen Prinzip, das heißt, alle Gedanken nehmen Einfluss auf unseren Körper. Bevor Sie das jetzt als Riesen-quark abtun, möchte ich, dass Sie es zumindest einmal selbst ausprobieren, damit Sie wissen, was Sie da verwerfen. Sonst wären Sie nämlich bloß abergläubisch. Ich verstehe ja, dass Sie Ihre Zweifel haben. Aber vertrauen Sie mir einfach.

Überzeugen Sie sich selbst

Nehmen Sie eine zwanzig Zentimeter lange Schnur, und be-festigen Sie am einen Ende einen Ring oder Ähnliches. Es sollte ein gewisses Gewicht besitzen. Wenn er zu leicht ist, funktioniert das Pendel nicht so gut. Dann malen Sie einen Kreis von ungefähr fünfzehn Zentimeter Durchmesser auf ein Stück Papier. Ziehen Sie einen senkrechten Strich durch den Kreis, und schreiben Sie daneben JA. Dann ziehen Sie einen waagrechten Strich und beschriften ihn mit NEIN. Sie können auch einfach den fertigen Kreis auf der nächsten Seite nehmen.

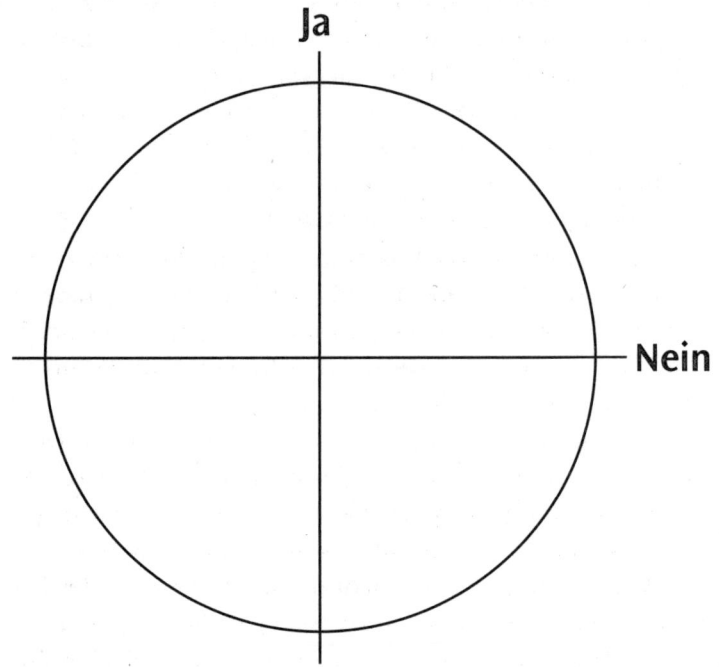

Halten Sie das lose Ende der Schnur zwischen Daumen und Zeigefinger. Lassen Sie das Pendel ruhig über dem Mittelpunkt des Kreises herabhängen. Konzentrieren Sie sich auf den JA-Strich. Denken Sie ganz deutlich »JAJAJAJA« – und Sie werden sehen, wie das Pendel sich über dem Strich vor und zurück bewegt! Bemühen Sie sich, die Hand ganz ruhig zu halten, Sie können Ihren Arm auch mit der anderen Hand stabilisieren. Wie Sie merken werden, spielt das gar keine Rolle – das Pendel schwingt weiter vor und zurück. Nun konzentrieren Sie sich auf den NEIN-Strich und denken »NEINNEINNEINNEIN«. Ohne dass Sie etwas getan hätten, wechselt das Pendel auf einmal die Richtung! Vergewissern Sie sich, dass Sie die Hand immer noch nicht bewegen. Zum Schluss denken Sie »KREIS« und werden sehen, wie das Pendel eine kreisförmige Bewegung über dem Papier beschreibt. Wechseln Sie eine Weile zwischen JA-NEIN-KREIS, bis Sie sich selbst überzeugt haben.

Beim Pendeln geht es um etwas, was man als ideomotorischen Effekt bezeichnet. Wenn Sie denken, aktivieren Sie unbewusst minimale Muskelbewegungen, die zu klein sind, um sie mit bloßem Auge entdecken zu können. Sobald sie jedoch durch die Länge der Schnur und das Gewicht des Pendels verstärkt werden, zeigen sie sich plötzlich sehr deutlich.

Das Pendel wird als »magisch« erlebt, weil wir sehen, wie es sich bewegt, obwohl wir schwören könnten, dass wir die Hand absolut still halten. Da liegt es eben näher, die Erklärung woanders zu suchen und der Pendelbewegung eine mystische Ursache zuzuschreiben. In den entsprechenden Büchern muss man nicht lange suchen, um solche blumigen Erklärungen wie »dein guter Geist« oder »die magische Kraft des Pendels« zu finden. Ich will die Welt gar nicht grauer und langweiliger machen, indem ich leugne, dass so etwas existieren könnte. Aber ich glaube, wir müssen keine esoterischen Argumentationen bemühen, wenn unsere physiologische Reaktion das Phänomen schon hinreichend erklärt. Die beste Beschreibung der Funktionsweise des Pendels, die ich je gelesen habe, stammt von den Pendelexperten Greg Nielsen und Joseph Polansky, Veteranen der Branche:

> *Das menschliche Nervensystem ist der Kommunikationskanal des Körpers … mit Hilfe des Pendels können Sie die Signale deuten, … die Ihre innere, höhere Intelligenz Ihnen über das Nervensystem mitteilt.*

Dann können wir immer noch diskutieren, ob unser Unterbewusstsein wirklich eine höhere Intelligenz ist. Aber *close enough,* wie man so schön sagt. Wir sehen nur die Bewegung des Pendels, nicht die der Hand, weil das Pendel durch seine Konstruktion die winzigen, unmerklichen Bewegungen der Hand sichtbar macht. Muskelbewegungen, die so klein sind, dass wir sie nicht erkennen können und die sich unserer bewussten Kontrolle entziehen. Die ideomotorischen Effekte sind keine neue Erkenntnis, sie wurden schon 1852 von dem Psychologen William B. Carpenter beschrieben (weshalb Sie auch Carpenter-Effekt genannt werden), der außerdem den Begriff *ideomotorische Aktion* prägte. Der bekannte Denker und Psychologe William James, den ich auch schon erwähnt habe, verdeutlichte das Ganze im Jahre 1890:

Wenn eine Bewegung unmittelbar und ohne jeden Zweifel dem Gedanken an die Bewegung folgt, liegt ideomotorische Aktivität vor. Das ist nicht weiter merkwürdig, sondern ein ganz normaler Prozess.

Offensichtlich hat ihnen niemand zugehört. Das scheinbar mystische Verhalten des Pendels sowie die Unkenntnis seiner Funktionsweise haben zu diversen falschen Schlussfolgerungen geführt, wozu man es verwenden könnte. Es ist eine populäre Alternative zur Wünschelrute, mit der man, wie Tintins guter Freund Professor Bienlein, verschwundene Gegenstände wieder aufspüren kann. Ihre Autoschlüssel vielleicht. Das kann funktionieren, aber nur unter der Voraussetzung, dass Sie selbst im Unterbewusstsein wissen, wo sich das Objekt befindet – auch wenn Sie es gerade vergessen haben. Aber das Pendel über eine Karte zu halten, um damit verschwundene Personen zu finden – wie man es in den USA vorgeschlagen und ausprobiert hat –, geht ein bisschen zu weit. Wenn das funktionieren sollte, würde es bedeuten, dass die Person, die das Pendel hält, tatsächlich irgendwelche Informationen über den Aufenthaltsort des Vermissten hat. Und dann wären Sie eindeutig in schlechte Gesellschaft geraten!

Nun wissen Sie also, dass das Pendel weder mit der Geisterwelt noch mit Ley-Linien zu tun haben muss, um funktionieren zu können – es ist eigentlich nicht geheimnisvoller als all die anderen körperlichen Reaktionen, die Sie durch bloße Gedanken hervorrufen. Also können Sie ganz beruhigt rausgehen und das Buch wieder vom Rasen aufklauben, das

Sie vorhin in hohem Bogen aus dem Fenster geschmissen haben.[6] Denn jetzt ist es langsam an der Zeit, andere Leute mit Ihren Entdeckungen zum Pendeln zu verblüffen.

Ein erster Testlauf

Erklären Sie Ihrer Versuchsperson, wie das Pendel gehalten wird und dass die Ausgangsposition über dem Mittelpunkt des Kreises liegt. Wenn sie das Pendel stoppen will, soll sie es einfach wieder auf das Kreuzchen in der Mitte legen, es aber niemals mit der anderen Hand aufhalten. Verwenden Sie einen Kreis mit JA-NEIN-Linien, wie bei Ihrem ersten Versuch.

Wenn Sie ein Pendelexperiment machen, bedeutet das Kreiseln »Zweifel« oder dass die Antwort nicht gegeben wird. Zuerst bitten Sie Ihren Bekannten, sich auf JA oder NEIN zu konzentrieren, damit er erlebt, wie das Pendel funktioniert. Dabei können Sie auch beobachten, wie stark das Pendel bei diesem Menschen ausschlägt und wie lange es braucht, um die Richtung zu wechseln. Schärfen Sie der Versuchsperson ein, die Hand nicht zu bewegen.

Beim ersten Testlauf suchen Sie sich eine Frage, die mit einer Zahl beantwortet wird, welche Ihrem Bekannten bekannt ist, Ihnen aber nicht.

Beispielsweise:

Wie viele Tassen Kaffee hast du heute getrunken?

---

6 Mein Redakteur weist darauf hin, dass Sie meine Aufforderung, das Buch wieder zurückzuholen, gar nicht lesen könnten, wenn Sie es vorher tatsächlich aus dem Fenster geworfen hätten. Da hat er freilich Recht. Werfen Sie das Buch nirgendwo hin, egal, was ich sage.

*Mit wie vielen Mädels hast du gestern in der Milchbar rumge-
knutscht?*

Bitten Sie ihn nun, das Pendel hochzuheben, es ganz ruhig
zu halten und sagen Sie: »Zehn.« (Sie müssen mit etwas anfangen, das garantiert einen negativen Ausschlag nach sich
zieht. Je nachdem, was Sie gefragt haben, müssen Sie den
ersten Vorschlag vielleicht noch höher ansetzen. Siehe obiges Beispiel.) Warten Sie, bis das Pendel über der NEIN-Li-
nie schwingt.

Wie schnell das Pendel ausschlägt, ist von Mensch zu
Mensch unterschiedlich – es kann unmittelbar und über-
deutlich erfolgen oder sich auf eine kleine, vorsichtige Bewegung beschränken. Nach dem ersten Nein zählen Sie langsam runter und behalten dabei das Pendel im Auge. Legen
Sie nach jeder Zahl eine kleine Pause ein, damit das Pendel
die Richtung wechseln kann:

Neun. Acht. Sieben. Sechs. Fünf. Vier. Drei. Zwei. Eins. Null.

Bei einem dieser Vorschläge wird das Pendel plötzlich die
Richtung ändern und stattdessen über dem JA-Strich hin-
und herschwingen. Und dann wissen Sie, wie die richtige
Antwort lautet. Fragen Sie Ihre Versuchsperson, ob sie auch
bestimmt nicht die Hand bewegt hat. Sie wird es verneinen.
Fragen Sie, ob die Zahl richtig war. Sie wird es bejahen.

Zwischenspiel

Erzählen Sie ruhig, wie das Pendel funktioniert, nachdem
Sie den ersten Testlauf durchgeführt haben. Erklären Sie,
dass minimale Muskelbewegungen dahinterstecken, derer
wir uns nicht bewusst sind, die von unserem Nervensystem

gesteuert und vom Pendel verstärkt werden. Wenn alle die Mechanismen hinter dem Pendel verstanden haben, wird das zweite Experiment noch interessanter, vor allem für Ihren Versuchskandidaten.

Das Pendel als Lügendetektor

Finden Sie mit Hilfe des Pendels heraus, ob jemand lügt. Dieser Versuch ist wie eine Demonstration der widersprüchlichen Signale, von denen im Kapitel über Lügen die Rede war. Ihre Versuchsperson wird etwas behaupten, aber ihr Körper wird etwas anderes signalisieren, was dann durch das Pendel verstärkt wird.

Stellen wir uns mal vor, Sie befinden sich in einem Zimmer mit Ihrem Versuchskaninchen sowie fünf Zuschauern. Bitten Sie Ihren Bekannten, das Pendel auf dem Mittelpunkt des Kreises ruhen zu lassen und sich eine Person im Raum auszusuchen, an die er während des Experiments denken soll. Erklären Sie dann, dass Sie der Reihe nach die Namen aller Anwesenden nennen und jedes Mal fragen werden, ob es derjenige ist, an den Ihre Versuchsperson denkt. Sie muss jedes Mal mit Nein antworten, auch wenn es die genannte Person war. Wenn Sie sicher sind, dass Ihr Bekannter sich eine Person ausgesucht und die Anweisungen verstanden hat, bitten Sie ihn, das Pendel aufzunehmen. Genau wie im vorherigen Versuch fangen Sie mit einer Frage an, deren Antwort ganz eindeutig ausfallen muss – so stellen Sie fest, ob Ihr Freund wirklich bei der Sache ist.

Nennen Sie eine Person, die nicht im Zimmer ist, und fragen Sie, ob sie die bewusste Person ist. Warten Sie, bis das

Pendel sein NEIN signalisiert hat. Wenn Sie mit jemand arbeiten, bei dem es nur schwach ausschlägt, fragen Sie nach einer weiteren nicht anwesenden Person. Wenn es deutlich ausgeschlagen hat, fahren Sie mit den Namen der fünf Anwesenden fort.

Ist es Silvia?

Ist es Thomas?

Und so weiter. Bei jeder Frage wird Ihre Versuchsperson mit Nein antworten. Aber bei einer – *Ist es Esther?* – wird das Pendel plötzlich die Richtung ändern und ein JA anzeigen, egal, was Ihr Freund behauptet hat. Das Pendel wird seine Lüge unbarmherzig entlarven. (Wählen Sie deswegen eine triviale Frage aus, damit es hinterher keine schlechte Stimmung gibt, wenn alle früher heimgehen, weil zwei Leute in der Küche stehen und sich anschreien und Sie den Abend damit beschließen dürfen, sich in der Videothek eine Tüte Chips und eine große Cola zu besorgen und einen Film mit Ben Stiller auszuleihen, der ehrlich gesagt so richtig grottenschlecht war.)

Ich hoffe, dass Sie den Mut aufbringen und diese Experimente einmal durchführen. Die meisten sind einfacher, als Sie denken. Sie müssen nur die Fähigkeiten trainieren, die Sie im Laufe dieses Buches bereits geübt haben. Und Sie müssen Selbstvertrauen haben und glauben, dass Sie – Männer wie Frauen – *cojones* aus Stahl haben.

Zwölftes Kapitel

In dem Sie bereits ein vollendeter Gedankenleser sind,
der Autor sich jetzt schon enttäuscht von der Zukunft zeigt
und wir am Ende unserer Reise angelangt sind.

Gedankenlesen!

Abschließende Betrachtungen

So, nun wären wir also am Ende. Wenn Sie alle Übungen gemacht und jede Stufe in diesem Buch gemeistert haben, bevor Sie zur nächsten übergingen, hat es wahrscheinlich mehrere Monate gedauert, bis Sie zu dieser Seite vorgedrungen sind. Wenn Sie es stattdessen so gemacht haben, wie ich es meistens halte, nämlich das Buch mehr oder weniger in einem Zug durchlesen, ohne sich mit irgendwelchen Übungen aufzuhalten, ist das auch okay. Das ist ja das Gute an Büchern: Man kann vorwärts- und rückwärtsblättern. Alle Übungen und Methoden stehen immer noch hier drin. Egal, ob Sie bereits begonnen haben, Ihre Gedankenlesefähigkeiten zu trainieren, oder ob Sie jetzt erst anfangen wollen – ich hoffe, ich konnte Sie zumindest von einem überzeugen.

Das hier *ist* Gedankenlesen.

Gedankenlesen ist keine Fiktion.

Es sieht nur ein bisschen anders aus als das, was sich die meisten darunter vorstellen. *Lesen* tun wir per definitionem meistens mit den Augen (auch wenn manche gelernt haben, mit den Fingerspitzen zu lesen). Deshalb müssen wir zuerst mal *sehen,* was wir lesen sollen. Und wir können sehen, wie unsere gedanklichen Prozesse unseren Körper und unser Verhalten beeinflussen. Descartes war also auf dem Holzweg. Was wir sehen, ist gleichzeitig ein integrierter Bestandteil des ablaufenden geistigen Prozesses. Von dort können wir leicht auf den Rest schließen.

Manchmal werde ich gefragt, was passieren würde, wenn alle diese Techniken beherrschen würden, wenn sich das Buch weltweit in Millionenauflagen verkauft und wirklich

jeder es gelesen hätte. Mal abgesehen davon, dass die Frage
gar zu theoretisch ist, muss ich sagen: Ich fände das super,
denn dann wäre ich ja steinreich! Natürlich wäre es schon
komisch, wenn alle rumlaufen und ständig bewusste Analy-
sen ihres Gegenübers anstellen würden. »Hallo, schön dich
zu sehen. Willst du zuerst meiner Körpersprache folgen oder
fangen wir andersrum an?« Aber wie ich bereits sagte – Ihre
Ausbildung ist erst abgeschlossen, wenn Sie all das schon wieder unbewusst machen. Vierte Stufe. (Siehe S. 36) Und wenn
wir das tatsächlich alle so hinkriegen würden? Tja, dann sind
wir alle bessere Menschen, weil wir auf andere achten statt
auf uns selbst. Wir werden viel leichter durchs Leben gehen,
weniger Widerstände und Streit erleben und mehr Spaß haben. Wir werden immer noch Meinungsverschiedenheiten
haben, aber Konflikte können in einem frühen Stadium oft
schon durch ein respektvolles Treffen in angenehmem Klima
aus der Welt geschafft werden. Wir können sicher den einen
oder anderen Krieg verhindern. (Andererseits glaube ich ja
immer noch, dass wir in ferner Zukunft, ungefähr im Jahre 1989, in silbernen Ganzkörperstrumpfhosen rumlaufen
und in Kolonien auf dem Mars leben werden. Neuerdings
kommt mir allerdings ein gewisser Verdacht, dass mir das
Weihnachtssonderheft über die Wunder der Technik damals
was vorgeschwindelt hat.) Das Problem ist wohl, dass dieses
Szenario niemals eintreffen wird. Es wird immer Menschen
geben, die keinen Rapport mit anderen wollen. Die völlig
zufrieden damit sind, wie sie sich ihren Weg durchs Leben
boxen, mit kaum verhohlener Herrscherattitüde und Unter-
drückungsmethoden. Aber ich hoffe, wir können auch ohne

diese Leute zurechtkommen, wenn wir erst einmal begreifen, was wir eigentlich denken und was wir meinen, wenn wir miteinander kommunizieren.

Mit dem Werkzeugkoffer, den ich Ihnen gegeben habe, können Sie innerhalb weniger Sekunden unglaublich viel über eine Person herausfinden, die Sie noch nie zuvor gesehen haben. Sie wissen, mit welchen Sinneseindrücken sie die Welt wahrnimmt und versteht. Das bedeutet, dass Sie auch wissen, was für Erlebnisse wichtig für sie sind.

Daraus wiederum können Sie folgern, was für Interessen oder was für einen Job dieser Mensch wahrscheinlich hat. Wenn Sie darauf achten, was sich auf seinem Gesicht abspielt, erkennen Sie, was für Gefühle er empfindet beziehungsweise wie sich sein Gemütszustand gerade verändert. Wenn sich in seinem Denken etwas ändert, nehmen Sie es auf Grund der Veränderungen in seiner Körpersprache und seinem Gesichtsausdruck sofort wahr. Wenn es zu negativen Veränderungen kommt, können Sie seinen Gemütszustand mit einem Wort wieder aufhellen, wahrscheinlich noch bevor er selbst weiß, was sich gerade abgespielt hat. Eventuelle Unaufrichtigkeiten oder Lügen durchschauen Sie sofort. Und Sie lächeln in sich hinein, wenn Sie sehen, wie stark der Kollege dieser Person sich zu ihr hingezogen fühlt, ohne dass es einem von beiden bewusst werden würde.

Innerhalb von Sekunden wissen Sie mehr darüber, wie dieser Mensch tickt und wie er denkt, als viele seiner Freunde. Wenn das nicht Gedankenlesen ist, dann weiß ich nicht, was Gedankenlesen ist. Da Sie auch sorgfältig auf seine Körpersprache und seine Stimme achten, gehören Sie zu den wenigen Leuten, die wirklich verstehen, was er sagt. Außerdem gleichen Sie Ihre Körpersprache und Stimme an seine an. Zusammen mit all den Informationen, die Sie bereits über ihn besitzen, können Sie ein gutes Verhältnis schaffen, in dem man ohne jegliches Missverständnis kommuniziert, ein spannendes, kreatives Klima für neue Ideen schafft – und das Miteinander einfach genießen kann. Voilà.

Ich habe Ihnen doch gleich gesagt, dass Sie mit Ihren neuen Fähigkeiten etwas Schönes anfangen können.

Henrik Fexeus

So verhält es sich auch mit der Formel »Es war einmal …«, mit der ich meine Ausführungen […] begonnen habe: Sie impliziert, dass jede Erzählung, die diesen Worten folgt, ebenso wahr wie unwahr sein kann. Wie schon Bruno Bettelheim über Märchen schrieb: »Da es sich um ein Märchen handelt, kann das Kind […] gedanklich zwischen einem ›Es ist wahr, denn genau so handelt und reagiert man‹ und einem ›Das ist alles nur erfunden, es ist nur ein Märchen‹ hin- und herwechseln. […] Diese psychologische Flexibilität halte ich auch bei einem Erwachsenen für wichtig, obwohl er ein größeres Bedürfnis als das Kind hat, zwischen Wirklichkeit und Märchen zu unterscheiden. Diese gedankliche Flexibilität ist notwendig, um die Art von Illusion zu verstehen, die ich hier beschreibe.

Aus: Michael Jacobs, *Illusion: A psychodynamic interpretation of thinking and belief*

Quellen

Aus folgenden Büchern habe ich geklaut:

Bandler, Richard/Grinder, John: *Patterns: Muster der hypnotischen Techniken Milton H. Ericksons,* Paderborn 1996

Bandler, Richard/Grinder, John: *Neue Wege der Kurzzeit-Therapie: Neurolinguistische Programme,* Paderborn 1981

Borgs, Martin: *Propaganda: Så påverkas du,* Bokförlaget Atlas, Stockholm 2004

Brockman, John (Hg.): »The Mathematics of Love: A Talk with John Gottman« 2004 (http://www.edge.org/3rd_culture/gottman05/gottman05_index.html)

Carnegie, Dale, *Wie man Freunde gewinnt,* Wien 2007

Cialdini, Robert B.: *Die Psychologie des Überzeugens: Ein Lehrbuch für alle, die ihren Mitmenschen und sich selbst auf die Schliche kommen wollen,* Bern 2007

Collett, Peter: *Ich sehe was, was du nicht sagst: So deuten Sie die Gesten der anderen – und wissen, was diese wirklich denken,* Bergisch Gladbach 2006.

Ekman, Paul/Friesen, Wallace V.: *Unmasking the Face,* Massachusetts 2003

Ekman, Paul: *Weshalb Lügen kurze Beine haben: über Täuschungen und deren Aufdeckung im privaten und öffentlichen Leben,* Berlin – New York 1989

Ekman, Paul: *Gefühle lesen: Wie Sie Emotionen erkennen und richtig interpretieren,* München – Heidelberg 2007

Fleming, Charles: »Insurers Employ Voice-Analysis Software to Help Detect Fraud«, 2004 (http://www.v-lva.com/newsite/site.html)

Gladwell, Malcolm: *Blink!: die Macht des Moments,* München–Zürich, 2007

Gottman, John, Levenson, Robert & Woodin, Erica: »Facial Expressions during Marital Conflict« in: *Journal of family communication 1,* USA 2001

Guerrero, Laura K., DeVito, Joseph & Hecht, Michael L. (Hg.): *The Nonverbal Communication Reader: Classic and Contemporary Readings,* Illinois 1999

Harling, Ian & Nyrup, Martin, (noch nicht erschienen) *Equilibrium,* Dänemark

Hogan, Kevin: »NLP Eye Accessing Cues: Uncovering the Myth« in: *Journal of Hypnotism (Sept.),* New Hampshire 1999

Jacobs, Michael: *Illusion: A Psychodynamic Interpretation of Thinking and Belief,* London 2000

James, William: *The Principles of Psychology, Vol. 1+2,* Dover Publications, NY 1950

Johnson, R. Colin: »Lie-detector glasses offer peak at future of security«, 2004 (http://www.eetimes.com/story/OEG20040116S0050)

Lewis, Byron & Pucelik, Frank: *Magic of NLP demystified: A Pragmatic Guide to Communication & Change,* Oregon 1982

Lindgren, Astrid: *Die Brüder Löwenherz,* Hamburg 2007

McGill, Ormond: *The Encyclopedia of Genuine Stage Hypnotism,* Hollywood 1947

Morris, Desmond: *Das Tier Mensch,* München 1996

Morris, Desmond: *Peoplewatching,* London 2002

Nielsen, Greg/ Polansky, Joseph: *Die Magie des Pendels: Erkenntnis durch Radiästhesie,* München 1991

O'Connor, Joseph/ Seymour, John: *Neurolinguistisches Programmieren: Gelungene Kommunikation und persönliche Entfaltung,* Freiburg im Breisgau 1996

Oatley, Keith & Jenkins, Jennifer M. (Hg.): *Understanding Emotions,* Oxford 1996

Packard, Vance O.: *Die große Versuchung: Der Eingriff in Leib und Seele,* Frankfurt a. M., Berlin und Wien 1979

Proust, Marcel: *In Swanns Welt, Auf der Suche nach der verlorenen Zeit, Teil 1,* Frankfurt a. M. 1991

Ramachandran, Vilayanur S./ Blakeslee, Sandra: *Die blinde Frau, die sehen kann: Rätselhafte Phänomene unseres Bewusstseins,* Reinbek bei Hamburg 2002

Richardson, Jerry: *Erfolgreich kommunizieren: Eine praktische Einführung in die Arbeitsweise von NLP,* München 1997

Rosen, Sidney (Hg.): *Die Lehrgeschichten von Milton H. Erickson,* Salzhausen 1994

Sargant, William: *Der Kampf um die Seele: Eine Physiologie der Konversionen,* München 1958

Shakespeare, William: *Othello,* Ditzingen 1986

Shakespeare, William: *Julius Caesar,* Ditzingen 1976

Steele, R. Don: *Body Language Secrets: A Guide during Courtship and Dating,* USA 1999

Wilson, Timothy D.: *Gestatten, mein Name ist Ich: Das adaptive Unbewusste – eine psychologische Entdeckungsreise,* München u. Zürich 2007

Winn, Denise: *The Manipulated Mind,* London 1983

Zimbardo, Philip & Ebbesen, Ebbe: *Influencing Attitudes and Changing Behavior,* Philippines 1970

Zuker, Elaina: *Creating Rapport,* Boston 2005

Register

Abstraktion 105, 112, 249
Abwehrende Körpersprache 45
Abwehrmechanismen 117
Achenbaum, Alvin A. 244
Ähnlichkeit 31
Amygdala 118
Analysefilter 247
Angleichen der Bewegungen 41
Angst 118, 133, 159 ff., 184
Anker 122, 272
Anker setzen, Übung 282
Anpassen 28, 41
   an Denkweise 113
   an Wahrnehmungsweise 113
Anspielungen 259
Antirapport 33
Anziehung 194
Arbeitsmarkt 35
Assoziationen 257, 287
Assoziationsketten 67
Asymmetrisches Lächeln 204
Atavismus 120
Atemrhythmus 60
Atmung 59, 119
Auditiv-digitaler Typ 94
Auditive Vokabeln 103
Auditiver Typ 93, 111
Aufgesetzte Gefühle 126
Aufmerksamkeit 81, 105
Aufmerksamkeitsübung 258
Augenkontakt 231
Augenmuskel 176
Augenzugangshinweise 96 ff.
Ausdrucksintensität verändern 202

Ausdrucksmöglichkeiten 39
Ausdrucksweise 55
Auslöser für Gefühle 117, 122, 272
Ausschweifende Ausdrucksweise 219
Autonomes Nervensystem 18, 201

Balzverhalten 233
Bandler, Richard 96, 327
Basisemotionen 117
Bedrohliche Situationen 119
Beeinflussung des mentalen
   Zustands 31
Behutsamkeit bei Interpretation 224
Beinhaltung 82, 213, 234
Beobachtung 17, 40
Beobachtungsübung 49
Berührungen 235
Bettelheim, Bruno 325
Bewegungen 268
Bewerbungsgespräche 33
Bewusste Deutung 254
Bewusste Kenntnis 36
Bewusste Unkenntnis 36
Binärer Typ, siehe Auditiv-digitaler Typ
Biologische Prozesse 19
Blick abwenden 205
Blicke 20, 83
Blinzeln 205
Borgs, Martin 268, 327
Botox 127
Botschaften 117
   Konkurrierende 198
   Unterschwellige 257
   Versteckte 254

330

Carnegie, Dale 79, 327
Carpenter, William B. 312
Carpenter-Effekt 312
Chat 77
Cheskin, Louis 258
Churchill, Winston 210
Clinton, Bill 214, 221
Computerprogramm für Stimm-
    analyse 224
Cowboy-Position 82

Dagens Nyheter 246
Darwin, Charles 155, 203
Dementi 221, 253
Descartes, René 15
Dialekt 86
Dichter, Ernest 258
Dinkins, Dave 221
Diskreter Gefühlsausdruck 134, 137
Diskretion 187, 223
Distanz 45
Distanzierung 222, 253
Dominanter Sinn, siehe Primärsinn
Doppeldeutige Signale 23
Duracellhase 63

EAC, siehe Eye Accessing Cues
EAC-Modell 97, 99, 207
Ehrlichkeit 73
Eindeutige Kommunikation 31
Einheit von Körper und Geist 16
Einigkeit 26
Einstellungen verändern 284
Ekel 133, 164 ff., 185
Ekman, Paul 130, 132, 164, 196, 210,
    327
Elektrochemische Prozesse 17
E-Mail 77
Embleme 209
Emoticons 79
Emotionaler Stress 195, 206
Empathie 123
Energie umlenken 71
Energieniveau 63

Entblößen 235
Entpersonifizierung 222
Erfahrungen blockieren 131
Erickson, Milton H. 58, 256
Erinnerungen 90, 122
Erinnerung und Konstruktion 97, 208
Erlebnisse nachbilden 92
Ersatzhandlungen 214
Expressen 265
Eye Accessing Cues 96,
    siehe auch Augenzugangshinweise

Fachausdrücke 56
Falsche Gesten 211
Falsifizieren, Gesichtsausdruck 202
Farben 284
Feedback 110
Fehleinschätzungen 22, 224
Filmmusik als Anker 274
Firmenhierarchie 34
Flirten 230
Flirtübung 231
Freude 133, 174 ff.
Freud'scher Versprecher 210
Führen und Folgen 29, 80

Geborgenheit vermitteln 184
Gedanken konstruieren 90
Gedanken wiederholen 90
Gedankenlese-Experiment 301
Gedankenlesen, Definition und
    Abgrenzung 14
Gefühle 116
    filtern 129
    Rückschlüsse auf Ursachen 136
    und Gesichtsausdruck 133
    universelle 132
    unterdrücken 126, 143
    verstärken 129
    vorausahnen 128
    vortäuschen 126, 143
Gefühlserinnerungen auslösen 272
Gefühlsmäßige Grundstimmung 119
Gefühlsregungen erkennen 181

Gehirnforscher 96
Gehörsinn 93
Gemeinsame Ziele 71
Geruchssinn 93
Geschmacks- und Geruchs-
    vokabular 104
Geschmackssinn 93
Gesichtsausdruck 119, 125
    Abbildungen 138 ff.
    falsifizieren 202
    imitieren 43
    kommentieren 202
    modulieren 202
    qualifizieren 202
Gesichtsausdrucksübung 179
Gesichtslähmung 127
Gesichtsmuskeln 125
Gesichtssinn 93
Gesten 21, 39, 209
Glückliche Erinnerungen abrufen 204
Gottman, John M. 166, 328
Grinder, John 96
Grundtempo 61, 113
Gute-Laune-Übung 66

Halluzinationsübung 95
Handbewegungen im Gesicht 212
Handflächen zeigen 232
Handlungen mit Gefühlen verknüp-
    fen 279
Harling, Ian 62, 328
Herzschlag 119
Höflichkeitslügen 196
Hogan, Kevin 98, 328
Hohes Abstraktionsniveau 220, 267
Hypnose 255
Hypnosetherapie 58

Ideomotorischer Effekt 311
Imitation 40
Imitieren von Gefühlen 123
Innere Konflikte, Anzeichen für 215
Interaktive Bewegungen 43
Interpretation 22

Interpretation durch Empfänger 262
Intimsphäre 132
Intraverbale Kommunikation 20

Jacobs, Michael 325, 328
James, William 66, 313, 328

Kinästhetische Sinneseindrücke 93
Kinästhetische Vokabeln 103
Kinästhetischer Typ 93, 111
KishKish 225
Klänge 284
Kleidung 268
Kombinierte Anker 279
Kommentieren, Gesichtsausdruck 202
Kommunikation auf mehreren
    Ebenen 254
Kommunikationsbarrieren 28
Kommunikationsfähigkeit 34
Kommunikationsstil, bevorzugter 29
Kommunikationsverhalten bei
    Besprechungen 108
Konfrontation 70, 225
Konstruktionsübung 208
Kontrolle des Rapports 80
Kontrollfragen 97, 100, 109
Konzentration 142, 155 ff.
Kooperationsbereitschaft 26
Kopfhaltung imitieren 40
Körperhaltung 213
Körperhaltung imitieren 40
Körperreaktionen auf Gedanken 17
Körpersprache 20, 39, 119
Kuschelübung 62
Lächeln 176, 203

Lang, Fritz 274
Langgezogene Artikulation 223
Lateral Eye Movement 96
Lautstärke 53
Leakage 199, 205
Leere Rhetorik 220, 267
LEM, siehe Lateral Eye Movement
Lernmodell für Gedankenlesen 35

Linkshänder 97
Lucas, George 127
Lückenhafte Aussagen 264
Lügen 194 ff.
  Augenbewegungen 205
  aus Höflichkeit 196
  Gesichtsausdruck 201
  Handbewegungen 209
  Körperhaltungen 213
  Lächeln 203
  Mikroausdruck 204
  sanktionierte 197
  Stimme und Sprache 217
Lügendetektor 196, 316
Lügenforscher 196

Macho-Pose 81
Machtstellung 33
Manipulation 244
Markieren 255
Maskierung 197, 202
Matching 41
Medien 244
Meinungs-Aikido 69, 183
Meinungs-Kung-Fu 75
Meinungsmache 266
Mentale Prozesse 18
Metaphern 102
Mikroausdruck 135, 204
Mind Reading 14
Mirroring 41
Mischgefühle 126, 178
Missverständnisse 22
Modulieren, Gesichtsausdruck 202
Morris, Desmond 206, 328
Muskelbewegungen 18, 124
Muster 17

Nachdenken 122
Nasenmassage 214
Negationen 221
Neutraler Gesichtsausdruck 127,
  137 f.
Neutraler Typ 94, 112

Neutrales Vokabular 104
Neutralisierung 202
Nicht-Formulierungen 248 ff.
Nicht-Übung 252
Nielsen, Greg 312, 328
Nixon, Richard 221
Nonverbale Kommunikation 20
Nordström, Tina 169
Normverstöße 123
Nyrup, Martin 62

Objektive Wahrheiten 247
Offenheit 26
Offene Körperhaltung 230
Orbicularis oculi 175

Paarungsrituale 231, 236
Pacing and Leading, siehe Führen und
  Folgen
Parallelkommunikation 255
Partieller Ausdruck 135, 137, 202
Partnerbeziehung 33
Partytricks 290 ff.
Pawlow 285
Pendelexperiment 311
Persson, Göran 173
Phantasie 123
Phantasiekonstrukte 95
Phrasen 219
Pokerspieler 85
Polansky, Joseph 312, 328
Politiker 72, 221, 253
Postural Echo 40
Primärsinn 93
  und Denkweise 96
  und Sprache 102
Projektion 15, 68
Propaganda 166
Proust, Marcel 2757, 329
Pupillengröße 21, 45, 84, 201, 206
Pupillenübung 87

Qualifizieren, Gesichtsausdruck 202

Radfahren 36
Rapport herstellen 229
Rapport, Definition und Abgrenzung 26
Rationalisierung 116
Reaktionsstrategien 182 ff.
Representative Gestures 42
Respekt 33
Rezeptoren 118
Rhythmische Bewegungen 44
Richardson, Jerry 277, 329

Schildkrötenmann 63
Schriftliche Kommunikation 77
Schuldgefühle 217
Schwach ausgeprägter Ausdruck 134, 137
Schwierigkeitsmuskel 155
Selbstverrat 69
Selektive Wahrnehmung 129
Shakespeare, William 72, 130, 329
Signale 17, 117
  für Lügen 195
  unbewusste 194
  widersprüchliche 198
Simulation 202
Sinneseindrücke und Berufswahl 106
Sinneseindrücke und Gedankenwelt 90
Sinneseindrücke und körperliche Eigenschaften 110
Slang 55
Smileys 79
SMS 77
Soziale Bestätigung 230
Soziale Normen 123
Spannungen 45
Spiegelbildliche Bewegungen 41
Spielberg, Steven 274
Sprachgebrauch 219, 221
Sprachliche Eigenheiten 57
Sprachmelodie 52
Sprachniveau 55
Sprechen über Gefühle 123
Sprechgeschwindigkeit 20

Sprechpausen 60, 218
Sprechtempo 53
Sprechweise 218
Standardanker 291
Star Wars 127
Stimme 21, 119, 217, 268
Stimme anpassen 51
Stimmfülle 52
Stimmungen erfassen 61
Stimmungen erzeugen 276
Stimmungsänderung herbeiführen 46
Suggestion 246
Svenska Dagbladet 266
Symbole 284
Symbolisches Streicheln 236
Symmetrisches Lächeln 204
Sympathie 32

Telefonmarketing, Stimmexperiment 54
Tempoanpassung 44
Thalamus 118
Therapiemethoden 46
Timing 293
Tonfall 21
Tonhöhe 52
Tonlage 217
Trance-Wörter 57
Transpiration 119
Trauer 48, 132, 145 ff., 182
Trennung von Körper und Geist 16
Trivers, Robert 199
Trost spenden 182

Überlebensmechanismen 121
Überlegenheitsgefühl 170
Überraschung 132, 139 ff.
Übungen
  »Nicht« nicht verwenden 252
  Anker setzen 288
  Augenzugangshinweise 100
  Beobachten 49
  Flirten 233

Halluzination 95
Kuscheln 62
Mischgefühle erkennen 179
Nachahmen 50
Pupillengröße 87
Versteckte Suggestionen finden 258
Umgangssprache 78
Umwelt wahrnehmen 92
Umweltsignale 122
Unbewusste Kenntnis 36
Unbewusste Kommunikation 228
Unbewusste Signale 194
Unbewusste Unkenntnis 36
Universelle Gefühle 132
Unterbewusstsein 21, 228
Unterdrückte Gefühle 126, 143
Unterschwellige Botschaften 257
Unterstellungen 259
Unterwerfungsgesten 230

Vegetatives Nervensystem 17, 117
Ventile für Nervosität 214
Verachtung 133, 149, 170 ff., 185
Verallgemeinerungen 267
Veränderungen der Hautfarbe 45
Vergleiche ohne Vergleichsobjekt 261
Verhaltensänderung 32
Verhaltensauffälligkeiten 86
Verletzliche Körperregionen 234
Vernehmungsmethoden 263
Verneinung 248
Versteckte Befehle 255

Versteckte Botschaften 254
Versteckten Gegenstand erraten 302
Verstohlene Blicke 230
Vertrauen 26
Verzerrte Wahrnehmung 131
Verzögerte Bewegungen 42
Visuelle Vokabeln 102
Visueller Typ 93, 110
Vorschläge für das Unterbewusst-
sein 246

Wahrnehmung mentaler Prozesse 19
Wechselnde Formulierungen 108
Weglassen von Informationen 260
Werbung 28, 246, 284
Werbungsklischees 257
Wertschätzung 31
Widersprüchliche Signale 198
Widerstand 65, 110
Wiederholungen 219
Wirklichkeit 72, 95
Wortlose Kommunikation 20
Wut 133, 151 ff., 183

Zeitliche Verschiebung 222
Zuker, Elaina 34, 329
Zusammengehörigkeitsgefühl 60
Zustimmung 69
Zustimmung herbeiführen 31
Zweifel 141
Zygomaticus major 175